Mgr ÉLIE MÉRIC

DOCTEUR EN PHILOSOPHIE ET LETTRES, DOCTEUR EN THÉOLOGIE
ET DROIT CANON, PROFESSEUR A LA SORBONNE

ÉNERGIE

ET

LIBERTÉ

PARIS

ANCIENNE MAISON CH. DOUNIOL

PIERRE TÉQUI, LIBRAIRE-ÉDITEUR

29, rue de Tournon, 29

1897

ÉNERGIE ET LIBERTÉ

ŒUVRES

DE Mgr MÉRIC

La Vie dans l'esprit et dans la matière. 4e édit.	3 fr. 50
La Morale et l'Athéisme contemporain. 3e édit.	3 fr. 50
Du Droit et du Devoir. 3e édit.	3 fr. 50
L'autre Vie. 2 vol. in-8°.	6 fr. »
— Le même. 2 vol. in-12. 4e édit.	6 fr. »
La Chute originelle et la responsabilité humaine. 7e édit.	2 fr. »
Les Erreurs sociales du temps présent. 3e édit.	3 fr. 50
Les Élus se reconnaîtront au Ciel. 28e édit.	2 fr. »
Le Merveilleux et la Science. 10e édit.	3 fr. 50
— Le même. Un vol. in-8°.	7 fr. »
Histoire de M. Émery et de l'Église de France pendant la Révolution. (*Ouvrage couronné par l'Académie française.*) 2 vol. in-8°.	10 fr. »
— Le même. 2 vol. in-12. 4e édit.	6 fr. »
Le Clergé sous l'ancien régime.	3 fr. 50
Le Clergé et les temps nouveaux.	3 fr. 50
Le Livre des Espérances.	2 fr. 50
Énergie et Liberté.	3 fr. 50

Mgr ÉLIE MÉRIC

DOCTEUR EN PHILOSOPHIE ET LETTRES, DOCTEUR EN THÉOLOGIE
ET DROIT CANON, PROFESSEUR A LA SORBONNE

ÉNERGIE

ET

LIBERTÉ

PARIS
ANCIENNE MAISON CH. DOUNIOL
PIERRE TÉQUI, LIBRAIRE-ÉDITEUR
29, rue de Tournon, 29

1897

INTRODUCTION

DE L'ABAISSEMENT DES CARACTÈRES AU TEMPS PRÉSENT

I

La race des hommes de caractère s'éteint parmi nous. L'indifférence et le scepticisme ont fait de profonds ravages dans les esprits, dans les consciences et dans les volontés.

Aux siècles passés, sous l'influence des causes les plus diverses, le dogmatisme avait des apôtres résolus, il était défendu par des hommes convaincus. Dans l'ordre politique, on ne craignait pas de déployer un drapeau et de mourir avec courage pour l'idée incarnée dans ses plis. Dans l'ordre social, qui aurait osé contester la vérité éternelle et la nécessité des principes qui soutiennent l'autorité et la propriété? Dans l'ordre religieux, l'hérésie elle-même, les églises séparées, les sectes rivales avaient des défenseurs obstinés et des victimes fières devant la mort, dont on pouvait opposer le témoignage erroné et les affirmations trompeuses, mais quelquefois sincères, à l'inébranlable et sereine affirmation de l'Église chrétienne et de ses martyrs. On n'hésitait pas à donner à la foi le témoignage du sang.

Je cherche en vain aujourd'hui, autour de nous, ces convictions profondes qu'enfantent un amour ardent, une grande pensée, la passion généreuse du sacrifice. En politique, en religion, en morale, les esprits cultivés ont des opinions, ils n'ont plus de convictions. Où sont les croyants qui affirment avec l'énergie tranquille des martyrs l'intégrité de leur foi religieuse ? Où sont les philosophes qui comprennent l'inflexible autorité du devoir et des principes de la morale ? Où sont les hommes qui possèdent la connaissance exacte des vérités religieuses essentielles à la prospérité même temporelle des sociétés humaines, les hommes dont les convictions communicatives entraînent ceux qui flottent encore dans l'incertitude du doute et des négations pusillanimes ?

Oui, la race des convaincus s'éteint, elle va disparaître. Notre pays a été trop profondément ébranlé et bouleversé par le ravage des révolutions. Nous avons vu tomber les colonnes qui soutenaient l'édifice social ; nous avons vu disparaître les idées politiques, morales et religieuses, que nos pères entouraient d'une vénération sacrée et que nous aimions à considérer comme l'expression surnaturelle de la volonté divine; et, placée à cette heure difficile entre les ruines et les souvenirs d'un passé disparu pour toujours et les mystères d'un avenir qui défie nos questions indiscrètes, notre jeune génération se demande avec anxiété ce qu'elle doit croire et ce qu'elle peut espérer.

Elle hésite, parce que la raison blessée, affaiblie, incertaine, a perdu l'énergie sans lequel on ne peut ni conquérir la vérité ni posséder des convictions inébranlables.

II

Les hérétiques et les sectaires des siècles passés qui avaient juré la ruine de l'Église catholique étaient audacieux et violents dans leurs négations, mais ils conservaient une confiance ardente dans la puissance et dans les droits de la raison. C'est au nom de la raison qu'ils prétendaient élever une Église nouvelle où les générations de l'avenir, plus indépendantes et moins crédules, viendraient offrir à Dieu un culte plus austère. Ils détruisaient pour reconstruire; ils opposaient une négation fausse mais sincère à une affirmation vraie et divine, et, jusque dans leurs égarements coupables, ces hérétiques conservaient, avec la vigueur détournée de la raison, l'instrument qui leur permettrait plus tard de confesser l'erreur de bonne foi et de découvrir la vérité.

Aujourd'hui la raison, dont nous étions trop fier, ne connait plus même ces énergies dangereuses, ces révoltes coupables, mais viriles; elle n'est plus la faculté maitresse qui cherche, découvre et affirme enfin une pensée; elle a été attaquée et aveuglée par un scepticisme, tantôt arrogant et dédaigneux, tantôt indifférent, paresseux, inconscient. On ne dit plus : Voici l'erreur, voilà la vérité; on se contente de murmurer tout bas : C'est possible, mais qui sait ?

Il en est ainsi dans l'ordre moral, religieux, politique et social. Nous vivons sous le règne d'un scepticisme indifférent et lâche, expression de notre suprême impuissance à faire un effort courageux et méritoire, et, après avoir voulu faire de la raison la reine du monde, nous avons contesté sa puissance en face de la vérité, nous en avons fait l'esclave de nos impressions, et nous lui refusons toute autorité.

Entrez plus avant dans cette question, observez l'état des esprits.

Si vous affirmez la divinité de la religion catholique et si vous en faites la démonstration rigoureuse, le sceptique n'essayera pas de vous réfuter, il ne vous opposera pas des négations indignées, des protestations convaincues; il répondra nonchalamment: Qui sait? Il fera la même réponse au protestant, au juif, au musulman, au bouddhiste, et, pour éviter la peine de choisir une religion, il les confondra toutes dans une commune indifférence et dans un même dédain.

INTRODUCTION

Qu'un philosophe spiritualiste, oublié dans nos grandes écoles, affirme encore, avec les hommes de génie dont l'histoire a le droit d'être fière, la réalité de Dieu, de l'âme et de la vie future : il se trouvera un sceptique pour voir dans cette affirmation l'expression accidentelle et contingente d'un état d'esprit particulier, l'inévitable conséquence d'un atavisme physiologique. Indifférent devant l'énigme de la vie, il évitera de faire un choix entre le spiritualiste et le matérialiste; il écoutera peut-être leurs réponses contradictoires, jeu d'esprit qui amuse les sophistes, et il dira : Qu'en savons-nous ?

Que si vous essayez de rattacher le devoir, l'honneur, le dévouement, le sacrifice à l'existence de Dieu et aux espérances de la vie future ; si vous voulez justifier l'autorité de la conscience, des lois positives, de l'autorité paternelle et de l'autorité civile en rappelant l'idée d'un législateur divin antérieur aux législateurs humains, il se contentera de sourire. Il n'opposera aucun argument à cette morale religieuse, à cette théorie de l'absolu, à ces principes éternels et immuables qui jettent un si grand éclat dans le monde des idées; cette métaphysique le laisse indifférent, il ne connait pas même les angoisses profondes du doute en matière de religion, il ne croit pas à la puissance de la raison pour s'élever dans les hautes régions de la pensée.

Il paraîtra plus décidé, quand il essayera de vous faire accepter les hypothèses les plus fantaisistes dans le domaine des sciences. Incrédule de parti pris en religion, crédule à l'excès dans ses recherches à travers l'infini mystérieux de la matière, il étonne par l'audace présomptueuse de ses appréciations quand il construit une théorie scientifique toute personnelle ; mais il se targue de son ignorance et de son impuissance quand on lui parle des grands problèmes religieux qui intéressent l'origine et la destinée de la vie humaine.

Ce scepticisme orgueilleux et indifférent, caché sous les apparences trompeuses d'une tolérance généreuse et d'une fausse science, est un péril redoutable pour la raison ; il s'insinue dans les esprits, sans bruit, sans passion apparente, avec une impeccable sûreté d'action. Tel homme qui protesterait avec indignation contre une thèse ouvertement athée ou matérialiste, écoute avec indifférence et sans étonnement le matérialiste qui expose son système avec un art délicat, sous la forme discrète et libérale du doute.

On commence par une tolérance charitable envers les personnes, portée jusqu'à l'absolution des conceptions les plus extravagantes; on descend à la tolérance philosophique des idées erronées, présentées sous d'agréables artifices de langage, et l'on ne s'arrête qu'au scepticisme qui laisse la raison sans vigueur, la volonté sans énergie.

III

Et ce n'est pas seulement dans les classes élevées de la société parmi les esprits voués à une culture intellectuelle plus large, que le scepticisme frivole gagne du terrain : il fait encore des ravages dans les couches inférieures de notre société ; il pénètre partout.

La licence de la presse a engendré ce scandale et créé ce péril. Les négations indifférentes du scepticisme, les blasphèmes retentissants de l'impiété se font entendre tous les jours dans la maison du pauvre et de l'ignorant, à son foyer et dans son atelier. Ces négations troublent l'âme du peuple ; elles pervertissent sa raison désarmée et incapable encore de se défendre, elles étouffent dans sa conscience la semence des vérités divines, qu'une première et lointaine éducation y avait déposée ; elles empêchent même l'éclosion naturelle de cette autre semence que Dieu lui-même, auteur de la nature et de la grâce, laisse tomber dans toute âme tirée du néant, au moment de sa naissance : idées innées, salutaires inspirations, principes lumineux qui éclairent les longs et douloureux chemins de la vie.

Tous les jours une presse incrédule et souvent impie, audacieuse dans ses négations, astucieuse et séduisante dans ses provocations, troublante et passionnée dans ses excitations, se présente partout où pleure et souffre une créature humaine ; elle éveille les ardeurs coupables des sens, elle excite aux négations antireligieuses, elle émousse la pointe du remords en affaiblissant l'autorité de la conscience et le respect de la loi morale ; elle se présente sous les apparences trompeuses de la science, de cette science dont le nom seul, comme celui de liberté, exerce aujourd'hui une si étrange fascination sur les esprits. Cette presse efface dans les consciences jusqu'aux derniers vestiges des croyances religieuses et traditionnelles, qui avaient relevé le courage de nos pères aux heures sombres de la vie. Ainsi, le peuple à son tour devient sceptique, incrédule, impie ; il a perdu le sentiment du respect, il a déchiré les pages de l'Évangile, il a douté de l'autorité du prêtre ; il ne croit plus à la sincérité de ceux qui s'attribuent la mission de lui parler au nom de Dieu.

Voyez si la conscience du peuple n'est pas aussi troublée que sa raison, et si la confusion qui règne dans l'ordre intellectuel n'a pas retenti fatalement dans l'ordre moral. Le peuple a cessé de dire : Ceci est vrai, cela est faux ; il ne sait plus dire : Voici le bien, voilà le mal. Les sophistes lui ont appris que l'âme n'existe pas, que la croyance à la vie future est une illusion, que le bien moral c'est la jouissance, et le mal la douleur ; que la vie est un champ de bataille où la force remplace le droit, que le lien conjugal est une chaîne forgée par la superstition, que la propriété c'est le vol, et qu'il doit être lui-même, dans ce monde moderne émancipé, le principe souverain de l'autorité, de la justice et des lois. Il entend contester, nier, maudire les principes qui protégeaient la dignité humaine et les lois qui assuraient la sainteté du foyer domestique, et il voit tous les jours autour de lui, dans cette société démoralisée, affolée, la réalisation pratique, vivante, insolente, des théories qui auraient autrefois soulevé sa conscience et indigné ses convictions.

A ce spectacle, sa raison s'est troublée ; il doute de tout ce qui était l'objet de sa foi religieuse et chrétienne, il doute de l'enseignement reçu au foyer, il doute de la parole qu'il entendait à l'église, il doute de Dieu, de son âme, de son avenir, et, sous l'impulsion violente de ses mauvais penchants, il éteint les dernières flammes vacillantes du flambeau qui pouvaient encore l'éclairer.

Voici la même confusion dans l'ordre social. Ceux qui ont dit : Ni Dieu ni maître, ont dit aussi : Ni propriété ni capital ; ils préparent le triomphe, éphémère peut-être et toujours sanglant, de l'anarchie. Le peuple assiste à la glorification théorique du communisme, du socialisme, du collectivisme et des doctrines révolutionnaires, qui sont la négation violente de l'hérédité, de la propriété, du travail, de l'épargne et des vertus sociales qu'on lui avait appris à respecter. Où est le bien social ? où le mal ? où l'injustice ? Le peuple aurait-il été pendant de longs siècles le jouet de l'égoïsme savant des capitalistes et des patrons, qui exploitaient son travail et les candeurs naïves de sa crédulité ?

Le monde est ainsi livré à la confusion des systèmes et aux ténèbres des contradictions qui tuent la raison. Les sophistes ont balayé les débris du passé religieux, politique et social de notre pays ; ils ont séduit le peuple, qui vivait jusque-là dans la paix honorée de son travail : toutes les classes de la société, chancelantes et incertaines, doutent de leur raison ; elles ignorent les conditions réelles de la vie et son but suprême.

IV

Il y a cent ans, la France croyait assister au triomphe définitif de la raison sur la foi ; nous assistons aujourd'hui à la défaite de la raison. Au delà nous ne voyons rien.

Les pyrrhoniens paraissaient douter de la raison, mais leur doute n'était pas sincère ; les hégéliens ont douté avec plus de sincérité, en affirmant l'identité des propositions contraires ; mais ils vivaient dans un monde abstrait, inaccessible à la foule, et leur scepticisme n'était pas contagieux. Le scepticisme pratique et indifférent de notre époque est populaire et contagieux.

Bossuet avait entrevu cet état d'esprit : « Je prévois, disait-il, que les libertins et les esprits forts pourront être discrédités, non par aucune horreur de leurs sentiments, mais parce qu'on tiendra tout dans l'indifférence, excepté les plaisirs et les affaires [1]. »

[1] Bossuet, *Deuxième dimanche de l'Avent.*

Le scepticisme indifférent, dont nous observons aujourd'hui les ravages, n'est pas le résultat péniblement acquis d'une longue et savante enquête sur les vérités qui servent de fondement à l'ordre moral. Ce n'est pas après avoir creusé les systèmes philosophiques et théologiques des penseurs les plus célèbres, et discuté les origines des croyances religieuses, que tant d'esprits s'endorment dans les ténèbres du scepticisme : la raison n'a plus de telles vigueurs; elle doute par impuissance, indifférence et lâcheté.

Et parmi ceux qui paraissent encore avoir la foi et appartenir à une confession religieuse, il en est un trop grand nombre qui ont reçu la blessure du scepticisme et de l'indifférence. Ils font deux parts de leur conscience, ils sont à la fois catholiques et sceptiques; ils évitent avec soin le scandale des négations bruyantes et du doute de profession ; ils pratiquent en secret l'éclectisme, et ils font une sélection. En matière de dogme, ils acceptent ceux-ci, ils rejettent ceux-là ; ils substituent l'autorité de l'opinion toujours changeante à l'autorité de la foi qui ne change jamais. En matière de morale et de principes de conduite, ils s'abandonnent aux mêmes défaillances, toujours esclaves de l'instinct, toujours rebelles au devoir, incapables de reconnaître et d'affirmer avec courage le bien qu'ils doivent faire et le mal qu'ils doivent éviter ; ils n'écoutent pas l'Église, ils consultent leurs goûts.

« Le bien, le mal, l'arbre qui donne la vie et celui

qui produit la mort, nourris par le même sol, croissent au milieu des peuples, qui, sans lever la tête, passent, étendent la main et saisissent leurs fruits au hasard. Religion, morale, honneur, devoir, les principes les plus sacrés comme les plus nobles sentiments, ne sont plus qu'une espèce de rêve, de brillants et légers fantômes qui se jouent un instant dans le lointain de la pensée, pour disparaître bientôt sans retour. Non, jamais rien de semblable ne s'était vu, n'aurait pu même s'imaginer. Il a fallu de longs et persévérants efforts, une lutte infatigable de l'homme contre sa conscience et sa raison, pour parvenir à cette brutale insouciance. Arrêtez un moment vos regards sur ce roi de la création : quel avilissement incompréhensible ! Son esprit affaissé n'est à l'aise que dans les ténèbres. Ignorer est sa joie, sa paix, sa félicité ; il a perdu jusqu'au désir de connaître ce qui l'intéresse le plus. Contemplant avec un égal dégoût la vérité et l'erreur, il affecte de croire qu'on ne les saurait discerner, afin de les confondre dans un commun mépris ; dernier excès de dépravation intellectuelle où il lui soit donné d'arriver.

« Or, quand on vient à considérer ce prodigieux égarement, on éprouve je ne sais quelle indicible pitié pour la nature humaine. Car se peut-il concevoir de condition plus misérable que celle d'un être également ignorant de ses devoirs et de ses destinées, et un plus étrange renversement de la raison que de mettre son bonheur et son orgueil dans cette ignorance même, qui devrait être bien plutôt le sujet d'un inconsolable gémissement[1] ? »

Quand un peuple est tombé dans cette indifférence profonde et volontaire, quand il ne sait plus distinguer le bien du mal, la vérité de l'erreur ; quand il a perdu toute confiance dans sa raison, quand il trouve son bonheur dans les ténèbres du scepticisme, il est incapable d'avoir les convictions ardentes des hommes de caractère qui bravent la faim, la soif, la misère, les persécutions, la mort, pour rendre témoignage à la vérité.

V

Mais ce n'est pas seulement la raison qui est blessée et malade : les volontés traversent, elles aussi, une crise douloureuse et difficile d'affaissement et de stérilité.

Quel étrange spectacle ! les philosophes qui avaient juré de détruire la foi dans les âmes pour exalter la puissance de la raison sont devenus les ennemis de la raison livrée au scepticisme, et les philosophes qui avaient résolu de fonder l'ordre social nouveau sur la liberté humaine devenue souveraine sont devenus les ennemis implacables de cette liberté.

Ce n'est pas, sans doute, pour l'asservir à la dic-

[1] Lamennais, *Essai sur l'indifférence*, t. I, Introduction.

tature ou à la tyrannie d'un prince qu'ils ont parlé si haut de l'émancipation de la liberté humaine ; à la dictature d'un homme, ils ont substitué la tyrannie de la passion.

Jamais peut-être la liberté humaine ne fut contestée et niée avec autant d'adresse, de science et de violence ; jamais on ne vit un tel accord des philosophes et des savants pour arriver à nous persuader que nous sommes le jouet de la fatalité.

Les déterministes, qui ont la prétention d'explorer avec plus de patience et de sûreté les profondeurs de notre âme et les origines de nos facultés, sont devenus les chefs du fatalisme philosophique. Ils ont pris pour axiome que la nécessité préside à tout ce qui arrive, dans l'homme et dans la nature, et ils ont prétendu que toutes nos actions sont le résultat inévitable de notre tempérament, de notre caractère, de la force des motifs qui nous excitent à l'action. Or, disent-ils, ni notre constitution physique, ni notre caractère, ni la force inégale et décisive des motifs qui nous sollicitent ne dépendent de nous, et c'est folie de croire que nous sommes libres, quand tous nos actes sont ainsi nécessairement déterminés.

Les déterministes physiologistes arrivent par une autre route au même résultat. Ils assimilent la pensée, la volonté, la conscience aux autres phénomènes de l'organisme, ils les considèrent comme les accidents vibratoires de même nature et soumis aux mêmes lois immuables de la nécessité. La distinction des actes nécessaires et des actes libres ne serait qu'une illusion philosophique et puérile en opposition avec les faits ; nos actions seraient des mouvements analogues à ceux que nous découvrons dans les animaux, dans les végétaux, dans les minéraux, des mouvements fatalement déterminés.

Et c'est ainsi que le déterminisme physiologique confine au déterminisme physique et chimique, où l'on ramène les lois de l'esprit aux lois de la matière, et les phénomènes de l'esprit aux phénomènes du corps. Les premiers étudient la volonté en elle-même et en présence des motifs, les seconds l'observent dans l'organisme vivant, les derniers dans les mouvements de la matière organique, et ils se rencontrent dans cette affirmation commune : La liberté humaine n'existe pas ; elle ne peut pas exister.

Mais si nous ne sommes pas libres, si la responsabilité morale est une chimère, si l'univers est un vaste et rigoureux enchaînement d'effets et de causes qui ne souffre jamais aucune exception, pourquoi l'homme essayerait-il de résister? qu'il s'abandonne à l'impulsion bonne ou mauvaise de ses penchants, comme font les animaux dans l'indépendance de la vie sauvage ; qu'il renonce à l'espoir de devenir un homme libre, un homme de caractère et de grande pensée. L'humanité sera bientôt l'immense troupeau d'esclaves qui obéit fatalement, en vertu d'une application nouvelle de la conversion des forces, au fouet qui le frappe et le déshonore.

Nous assistons aux conséquences et à l'application de ces théories. L'ardent désir des jouissances est devenu le principal et peut-être l'unique mobile des actions des hommes qui ne croient plus à la liberté humaine. De là cette soif âpre du gain, qui ne recule devant aucune ignominie et qui brave toutes les épreuves ; de là ces fortunes rapides et scandaleuses qui semblent un audacieux défi à la justice et un outrage à la misère ; de là cet agiotage fébrile et ces coups de bourse hardis et malhonnêtes, ces catastrophes soudaines qui engloutissent l'épargne du pauvre et plongent dans la détresse des familles désespérées ; de là ces combinaisons financières et ces entreprises véreuses où la naïveté des victimes égale l'effronterie criminelle des aventuriers ; de là, enfin, cette lutte impitoyable et sans repos pour écraser les faibles, supprimer les vaincus, déblayer les chemins et arriver, à travers des hontes qui ne font plus rougir, jusqu'à la conquête de l'or devenu l'idole d'un peuple qui prétend se passer de Dieu.

Et ce qui donne un trait particulier, plus odieux à ces scandales, c'est l'impunité qui leur semble assurée, c'est l'hommage rendu à l'insolence heureuse des vainqueurs : ces vainqueurs présagent l'irréparable défaite de la justice et de ses droits.

Quel abaissement du sens moral ! quelle oblitération de la conscience ! Comment la source même de l'énergie et des grands caractères ne serait-elle pas condamnée à tarir dans un pays où de tels crimes n'ont besoin que du succès pour obtenir l'admiration et pour exciter l'envie !

Et voici que des maîtres chargés de former les

intelligences et d'assurer la dignité, l'honneur du présent et l'avenir de notre pays, se vouent à la tâche ingrate de propager, dans les hautes classes de la société, ces négations criminelles de la liberté humaine, ces sophismes redoutables sur la responsabilité personnelle ; ils présentent leurs hypothèses présomptueuses, leurs théories risquées comme le dernier mot de la science ; ils parlent ainsi à des jeunes gens de vingt ans, déjà dévorés par la flamme des passions, et à un peuple altéré de jouissances matérielles! Pourquoi vous étonnez-vous encore si les hommes de caractère deviennent plus rares, et si l'on voit grossir le nombre trop considérable des volontés chancelantes, stériles, paralysées, irrévocablement courbées sous le joug de la servitude et livrées à la tyrannie des passions?

VI

L'exemple troublant donné par les hautes classes de la société a fait des ravages dans les classes inférieures ; la volonté du peuple a perdu sa droiture, son énergie dans le sacrifice et sa joie tranquille dans la résignation.

A l'autorité de la volonté contenue, réglée, dirigée par la conscience et la loi morale, les sophistes philosophes ont substitué le despotisme aveugle de l'instinct et de la passion. Le peuple n'a compris ni les sophismes sur le déterminisme ni l'appareil scientifique à la faveur duquel l'idée de liberté et de responsabilité a été ruinée dans la raison. Mais il a compris que, s'il était irresponsable, il n'avait rien à craindre au delà de la tombe, et que la passion était désormais souveraine dans son âme ravagée. Il s'est rencontré avec les sophistes pour suivre cette passion et chercher la jouissance brutale, il demande à la violence ce que les sophistes attendent de leur habileté malhonnête et de leurs calculs financiers.

Le peuple souffrait jusque-là sans murmure et sans tristesse la loi dure de son existence, soumis aux sacrifices qui fortifient et au travail ingrat de chaque jour. Endormi par une longue et insouciante habitude, entraîné par l'exemple de ses pères, consolé par les espérances religieuses qui ouvraient devant lui les longues perspectives de l'autre vie, fortifié par la joie virile du devoir accompli, il semblait exercer une royauté particulière au milieu des difficultés vaincues. Sa raison était saine, sa volonté robuste comme ses bras ; il affrontait la vie et la trouvait joyeuse ; il rencontrait la souffrance, et il en subissait courageusement les atteintes ; ce n'était pas une paix résignée, c'était une paix joyeuse qui régnait à son foyer.

Mais les sophistes ont barré le chemin à ses espérances ; ils ont exagéré le tableau de ses souffrances pour les rendre plus amères, ils ont provoqué sa volonté à la révolte en excitant son envie aveugle et jalouse contre ceux qui possèdent ; ils lui ont inspiré le dégoût du travail avec la passion de l'oisiveté et de la jouissance ; la chanson n'est plus sur ses lèvres, et la joie n'éclaire plus ni son foyer ni ses berceaux.

Dans sa colère jalouse, il a emprunté à la science ses moyens de destruction les plus sûrs et les plus violents, pour précipiter la crise suprême qui doit détruire le vieux monde et préparer l'avènement du monde nouveau, entrevu dans la fièvre de ses appétits déchaînés. La haine a rapproché ceux que l'amour ne pouvait plus unir, elle a abaissé les barrières et effacé les frontières, elle a réuni dans la communauté des mêmes utopies révolutionnaires les déshérités et les mécontents de toutes les nations de l'Europe. Ces déshérités forment aujourd'hui une armée toujours grandissante ; ils menacent la bourgeoisie qui livra au bourreau, il y a cent ans, le roi et la vieille noblesse surprise et vacillante dans sa foi. Ils ont cette force invincible des convaincus et des sectaires, le dédain tranquille de la mort. Ils voient naître sans effroi ces décrets et ces lois que la peur arrache au pouvoir affolé qui sera demain leur prisonnier : qui pourrait les arrêter ?

Mais, si l'amour est fécond, la haine est stérile. De ce vaste complot, ourdi au grand jour par une foule ivre de jouissances et prête à l'orgie de l'athéisme, il ne sortira rien de grand pour l'avenir de notre patrie.

Cette foule prendra dans la boue le fusil de la révolution ; elle demandera aux savants de préparer dans le silence d'un laboratoire ou d'un cabinet de physique l'arme terrible qui multipliera les victimes et les ruines, et servira avec plus de sûreté sa vengeance ; elle apparaîtra peut-être aux croyants comme le fléau de Dieu, prêt à châtier le monde qui l'a chassé de son sein ; mais il ne restera rien de ce déchaînement de colère sauvage et d'appétits toujours inassouvis, il ne restera rien, si ce n'est des ruines dont le spectacle rappellera aux générations futures que la soif des jouissances a fait disparaître un monde trop vieux sans pouvoir enfanter un monde nouveau.

Et ce qui ajoute à la désolation de ce spectacle, c'est qu'on n'aperçoit ni un sentiment élevé ni une grande idée dans la panique universelle, provoquée par la victoire prochaine des ennemis de l'ordre social. Ce n'est pas au nom de la justice violée, du droit foulé aux pieds, de la souveraineté de Dieu outragée, de la religion persécutée et livrée à d'invincibles haines, que le vieux monde effrayé jette un cri de terreur. A travers la fumée et les lueurs d'incendie allumés par des criminels, ils ne voient pas la multitude immense des pauvres et des malheureux à qui la vie est trop dure parce que le riche refuse d'abandonner le superflu qui ne lui appartient pas. Au delà des ruines qui les épouvantent, ils ne voient pas que nos églises sont abandonnées, parce que leurs blasphèmes en ont éloigné le pauvre devenu sceptique et le riche devenu le jouet de son impiété.

Non, je ne découvre aucune grande pensée dans

la terreur de ceux qui possèdent et dans les gémissements dont ils remplissent le monde ; ils jouissent, et ils ne veulent pas qu'on les trouble dans leur jouissance. Ils ne demandent pas à Dieu et à la justice sociale de donner du pain à ceux qui n'en ont pas; ils ne demandent pas à la religion de consoler ceux qui pleurent, de désaltérer ceux qui ont soif, de couvrir ceux qui ont froid, de parler du ciel à ceux qui portent le poids si lourd de l'existence. A leurs yeux, la vie est un champ de bataille où le fort écrase le faible, et la jouissance est l'enjeu du combat.

Mais, dans cet état social nouveau, les plus forts ne peuvent pas conserver longtemps le fruit de leur victoire malhonnête; ils ne pourraient arriver à leur fin et assurer leur domination que par l'autorité morale qui engendre les convictions, ou par la force matérielle, à laquelle on ne résiste pas, sans s'exposer à de cruelles représailles. Or, en chassant Dieu de la conscience et de la société, le pouvoir s'est condamné à ne jamais recourir à la force morale. En effet, c'est Dieu qui, en déléguant sa puissance souveraine au chef de l'État, pénètre avec lui dans l'âme de chaque créature libre ; c'est lui qui s'empare de la raison pour l'éclairer, de la volonté pour la diriger, de la conscience pour y faire naître, avec d'inébranlables convictions, les viriles résolutions qui décident la créature libre à agir, par devoir, sous l'œil de Dieu, comme si elle était seule au monde; et sans se préoccuper de la force matérielle qui ne peut avoir aucune influence sur la direction de sa vie.

Privé de la force morale, ce pouvoir athée pourra-t-il compter sur la force matérielle pour établir sa domination et régner en paix? Arrivé par la force brutale du nombre, il essayera peut-être de régner par la force brutale de l'épée. Ceux qui possèdent se grouperont autour de lui, ils placeront leur fortune sous la protection de l'épée. Mais les déshérités, irrités d'une défaite passagère et pleins de confiance dans la puissance du nombre, s'organisent pour de nouvelles résistances et de plus violentes attaques; ils serrent leurs rangs, tous les jours plus nombreux. Des ambitieux de toute origine se préparent à exploiter leur crédulité invincible au profit de leur cupidité personnelle; ils prennent la tête du mouvement, ils créent dans la foule des courants d'opinion irrésistibles, ils allument les haines, ils dirigent de loin l'assaut du pouvoir qui chancelle, et le pays bouleversé passe alternativement de la dictature à l'anarchie.

Ce n'est donc pas la force qui rétablira la paix sociale et qui guérira les volontés malades, livrées par le scepticisme aux caprices de l'instinct. La négation théorique et pratique de la liberté morale a engendré la négation du devoir, la négation de la responsabilité, la négation de l'effort méritoire et du sacrifice; elle a déchaîné dans l'individu et dans la société les penchants mauvais, elle a fortifié l'irrésistible impulsion vers la jouissance physique, toujours limitée tandis que les appétits sont illimités, et elle a fait de la vie, où ces appétits sont perpétuellement en conflit, une arène où les combattants ont perdu jusqu'au sentiment de l'idéal.

Nous avons perdu le secret des résistances qui défient la mort, et c'est parce que nous sommes disposés à tout subir que d'autres sont prêts à tout oser.

VII

L'idéal n'est pas un vain mot : c'est le type de la vérité, de la beauté, de la bonté ; c'est la réalisation infinie de ces propriétés dans un Être éternel, en Dieu.

Ce type apparaît à notre raison, sur les plus hautes cimes, quand nous commençons à penser et à réfléchir. Ce n'est pas nous qui le créons, ce n'est pas nous qui lui donnons la vie, ce n'est pas nous qui l'inventons, il existe avant nous, avant toute créature, éternellement, et il rayonne en nous, où il apparaît pour nous faire connaître le principe et le but suprême de l'esprit, de la volonté, de l'imagination, de notre être tout entier. Il est la lumière de la vie, qui lui doit sa direction et son unité ; il est en dehors de nous, au-dessus de nous ; il nous éclaire et nous remplit de ses rayons à la manière du soleil, qui enveloppe, pénètre et vivifie toute créature sans jamais se confondre avec elle, toujours uni à elle et toujours distinct.

La contemplation habituelle de cet idéal engendre l'amour; l'amour ébranle et entraîne la volonté, qui essaye de le réaliser par une étroite et perpétuelle union avec lui.

Je me place ici au point de vue purement philosophique et naturel, je n'entends pas parler des relations gratuites et surnaturelles fondées sur la grâce; elles constituent un ordre à part.

Le positivisme a détruit dans les âmes l'idéal de justice et de beauté.

Il y a un demi-siècle encore, la France, fidèle à l'esprit chevaleresque de ses ancêtres, frémissait et tirait son épée du fourreau quand la justice était violée quelque part sur la terre; et quand des orateurs rappelaient dans la chaire ou dans la tribune politique les infortunes d'une nation en deuil, quand ils prononçaient les noms de l'Irlande ou de la Pologne, ils touchaient les âmes jusqu'aux larmes de l'indignation, et les âmes leur répondaient par la pitié pour les vaincus, par la haine pour les vainqueurs, et par les sacrifices les plus généreux. La France avait un idéal de justice, et toute atteinte à cet idéal, parmi les peuples civilisés ou barbares, ne la trouvait jamais indifférente. Elle offrait, pour punir l'injustice, son or et sa vie.

Qui pense aujourd'hui à l'Irlande et à la Pologne? qui gémit de leur infortune? qui voudrait verser son sang pour obtenir leur délivrance? qui voudrait se lever et combattre pour venger une injustice et défendre le droit? Des milliers et des milliers de chrétiens sont plongés dans la misère, persécutés, outragés, violés, égorgés en Arménie à l'heure où j'écris ces pages ; qui s'en émeut dans notre vieille Europe fatiguée et blasée ? Nous avons entendu le récit des outrages infligés à la dignité humaine dans la personne des esclaves, ce récit nous laisse indifférent. Les mesures protectrices qui ont été prises par le monde officiel, au milieu de l'insouciance générale, visaient peu l'esclavage ; elles témoignaient, avant tout, du désir de reculer les bornes d'un empire dans le grand continent africain.

Nous avons adopté, sans étonnement et sans trouble, cette maxime empruntée à la physiologie matérialiste : La loi inexorable de la concurrence vitale s'applique aux animaux, à l'homme et aux sociétés humaines ; le principe de la survivance du plus fort domine tout. Que des nations vaincues soient écrasées, anéanties ; qu'elles disparaissent : ainsi le veut l'évolution ; il faut se soumettre sans protestations inutiles et sans compassion ridicule. Ne voyons-nous pas tous les jours, dans notre pays, les esprits accepter avec la même indifférence égoïste la ruine de milliers de familles, victimes de l'agiotage et de l'habileté de quelques financiers sans pudeur ? La même loi du plus fort s'applique, avec la même rigueur impitoyable, aux individus et aux nations.

C'est ainsi que les sentiments chevaleresques de dévouement à la justice et aux malheureux ont disparu ou disparaissent dans notre pays. Que la patrie soit humiliée, que des femmes, des vieillards, des enfants soient égorgés, et inscrits au martyrologe arménien ; que des martyrs tendent en vain vers la France leurs mains suppliantes ; que d'autres prennent le chemin de l'exil, éplorés et sans pain, au nom de la liberté violée ; que les âmes souffrent l'angoisse et que les droits les plus sacrés soient méconnus, en face d'une société qui se fait gloire d'être sortie du sang de la révolte le jour de son émancipation, rien ne peut nous émouvoir ; il nous faut une vie tranquille, heureuse, qui ne se laisse plus troubler par les cris importuns des victimes. Nous périssons dans l'indifférence et le scepticisme, incapables d'effort, de sacrifice et de grandeur.

Avec l'idéal de justice, l'idéal du beau a disparu. Les lettres et les arts n'ont pas échappé aux ravages de ce positivisme, qui abaisse aujourd'hui les caractères et les prépare à la servitude. Il ne faut plus parler de cet idéal pur et délicat qui donnait un charme si pénétrant aux écrivains et aux poètes de la première moitié de ce siècle, et qui élevait les âmes au-dessus des réalités pénibles de la vie, loin des vices qui la déshonorent. Par un étrange oubli de l'essentielle distinction des choses, des écrivains de renom essayent d'appliquer aux lettres, aux arts et à la poésie, les procédés d'analyse et de description qui appartiennent exclusivement aux recherches scientifiques dans le monde des corps.

Ils ne veulent pas voir le bien qui reste à côté du mal, ils ignorent les nobles sentiments de dévouement, de générosité et de sacrifice qui grandissent encore, et malgré tout, dans des âmes que la candeur ou le courage ont sauvées du scepticisme, ils ne voient que le mal hideux, les sentiments pervers, la pourriture; ils les détachent des autres phénomènes de l'âme, ils les observent, les analysent, les décrivent avec une ivresse coupable et repoussante à la fois, sans souci de l'esthétique et de la morale, avec d'autant plus d'intensité et de complaisance que la pudeur en est plus offensée.

L'idéal du vrai disparaît lui aussi; le vrai n'a-t-il pas son idéal, comme le bien et le beau? Oui, nous avons fait des progrès merveilleux dans l'art d'appliquer la science au bien-être et au luxe de la vie. Il semble même que chaque jour apporte une découverte nouvelle dans cet ordre de faits. Mais où sont les savants de l'école de Kepler, de Newton, de Leibniz, de Pascal, de Malebranche, qui étouffent dans la prison trop étroite des phénomènes et des faits contingents, qui brisent les murs de leur prison, et qui s'élèvent par de grands coups d'ailes et de superbes envolées, à travers les causes, les lois, les principes, jusqu'à l'Ordonnateur souverain de la nature, jusqu'à l'Être infini?

Il y a sans doute quelques essais timides de réaction contre ce positivisme, et des esprits plus sages semblent perdre leurs illusions et reconnaître avec mélancolie leur erreur et leur impuissance. Lassitude et déception! Des savants avouent que le matérialisme physico-chimique n'explique pas la vie, que le mécanisme physique ne donne pas la raison de l'ordre immuable de l'univers, que les hypothèses en faveur ne sont que des hypothèses dont des faits nouveaux découvriront la fragilité éphémère. Des romanciers et des poètes, désenchantés et fatigués des hontes du réalisme, ont essayé de faire passer quelques rayons et un air plus pur à travers la littérature en décomposition; ils font encore appel à l'idéal. De nobles efforts sont tentés pour dégager la philosophie de l'appareil matérialiste et physiologique où elle étouffe et pour en obtenir une solution du problème de la destinée humaine plus conforme à nos espérances et aux croyances traditionnelles de l'humanité.

Mais que ce mouvement est peu de chose! La foule et la majorité intellectuelle de notre pays l'ignore ou s'en désintéresse encore, et nous voyons déjà grandir une génération nouvelle et ardente sortie des écoles sans Dieu, et appelée à gouverner le pays par le suffrage universel. Cette génération n'a pas conservé dans sa raison et dans son cœur ces immortelles semences de vérité religieuse et de justice, que les passions peuvent couvrir un instant, mais que l'âge et l'adversité rendent fécondes : rien ne lui rappelle son origine et sa destinée; rien ne lui rappelle Dieu, elle semble faite pour les hontes de la servitude ou pour les révoltes de l'anarchie.

VIII

Qui relèvera les caractères? qui nous donnera des hommes forts? qui guérira cette société malade, mourante, qui périt parce qu'elle prétend se passer de Dieu?

Se passer de Dieu, c'est un fait absolument nouveau dans notre histoire et dans l'histoire du monde. Tous les peuples anciens ont affirmé sous des formes diverses, par un culte public et dans la pratique de la vie, leur croyance à des idées religieuses, tantôt pures de tout alliage et élevées, tantôt dénaturées par de grossières superstitions. L'étroite union de l'idée religieuse et de l'idée politique nationale est le trait caractéristique des civilisations antérieures à l'avènement du christianisme.

Et, depuis l'avènement du christianisme, cette même alliance a toujours existé sous des formes nouvelles chez tous les peuples de l'Europe. Qu'ils soient restés soumis à l'Église de Rome, ou qu'ils aient brisé le lien de leur union sous l'influence du schisme et de l'hérésie, les peuples modernes ont conservé le sentiment religieux et la foi au divin, sans laquelle toute civilisation est condamnée à disparaître et tout peuple à périr.

Seuls, entre tous les pays de l'Europe, nous avons voulu vivre et nous organiser sans Dieu; nous avons cru trouver dans une diffusion plus large de l'instruction, dans l'autorité des lois civiles, dans le prestige du pouvoir, les éléments suffisants pour assurer la paix sociale en dehors de tout sentiment religieux.

L'instruction répandue sans discernement dans toutes les classes de notre pays a multiplié le nombre des déclassés, des ambitieux, des mécontents; elle a suscité des rivalités jalouses, des haines ardentes, et rendu plus âpre et plus difficile la lutte pour l'existence. Consultez les statistiques : quelle éloquence dans ces chiffres qui nous font connaître l'effrayante augmentation des suicides, des vols, des crimes dans l'enfance et dans la jeunesse, dans cette jeunesse qui échappe à la direction du frein religieux! Est-ce la paix sociale que l'on avait rêvée?

Écoutez le jugement désintéressé d'un sceptique sur cette tentative d'émancipation sociale par la diffusion obligatoire de l'instruction sans Dieu :

« Laissons donc ce que les évêques et les catholiques fervents ont jadis pensé de son œuvre. Notons seulement ce qu'un sceptique même en pourrait dire. Il dirait que le grand ministre dut être surpris de quelques-uns des résultats de ses réformes; qu'il ne paraît guère que l'instruction gratuite, obligatoire et laïque ait éclairé le suffrage universel; que la superstition du savoir a jeté dans l'enseignement des fils et des filles du peuple et de la petite bourgeoisie, qui, infiniment plus nombreux que les places à occuper, n'ont fait que des déclassés et des malheureuses, que la demi-science, exaspérant les vanités, les rancunes, les ambitions ou simplement les appétits, en même temps qu'elle ôtait aux consciences les entraves et à la foi l'appui des croyances religieuses, a grossi l'armée des chimériques et des révoltés; qu'ainsi la société s'est trouvée, justement par ce qui devait la pacifier et l'unir, plus menacée qu'elle ne fut jamais; et que, si l'œuvre de M. Duruy fut une œuvre de grande volonté et de grand courage, elle fut donc aussi une œuvre d'étrange illusion [1]. »

La loi civile a perdu son efficacité, d'ailleurs insuffisante; il est toujours si facile de tourner la difficulté et d'éluder la loi. C'est en lui-même, c'est dans sa conscience que l'homme doit trouver sa lumière, et le principe de sa direction. Quand ce flambeau est éteint, qui lui donnera la lumière pour éclairer sa route? Voyez si la moralité s'est élevée, dans notre pays, dans la mesure où la dignité et l'autorité de la conscience ont décliné : les volontés sont-elles plus fortes? les âmes sont-elles plus chastes, les foyers sont-ils plus honorés? les relations commerciales sont-elles plus honnêtes? la fraude et les vols sont-ils devenus plus rares? la société est-elle plus tranquille et plus dégagée dans ses mouvements vers sa fin temporelle et vers sa fin suprême?

Le pouvoir a perdu le prestige qu'il empruntait à son origine divine; il a perdu son ascendant sur les consciences, et le sentiment du respect a baissé dans la mesure où le principe d'autorité se trouvait

[1] Lemaître, *Discours de réception à l'Académie française.*

ébranlé. Accoutumé à dire : C'est moi qui fais le pouvoir, le peuple a dit encore, en suivant la logique des déductions : C'est moi qui détermine la loi, le devoir, le bien, le mal.

Mais ce que la volonté libre de l'homme a fait, elle peut le détruire, puisqu'elle est supérieure à tout ; et voyez le spectacle que nous avons sous les yeux : les lois et les principes sociaux nouveaux se succèdent, se contredisent, se détruisent et nous offrent une saisissante idée de l'instabilité et des caprices de la passion qui les inspire, les fait naître et les détruit. Présidents, empereurs et rois passent au faîte du pouvoir et disparaissent, en laissant dans des âmes déçues l'espérance d'une prochaine revanche. L'instabilité est partout : le peuple est pris de vertige dans sa royauté éphémère.

Comment une telle société pourrait-elle enfanter des hommes de caractère, c'est-à-dire des hommes qui ont une connaissance précise du devoir, qui veulent résolument, aujourd'hui, demain, toujours, le remplir, malgré les résistances de la passion ? Comment pourrait-elle enfanter des hommes détachés de tout, épris de sacrifice et d'héroïsme, et prêts à donner leur sang pour affirmer leurs convictions ?

L'ordre surnaturel est distinct de l'ordre naturel ; mais en fait, et dans l'état actuel de l'humanité, ils seront toujours étroitement unis : l'ordre naturel demeure subordonné à l'ordre surnaturel. Une société profondément religieuse sera facilement honnête, et celui qui pratique les vertus du chrétien observe facilement les devoirs du citoyen. Une société irréligieuse qui fait profession de couper toute communication entre la vie présente et la vie future, et qui inscrit la négation de l'immortalité personnelle en tête de ses dogmes, ne respectera pas les préceptes de la loi naturelle, elle n'observera pas les devoirs du citoyen. C'est le christianisme qui est le berceau des hommes de caractère, l'irréligion n'en produira jamais.

IX

Jetée dans le chaos des doctrines nouvelles les plus extravagantes, égarée dans les ténèbres des inventions et des utopies les plus chimériques d'une imagination sans règle et sans frein, la liberté humaine a perdu dans notre pays sa direction et son courage. Elle s'adresse en vain à l'instruction, aux lois, au pouvoir politique, pour retrouver sa voie et mériter le respect. Elle est devenue la proie facile des sophistes qui l'exploitent sans remords et des ambitieux qui la déshonorent; elle a étouffé la raison pour se soumettre à l'instinct.

Nous assistons à la révolte des uns, au découragement des autres, à l'impuissance de tous.

Cependant la douloureuse expérience sociale à laquelle nous assistons n'a pas encore produit tous ses effets. Nous entrevoyons seulement ce que devient un peuple sans Dieu. Demain nous réserve peut-être de plus cruelles surprises et de plus graves sujets de tristesse.

Heureux ceux qui traverseront l'épreuve sans perdre l'espérance!

L'espérance! C'est par elle que, malgré des apparences contraires, je terminerai ces observations sur l'abaissement des caractères dans le temps présent.

Il y a dans notre pays une minorité virile et chrétienne, prudente et résolue, toujours debout dans la lutte religieuse dont nous venons d'étudier les péripéties.

C'est la réserve sacrée de l'avenir et de Dieu.

Elle retrempe son courage dans d'invincibles et pacifiques résistances, elle ne recule devant aucun obstacle, elle ne fléchit devant aucune promesse. Ni l'épreuve ne peut la décourager, ni les défaites partielles ne feront tomber les armes de ses mains.

Toujours docile aux enseignements de l'Église et toujours généreuse dans son dévouement au pays; indifférente aux questions politiques où l'honneur et la vie de la France ne sont pas intéressés, et passionnée pour les vérités religieuses dont elle prend la défense; plus forte que les honneurs, la fortune et les plaisirs dont elle a mesuré le néant infini, et souriante devant la mort qui lui promet plus haut la réalisation éternelle de ses espérances, cette minorité attend la victoire.

La victoire ne sera jamais définitive ici-bas, parce

que la Providence livre le monde à l'instabilité de la liberté humaine ; mais nous savons que les esprits reviendront à la vérité, ou par le chemin des déceptions douloureuses, ou par la voie des fidélités invincibles, parce que Dieu a mis au cœur des nations chrétiennes un principe d'immortalité.

ÉLIE MÉRIC.

Paris, 3 août 1896.

ÉNERGIE ET LIBERTÉ

PREMIÈRE PARTIE

CHAPITRE I

LA LIBERTÉ HUMAINE

I

C'est la volonté qui est le tout de l'homme, car elle est à la fois lumière, force et mouvement. Elle est une force, la plus grande de toutes, qui s'impose et règne au sein du monde matériel soumis à l'inexorable loi de la nécessité. Elle est lumière, elle obéit à la direction lumineuse d'une pensée. Elle est mouvement, force intelligente et toujours active, elle s'achemine vers un but.

Il n'est pas nécessaire d'entrer dans le dédale des questions subtiles que soulèvent la nature, le jeu et les conditions de la volonté. Ces questions sont infinies; elles peuvent aiguiser la pointe de l'esprit, exercer sa dialectique, amuser ou intéresser de rares philosophes familiers avec les dernières abstractions de la métaphysique et de l'ontologie ; elles n'empêchent pas les hommes de bonne foi, de conscience loyale, de dissiper les ténèbres et de voir clairement les vérités suivantes :

La liberté est la condition nécessaire de l'effort, de la lutte et de l'énergie indispensable aux hommes de caractère. En présence des ennemis qui me pressent de toute part, et qui sont pour moi un obstacle ; malgré l'influence du milieu, de l'hérédité, du tempérament, de l'âge et de l'éducation, je me sens la force de lutter, de résister, d'atteindre au but. Et, parce que j'ai conscience de cette puissance qui est en moi, je fais des efforts heureux ou malheureux pour la faire grandir encore, je la développe par les ressources de l'habitude ou des mêmes actes répétés.

Si je n'étais pas libre, je n'aurais jamais la pensée de faire un effort ; il me serait même impossible d'avoir l'idée et l'intelligence de l'effort. Comme l'enseignent quelques déterministes plus francs dans l'exposition de leurs théories, il faudrait, si la liberté n'existait pas, combattre et dissiper l'illusion du libre arbitre, m'habituer à la pensée de la nécessité qui régnerait en souveraine dans le monde moral comme dans le monde matériel, et m'abandonner avec insouciance aux impulsions, si diverses qu'elles soient, qui se succéderaient en moi ; j'assisterais, en spectateur impuissant, à tous les actes qu'une cause étrangère et inconnue produirait en se servant de mes facultés, c'est-à-dire de mon âme et de mon corps.

Passif, impassible et simple spectateur, dominé par une cause, ou divine comme l'enseignent les panthéistes, ou physique comme le prétendent les déterministes, je verrais peut-être encore une différence entre l'homme et les animaux ; c'est que l'homme éclairé par la pensée aurait conscience de cet état, qu'il ne lui serait pas possible de modifier, parce que la fatalité de son origine et de sa constitution le condamnerait à le subir.

D'où viendrait aussi l'idée de la liberté, quelle serait son origine si toutes mes actions étaient soumises au déterminisme et à la nécessité ? Ce n'est pas dans l'observation du monde extérieur que je pourrais la découvrir, puisque le monde extérieur n'est pas libre. Ainsi dans le monde physique, végétal et animal, tous les êtres sont soumis aux lois physiques, physico-chimiques, physiologiques, lois nécessaires qui produisent invariablement les mêmes effets, sur tous les points de l'espace, à tous les moments de la durée. Je ne la trouverais pas dans mes semblables, car la nature humaine étant identique en tous les hommes, je ne peux pas découvrir dans les autres ce qui n'existe pas en moi. Je ne peux pas davantage la provoquer moi-même et la faire naître dans mon esprit, car mon esprit constate l'existence des faits, les rapproche, les coordonne et en cherche impatiemment l'explication. Mais, dans l'hypothèse déterministe, la liberté n'est pas un fait, elle n'existe pas.

La présence de cette idée dans mon esprit serait

donc un mystère, car j'ai une idée nette et précise de la liberté humaine ; je ne peux pas la confondre avec les autres forces qui sont enchaînées à la nécessité ; je vois clairement tous les éléments qui la constituent, la causalité et l'effet. Et cependant je n'aurais pas cette conception si mon esprit ne s'était jamais trouvé en présence d'un acte de liberté.

Non seulement cette idée est établie dans mon esprit, mais j'éprouve à tout instant le désir d'agir comme si j'étais libre ; or ce désir serait aussi incompréhensible dans l'hypothèse déterministe que l'idée même de la liberté morale. J'agis enfin, j'apprécie les actes de mon prochain, je vis comme si j'étais libre, et aucune négation ne peut étouffer en moi ce désir et ce perpétuel effort de ma volonté, qui est aussi l'affirmation de ma puissance contre les obstacles qui se dressent devant moi.

Or, d'où vient en moi ce désir? d'où vient cette conviction qui fait partie de ma vie et qui est inséparable de ma nature? Pourquoi donc éprouvons-nous le sentiment très vif de notre liberté? Pourquoi croyons-nous, avec une certitude inébranlable, que nous sommes vraiment causes, et à ce titre responsables de nos actions délibérées? Pourquoi aurions-nous cette conviction, si, en réalité, nous n'étions pas plus libres que les animaux? Quand je vois clairement qu'une action est impossible, je ne la désire pas, je n'essaye pas de la faire. Il y a des cas où je dis : Je ne peux pas, je reconnais donc qu'il y a des circonstances où j'ai le droit de dire : Je peux, et d'affirmer ma liberté. La nier, c'est contester l'autorité de la conscience.

Et si vous ébranlez ainsi le témoignage de la conscience, qui est le même en tous les temps et dans tous les hommes; si vous prétendez que je me trompe, que le genre humain s'est toujours trompé sur ce point d'une importance capitale; si vous ruinez le fondement de la certitude morale, l'homme est donc un halluciné?

II

D'autres phénomènes de conscience, dont l'existence est facile à constater, deviennent aussi inexplicables si la liberté humaine n'est qu'un vain mot.

Après une mauvaise action nous éprouvons un sentiment particulier, très pénible, que nous appelons le remords. Le remords est un phénomène complexe qui comprend un grand nombre d'éléments qui tous concourent à la démonstration de notre liberté. Nous sommes honteux, parce qu'après avoir vu un idéal de moralité et de vertu que nous pouvions atteindre, nous avons préféré volontairement, librement, nous en éloigner, déchoir, amoindrir en nous la dignité personnelle, et nous rapprocher des êtres inférieurs.

Il est donc vrai que tout homme porte en lui-même un incorruptible idéal de justice qui est l'infaillible lumière de sa conscience, qu'il ne peut jamais entièrement étouffer. Il est donc vrai que nous sommes obligés par la loi de notre destinée de reproduire en nous cet idéal, de marcher aux clartés de cette lumière, et, sous sa direction, d'atteindre notre fin suprême ; il est donc vrai que s'éloigner de cet idéal, c'est faire un acte mauvais, répréhensible, qui appelle un châtiment. De là cette confusion que nous éprouvons après avoir eu la faiblesse de commettre un acte mauvais.

Tout homme traduit cette déchéance volontaire par cette parole : Je dois m'élever au-dessus des créatures et des passions ; je dois me purifier, me sanctifier, dépouiller ce qui est charnel et trop humain, et me rapprocher de cet idéal de justice et de perfection qui m'éclaire à tous les moments de mon existence. Mais j'ai préféré la passion au devoir, j'ai perdu quelque chose de ma dignité, je me sens amoindri à mes propres yeux, et comme le premier homme, après sa faute, je peux dire : Je suis confus de ma nudité.

Or pourquoi éprouverais-je cette confusion douloureuse, si la faute n'était pas l'effet d'un choix libre de ma volonté ? Si toutes mes actions sont le résultat inéluctable de la nécessité ou de la fatalité, je peux, sans doute en vertu de ma faculté de penser, assister impassible à cette déchéance; mais je n'ai aucune raison d'éprouver la confusion du remords.

Aussi bien je ne vois pas pourquoi je constate aussi l'existence en moi d'un idéal que je dois réaliser, d'une loi morale qui prétend me diriger, et d'une autorité mystérieuse qui me commande d'obéir. Ou ces choses n'existent pas, elles sont des chimères indignes d'occuper ma pensée; ou elles existent, elles sont d'indestructibles réalités, je dois en tenir compte et reconnaître le fait de la liberté.

Or l'autorité de la conscience, la règle ou la loi morale qui commande à tous les hommes de faire le bien et d'éviter le mal, l'idéal de justice que je dois réaliser, tout cela existe, avec les caractères de la réalité, je n'ai pas le droit de le dédaigner.

Mais je ne peux les respecter, je ne peux écouter la voix de la conscience, obéir à la loi morale, écarter tout ce qui s'oppose à mon avancement vers la fin suprême de ma vie, que si j'ai la faculté d'écouter ou de ne pas écouter, d'avancer ou de reculer, de renverser ou de laisser debout les obstacles de la vie, en un mot, que si je suis libre ou maître de mes actions.

Donc, ou je suis libre, et je comprends la conscience, la loi morale, l'idéal qui domine la vie; ou je ne suis pas libre, et la présence habituelle en moi, dans ma conscience, de cette loi morale et de cet idéal, est un mystère incompréhensible, une contradiction ironique, un phénomène monstrueux qu'il faut absolument supprimer.

Qui donc voudrait affirmer l'existence de cet idéal, de cette loi morale et de cette conscience dans les animaux, dans les êtres privés de liberté?

A ce sentiment de confusion et de déchéance s'ajoute aussi le sentiment d'une peine encourue et d'une responsabilité devant le législateur. Que je parle ici du législateur suprême ou du législateur humain, d'une pénalité surnaturelle au delà de la vie présente ou d'une pénalité civile en ce monde ; qu'il soit question de la transgression de la loi morale ou de la violation de la loi civile, il est toujours certain qu'en me reconnaissant coupable je vois clairement la justice d'une peine encourue.

Et nous traduisons ce sentiment dans cette formule : Je pourrais faire le bien, j'ai préféré faire librement le mal, c'est ma faute, et, si l'on m'inflige une punition, je l'ai méritée. Si je n'étais pas libre, je ne serais pas coupable, et je protesterais contre une punition imméritée ; mais je suis libre, coupable, et je n'ai pas le droit de protester contre une pénalité qui doit assurer le respect de la loi.

Je ne dis pas : Le pouvoir a le droit de me punir parce que j'ai fait un acte nuisible à la société ; non, ce n'est pas l'intérêt public ou le salut social qui justifie ma soumission, car si je n'étais pas plus responsable que l'enfant sans raison ou que le fou, si l'acte répréhensible que l'on m'attribue m'avait été arraché par la violence, j'affirmerais mon innocence, quelles que puissent être d'ailleurs les conséquences de mon action, et je protesterais contre un châtiment que je n'aurais pas mérité.

Au nom de la sécurité publique, l'État pourrait sans doute rechercher avec les moralistes, les hygiénistes et les législateurs, les moyens les plus efficaces pour me mettre dans l'impossibilité de nuire à la société; l'État devrait s'occuper de ma santé, de ma constitution, de mon cerveau, et modifier mes actes en modifiant leur cause, par l'hygiène et par des procédés empruntés à la science, mais il n'aurait pas le droit d'attacher à la répression une idée d'expiation, de justice ou de châtiment.

Or, si je reconnais que l'on peut procéder ainsi à l'égard de l'homme privé de raison, que l'on doit même enfermer le fou et le condamner à l'impuissance, c'est précisément parce que je vois clairement que le fou n'est pas libre, qu'il n'est pas responsable, et que la société a le droit de se défendre contre ses attentats.

Mais ma pensée se révolte à l'idée que l'on devrait assurer le même traitement à tous les criminels, les considérer comme des êtres privés de raison et de liberté, leur imposer le régime des fous.

Et cependant, par la force des choses, la justice humaine se trouve enfermée dans cette alternative : ou supprimer toute pénalité et traiter les criminels comme on traite les fous, ou conserver les pénalités existantes et reconnaître le fait de la liberté humaine.

Or supprimer ces pénalités et assimiler le crime à la folie, c'est contredire au sentiment très vif et très persistant que nous avons tous de notre conscience, de notre raison, de notre liberté; c'est donner une prime aux grands coupables, et justifier d'avance tous les crimes, en supprimant l'effort moral, la lutte, la fière et quelquefois douloureuse résistance de la volonté aux passions. Il faut donc conserver ces pénalités avec le caractère d'un châtiment mérité et affirmer l'existence de notre liberté.

Ces arguments, qui ne sont pas empruntés à la métaphysique et qui sont d'ailleurs accessibles à tous les esprits, ont une valeur démonstrative incontestable; ils ont satisfait dans tous les temps de très nobles intelligences : on n'a pas le droit de les dédaigner au nom de je ne sais quelle science nouvelle qui prend l'obscurité pour la profondeur, et qui cache trop souvent sous des formules inintelligibles et pédantesques de très pauvres idées.

Que ce phénomène de la liberté humaine soulève de grandes difficultés quand on veut en expliquer le mécanisme si délicat, j'en conviens. Il est possible aussi que je n'aie pas une idée claire du rôle et de l'efficacité des motifs dans mes actions ; je sais que le déterminisme se présente avec des arguments captieux, mais ces fantômes ne doivent pas nous effrayer. Ce n'est pas à nous de concilier la liberté humaine avec les théories et les hypothèses conçues par une philosophie toujours incertaine dans ses affirmations et ses conclusions, c'est au contraire aux partisans de cette philosophie qu'il appartient d'essayer de concilier leurs systèmes avec cette liberté dont l'existence est pour nous clairement et absolument démontrée.

Écoutons Bossuet :

« Mais parce que dans les délibérations importantes il y a toujours quelque raison qui nous détermine, et qu'on peut croire que cette raison fait dans notre volonté une nécessité secrète, dont notre âme ne s'aperçoit pas; pour sentir évidemment notre liberté, il en faut faire l'épreuve dans les choses où il n'y a aucune raison qui nous penche d'un côté plutôt que d'un autre. Je sens, par exemple, que, levant ma main, je puis ou vouloir la tenir immobile ou vouloir lui donner du mouvement, et que, me résolvant à la mouvoir, je puis la mouvoir à droite ou à gauche avec une égale facilité : car la nature a tellement disposé les organes du mouvement, que je n'ai ni plus de peine ni plus de plaisir à l'une de ces actions qu'à l'autre ; de sorte que plus je considère sérieusement et profondément ce qui me porte à celui-là plutôt qu'à celui-ci, plus je ressens clairement qu'il n'y a que ma volonté qui m'y détermine, sans que je puisse trouver aucune autre raison de le faire.

« Je sais que quand j'aurai dans l'esprit de prendre une chose plutôt qu'une autre, la situation de cette chose me fera diriger de son côté le mouvement de ma main ; mais quand je n'ai aucun autre dessein que celui de mouvoir ma main d'un certain côté, je ne trouve que ma seule volonté qui me porte à ce mouvement plutôt qu'à l'autre.

« Il est vrai que, remarquant en moi-même cette volonté qui me fait choisir un des mouvements plutôt que l'autre, je ressens que je fais par là une épreuve de ma liberté, où je trouve de l'agrément, et cet agrément peut être la cause qui me porte à me vouloir mettre en cet état. Mais, premièrement, si j'ai du plaisir à éprouver et à goûter ma liberté, cela suppose que je la sens. Secondement, ce désir d'éprouver ma liberté me porte bien à me mettre en état de prendre parti entre ces deux mouvements, mais ne me détermine point à commencer plutôt par l'un que par l'autre, puisque j'éprouve également ma liberté, quel que soit celui des deux que je choisisse.

« Ainsi, j'ai trouvé en moi-même une action où, n'étant attiré par aucun plaisir, ni troublé par aucune passion, ni embarrassé d'aucune peine que je trouve en l'un des partis plutôt qu'en l'autre, je puis connaître distinctement, surtout y pensant comme je fais, tous les motifs qui me portent à agir de cette façon plutôt que de la contraire. Que si plus je recherche en moi-même la raison qui me détermine, plus je sens que je n'en ai aucune autre que ma seule volonté ; je sens par là clairement ma liberté, qui consiste uniquement en un tel choix...

« J'ai donc un sentiment clair de ma liberté, qui sert à me faire entendre la souveraine liberté de Dieu, et comme il m'a fait à son image. Au reste, ayant une fois trouvé en moi-même et dans une seule de mes actions ce principe de liberté, je conclus qu'il se trouve dans toutes les actions, même dans celles où je suis plus passionné, quoique la passion qui me trouble ne me permette pas peut-être de l'y apercevoir d'abord si clairement.

« Aussi vois-je que tous les hommes sentent en eux cette liberté. Toutes les langues ont des mots et des façons de parler très claires et très précises pour l'expliquer; tous distinguent ce qui est en nous, ce qui est en notre pouvoir, ce qui est remis à notre choix d'avec ce qui ne l'est pas ; et ceux qui nient la liberté ne disent point qu'ils n'entendent pas ces mots, mais ils disent que la chose que l'on veut signifier par là n'existe pas [1].

« Tous les jours nous reconnaissons en nous-mêmes que nous faisons quelque faute dont nous avons de la douleur : et quiconque y voudra penser de bonne foi verra clairement qu'il met grande différence entre la douleur que lui cause une indisposition ou la fâcherie que lui donne quelque perte de ses biens, et quelque défaut naturel de sa personne, et cette autre douleur qu'on appelle « se repentir ». Car cette dernière espèce de douleur nous vient de l'idée d'un mal qui n'est pas inévitable, et qui ne nous arrive que par notre faute : ce qui nous fait entendre que nous sommes libres à nous déterminer d'un côté plutôt que d'un autre, et que si nous prenons un mauvais parti, nous devons nous l'imputer à nous-mêmes.

« Il n'y a personne qui ne remarque la différence qu'il y a entre l'aversion que nous avons pour cer-

---

[1] Bossuet, *Traité du libre arbitre,* ch. II. Le lecteur consultera avec fruit sur cette question de la liberté humaine les excellents travaux de MM. Fonssegrives, Domet des Vorges, Piat, Gardair, etc.

tains défauts naturels des hommes et le blâme que nous donnons à leurs mauvaises actions. On voit aussi que c'est autre chose de priser un homme comme bien composé que de louer une action humaine comme bien faite : car le premier peut convenir à une pierrerie et à un animal aussi bien qu'à un homme, et le second ne peut convenir qu'à celui qu'on reconnait libre, qui se peut par là rendre digne et de blâme et de louange, en usant bien ou mal de la liberté [1]. »

En réalité, ce sentiment de notre liberté si fortement démontré par Bossuet se confond avec le sentiment de notre existence et de notre personnalité. Quand je dis « moi », j'affirme aussitôt ma liberté. Si je ne suis qu'un instrument; si toutes mes pensées, mes volitions, mes actions, sont l'œuvre d'un autre; que cet autre soit une cause physique et matérielle ou une cause spirituelle et intelligente, peu importe, je n'ai plus le droit de dire « moi », je n'ai plus une personnalité distincte, je suis une partie d'un autre être, fini ou infini, qui se sert de moi, qui fait naitre des pensées dans mon cerveau, qui provoque des mouvements dans mes nerfs et dans mon sang, et qui seul peut dire : Je suis, je veux.

Dès lors que je dis « moi » et que j'ai la notion et le sentiment de ma personnalité, j'affirme aussitôt que je suis un être distinct des autres êtres. Sans doute je subis l'action ou le choc des forces de toute

---

[1] Bossuet, *Traité du libre arbitre*, chap. II.

sorte qui forment le milieu où s'écoule ma vie ; mais ces forces m'excitent à l'action, elles éveillent mon activité sans la dominer, sans la diriger, sans la faire concourir fatalement à la réalisation d'un plan ; elles peuvent échouer devant mes résistances.

Ce sentiment de notre personnalité est aussi indestructible que celui de notre liberté.

III

On nous oppose la loi de l'hérédité physique, que l'on prétend identifier avec la loi imaginaire de l'hérédité morale. Nos qualités et nos défauts, nos vertus et nos vices, nos impulsions et nos répulsions seraient l'effet inéluctable de l'hérédité qui rattache les descendants à leurs ascendants.

Au point de départ de notre formation corporelle, nous trouvons le protoplasme, formé d'une substance granuleuse, transparente et caractérisée vers le centre par un noyau, une vésicule sphérique et brillante, que nous désignons sous le nom de cellule initiale ; celle-ci se multiplie ensuite indéfiniment par un travail de segmentation particulier à chaque cellule.

Ces cellules se rapprochent, se juxtaposent et concourent à former le corps humain ; on les retrouve dans la peau, dans les muscles, dans les viscères, dans les os, dans les nerfs, dans les tissus musculaire, vasculaire, nerveux et cartilagineux. Ces cellules sont solidaires ; elles forment une colonie sous l'autorité ou la direction de l'âme, principe de la vie.

Les travaux remarquables qui ont été faits depuis l'année 1875 sur les cellules et sur leur mouvement vital ont entouré d'une vive lumière les origines et le développement ou l'évolution de la vie matérielle. La cellule veut vivre, elle obéit à une loi ou à une pensée directrice, elle résiste de toute son énergie aux ennemis multiples intérieurs et extérieurs qui s'opposent à son fonctionnement régulier.

Quand elle ne peut plus exercer régulièrement sa fonction, on voit apparaître les phénomènes morbides qui précèdent la lésion.

« Ce n'est pas la lésion matérielle, écrit M. Renaut, mais bien l'acte fonctionnel aberrant qu'on peut concevoir comme constituant le début des phénomènes morbides. La cellule, ou incorrectement nourrie, ou respirant mal, ou vivant dans un milieu désormais modifié, souvent enfin épuisée par un fonctionnement continu ou excessif, devient en somme une machine qui commence à mal marcher, avant que de ce chef et à la longue ses rouages se déforment, se détériorent ou se disloquent. La lésion fonctionnelle, ou flexion des forces cellulaires, dans un sens aberrant, précède donc la lésion matérielle, qui n'en est que le résultat. »

En étudiant ainsi le travail de segmentation des cellules, la formation lente et sagement ordonnée de l'organisme animal, le développement de la cellule initiale ou du protoplasme que nous tenons de nos parents, on a mieux compris la loi de l'hérédité, la vigueur ou la débilité des enfants, les maladies organiques héréditaires, la prédisposition à certains vices tels que l'alcoolisme, qui résultent d'une altération quelquefois profonde de l'organisme ; en réalité, la vie des parents semble se continuer dans leurs enfants par l'intermédiaire de la cellule initiale.

Il est évident que, si l'âme n'existait pas ; si l'homme, au lieu d'être une créature raisonnable, était un animal ; si la pensée, la conscience et la volonté n'étaient que des phénomènes physiologiques ou des fonctions des muscles et des nerfs, on serait tenté de nier la liberté humaine et de considérer toutes nos actions comme des états nécessaires liés à des états antérieurs, de remonter ainsi à nos parents, à nos ancêtres, et d'appliquer à notre vie l'universelle loi de la continuité.

Il faudrait encore expliquer pourquoi cette loi reçoit si souvent d'éclatants démentis de l'expérience ; pourquoi, par exemple, dans bien des cas, nous ne constatons aucune ressemblance intellectuelle ou morale entre les parents et leurs enfants ; pourquoi des parents vertueux donnent naissance à des enfants vicieux, des parents d'une rare intelligence à des enfants idiots ; pourquoi cette différence profonde de goûts et d'aptitude entre les parents et les enfants. Manifestement, si la vie intellectuelle et morale était contenue tout entière en germe, et par une synthèse mystérieuse, au fond du protoplasme, avec la vie physique de nos parents, chaque enfant aurait ainsi un organe et une fonction physiologique, intellectuelle, morale, identique à celle de ses parents, et la loi de l'hérédité ne souffrirait jamais aucune exception.

Tout ce qu'on peut dire, à la suite d'une observation rigoureuse, c'est que les parents transmettent avec l'ovule ou le protoplasme un organisme ou sain ou vicié, qui explique la constitution physique de l'enfant ; on peut dire encore que, le corps étant étroitement uni à l'âme dans l'unité de personne, le corps vicié dans son origine devient le principe de certaines prédispositions ou impulsions qui constituent ou contribuent à constituer notre caractère, et qui expliquent les principales tentations que nous aurons un jour à repousser. On a beaucoup écrit sur les prédispositions diverses des nerveux, des sanguins, des lymphatiques et des bilieux.

L'hérédité explique donc dans une certaine mesure la variété des tentations, le groupe des prédispositions morales de chaque individu, mais elle ne contient pas la raison de l'acte lui-même, car tout homme, en vertu de sa liberté et avec la grâce de Dieu, qui rend féconde l'éducation du caractère, peut triompher de ces prédispositions mauvaises et pratiquer les vertus contraires dont elles sont la négation.

L'homme n'est ni corps ni esprit, il est l'un et l'autre à la fois. Ni le mécanisme organique de Descartes, ni l'harmonie préétablie de Leibniz, ni les causes occasionnelles de Malebranche, ni l'animisme trop exclusif de Stahl, ne peuvent servir de base à une anthropologie sérieuse et nous donner l'explication scientifique des rapports profonds du physique et du moral, des relations permanentes, si intenses, de la pensée, de la perception et de la mécanique. Il faut toujours en revenir à l'union substantielle de l'âme et du corps, à l'unité du composé humain, si l'on veut comprendre les modifications physiques et chimiques liées aux actes les plus élevés de la vie intellectuelle et morale. Il faut dire avec saint Thomas : « C'est le composé qui voit, qui entend, qui exerce toutes les fonctions de la sensibilité, mais par la stimulation de l'âme ; d'où il suit que si le composé a la faculté de voir, d'entendre, de sentir, c'est grâce à cette âme elle-même [1]. »

Or cette âme qui préside à l'évolution de la vie dans la cellule, comme dans l'organisme, et qui est en réalité l'idée directrice du mouvement vital, n'est pas soumise à la loi de l'hérédité ; elle ne fait pas partie de la cellule initiale ou du protoplasme ; elle ne dérive pas, par génération, du corps de nos parents, elle ne se détache pas de leur âme ou de leur pensée, elle est créée par Dieu, et, comme telle, tirée du néant.

Et puisqu'elle échappe ainsi à la loi de continuité qui domine la propagation de l'espèce et l'évolution de la vie corporelle depuis l'origine du monde, puis-

---

[1] S. Thomas, *De anima*, art. 19; *De sensu et sensato*, lect. 4.

qu'elle est distincte et absolument en dehors de la série, on ne peut pas expliquer ses actions, ses pensées, ses sentiments, sa vie, par l'influence décisive et continuelle de certaines causes physiologiques empruntées à nos parents et propagées par hérédité.

Quand Dieu crée une âme, il fait apparaître ici-bas une force, c'est la liberté. Cette force est si grande, qu'elle peut non seulement se détourner de lui, mais se tourner contre lui : elle peut s'éloigner volontairement, systématiquement, du vrai, du beau, du bien ; elle peut braver et nier la réalité de Celui qui est substantiellement et éternellement la vérité, la beauté, la bonté : force redoutable et impétueuse qui ne doit plus mourir, et qui traversera ce monde en y laissant la trace de ses bienfaits ou de ses ravages, pour vivre ensuite dans un amour ou dans une haine qui ne finiront jamais.

La volonté dépasse et domine l'intelligence. Elle peut fausser la raison en dénaturant la vérité, en persistant à la présenter sous la face qui plaît à la passion, en créant enfin des habitudes de juger absolument erronées. Elle peut fausser la conscience avec la même puissance et la même obstination redoutable ; elle combat la vue première loyale et claire du bien moral ; elle l'écarte et lui substitue l'image décevante du plaisir ou de la jouissance immédiate et matérielle, elle soulève dans sa révolte l'imagination et la sensibilité, qui deviennent les complices de son œuvre destructive ; elle formule alors un jugement pratique en opposition avec la loi morale, avec le bien, comme elle avait inventé, pour tromper la raison, un jugement théorique contraire à la vérité primitivement entrevue. Insensiblement l'image réelle du vrai et du bien s'efface, elle disparait, sans laisser même après elle les inquiétudes de l'erreur et du mensonge et les angoisses du remords. Les jugements de complaisance inventés par la volonté et répétés par l'habitude envahissent insensiblement la raison et la conscience, et après le grand silence de la vérité et du bien disparus, la paix de l'endurcissement commence, l'endurcissement volontaire, obstiné, dans l'erreur et dans le mal. C'est fini.

Mais cette âme qui est à la fois substance et cause, douée de cette force étonnante et redoutable, est créée, elle n'est pas engendrée. Quand nous voudrons la connaître dans ses profondeurs et rechercher avec soin les origines des actes qui forment la trame de sa vie, il ne sera pas nécessaire de recourir aux ancêtres et de chercher quel venin a infecté les sources lointaines de la vie matérielle; il nous suffira d'observer l'âme en elle-même, dans le jeu de ses facultés : il nous sera facile d'y découvrir le principe incontesté de la responsabilité.

C'est au dehors, dans le milieu social où s'écoule sa vie, que l'âme rencontre les influences héréditaires dont elle subit l'impression. Chaque génération qui passe lègue à la génération qui la suit des idées, des mœurs, des maximes, des systèmes, des croyances, des convictions qui constituent le milieu politique, social, scientifique et religieux, auquel il est bien difficile de se soustraire quand on veut conquérir et conserver l'indépendance scientifique de ses jugements.

Cependant chaque génération travaille, en obéissant à l'universelle loi du progrès ; elle perfectionne cet héritage, elle l'accroît de tous les fruits de son labeur personnel, elle contribue ainsi à l'évolution tous les jours plus brillante de la civilisation.

Et vitæ quasi cursores lampada tradunt.

Voyez cette société, telle que la civilisation l'a faite ; énumérez, si vous le pouvez, tous les perfectionnements qu'elle doit à la religion et à la science, et, après avoir contemplé ces merveilles, refaites le chemin parcouru par l'humanité, remontez jusqu'à l'homme des temps primitifs, et constatez les incomparables progrès qu'elle a réalisés.

Voilà l'homme préhistorique, les troglodytes de l'âge du mammouth et de l'ours des cavernes, les habitants des stations lacustres de Wangen et de Robenhausen : ils obtiennent le feu par le « bâton allumeur » ou la machine rotatoire ; ils ne connaissent pas les céréales, ils mangent le gland et la châtaigne ; ils s'habillent de peaux de fauves et de tissus grossiers fabriqués avec des fibres végétales ; ils ont des flèches de silex, des haches, des racloirs. Quel chemin parcouru par l'humanité, de cette époque lointaine et barbare à notre civilisation raffinée !

Mais, à chaque époque, l'homme a subi l'influence

héréditaire des milieux, toujours faciles à reconnaître dans les phases diverses de l'histoire de la civilisation. Au sein de ces influences diverses dont il portait le poids, l'homme ne cesse jamais de posséder et de conserver sa liberté, comme il la conserve encore aujourd'hui, malgré les influences physiologiques qu'il reçoit de ses ancêtres par la génération. La scène change, le théâtre de son activité se renouvelle incessamment sous la loi du progrès, le cercle qui l'enferme s'élargit, mais l'acteur ne change jamais dans son fonds, qui est immuable comme la nature humaine ; il a toujours, sur tous les points de l'espace, à tous les moments de la durée, les mêmes aspirations et des élans qui ne cesseront jamais.

IV

Schopenhauer n'insiste pas sur l'objection d'hérédité que nous venons d'exposer ; il n'a pas su trouver des arguments sérieux contre le principe de la liberté humaine, et les observations qu'il avance pour justifier ses dénégations trahissent la faiblesse de sa thèse.

Il se contente de déclarer que la liberté humaine n'existe pas, parce que si le caractère était réellement perfectible, comme on le prétend, « on devrait trouver notablement plus de vertus dans la moitié la plus âgée de l'humanité que dans la plus jeune, » et nous ne devrions pas refuser irrévocablement notre confiance à tout homme dont la malice a été pour nous une seule fois clairement établie.

Dans la pensée de Schopenhauer, ces faits psychologiques et sociaux, dont la réalité lui semble incontestable, établiraient nettement que la liberté n'existe pas et que la société n'y croit pas.

La première observation de Schopenhauer est basée sur un fait malheureusement trop fréquent et facile à constater. Il est exprimé avec une désespérante clarté dans ce proverbe de Salomon : « Le jeune homme suit sa première voie ; dans sa vieillesse même il ne la quittera point [1]. » Cette persévérance obstinée de l'homme dans la voie où il s'est engagé à l'heure lointaine des illusions de la jeunesse, ce refus de la lutte morale, cette répugnance à l'effort, cette perpétuelle opposition à la loi du devoir, ces longues habitudes vicieuses que les implacables sévérités de la vieillesse ne peuvent plus dompter, que prouvent-elles ? que l'homme n'est pas libre ? Non. Elles prouvent que les hommes honnêtes et vertueux forment une minorité d'élite, et qu'il est toujours plus facile de s'abandonner à l'étourdissement des passions que de rester fidèle au devoir par le sacrifice et la souffrance. Elles prouvent encore la redoutable influence des habitudes, qui forment en nous comme une seconde nature vicieuse et corrompue, toujours prête à faire le mal, avec l'inconscience des volontés endurcies.

[1] *Proverbes*, chap. XXII, v. 6.

Mais si le fatalisme était la loi de la nature humaine, cette loi ne devrait jamais souffrir aucune exception ; elle devrait être universelle comme la nature humaine, et il serait impossible de découvrir un seul homme qui, par la force efficace de sa volonté, ait pu se détourner de la voie du mal et rentrer dans le sentier du bien.

Ici les faits, et des faits nombreux, démentiraient cette affirmation. Le retour au bien à la suite d'un revers de fortune, d'un grand deuil, de malheurs profonds, d'un recueillement religieux de la pensée, d'un apaisement progressif des passions, sous l'influence de l'âge et de l'expérience, et, disons-le hautement, sous l'action décisive et miséricordieuse de la grâce, non seulement n'est pas impossible, mais il est réel, et nous pouvons le constater tous les jours, dans les cloîtres et dans le monde.

Il est évident que si le repentir et le retour au bien n'étaient pas toujours possibles et quelquefois faciles avant le fléau des habitudes invétérées, indéracinables, il faudrait renoncer à toute œuvre d'éducation et abandonner la jeunesse aux caprices de ses penchants.

Ce qui manque au méchant, c'est l'énergie volontaire pour s'arrêter, se recueillir, ouvrir son esprit aux fortes convictions, contempler la loi du devoir, et briser, par l'intervention de nouveaux motifs et de nouveaux mobiles, la série des influences qui le dirigent dans toutes leurs actions.

Je ne veux donc voir qu'une boutade dans cette

parole de Schopenhauer [1] : « On peut faire voir à un égoïste qu'en renonçant à un petit avantage il peut en réaliser un beaucoup plus grand ; au méchant que, pour causer à autrui une souffrance, il s'en inflige une plus vive. Mais, quant à réfuter la méchanceté, l'égoïsme en eux-mêmes, c'est ce qui ne se peut pas ; non, pas plus que prouver au chat qu'il a tort d'aimer les souris. »

Le chef de l'école positiviste anglaise, Herbert Spencer, se place à un point de vue différent pour arriver aux mêmes conclusions : il est dominé par le souvenir du transformisme de Darwin, qu'il applique aux actions humaines. A son avis, la liberté n'existe pas encore, mais elle est possible, ou elle le deviendra, quand des causes intérieures, les conditions de la vie, des forces matérielles, auront agi, pendant des siècles, de la même manière et sur le même point du cerveau pour y déterminer une modification organique. Il faut des siècles et des siècles pour que le désir et le besoin donnent enfin naissance à un organe dans un animal ; il en faut un aussi grand nombre pour obtenir que l'accumulation des impressions emmagasinées produise enfin la liberté.

Tout ceci est un roman de philosophie. Il faudrait supposer que le premier homme n'était pas libre ; que, sans savoir ni pourquoi ni comment, il a eu cependant l'idée et le désir de cette liberté dont il n'avait jamais rencontré la trace autour de lui ; que ce

---

[1] *Fondements de la morale*, p. 172.

désir a déterminé une modification cérébrale particulière, d'abord insensible, léguée ensuite à ses descendants; que, depuis cette époque reculée, sans interruption, sans exception, tous ses descendants ont eu ce même désir et ont contribué d'une manière inappréciable au développement de cet organe; qu'ils y travaillent encore aujourd'hui, tous sans exception ; que ce travail continuera ainsi pendant des siècles, et qu'enfin, après cinquante ou cent mille ans, l'organe étant arrivé à son développement complet, la liberté fera son apparition dans le monde.

Il est évident, comme nous l'avons déjà dit, que nous venons de lire un roman de philosophie.

Écartons la théorie des *noumènes* et des *phénomènes*, que l'esprit fertile de Kant essaya de fonder sur des idées *a priori ;* laissons de côté la raison théorique et la raison pratique, pour arriver enfin à une dernière et ingénieuse théorie [1].

V

Voici cette théorie : nous laisserons le plus souvent à l'auteur lui-même le soin de l'exposer.

La liberté humaine ne serait ni une faculté de

---

[1] Les déterministes *scientifiques* ramènent les lois de l'esprit aux lois de la matière et prétendent expliquer de la même manière les phénomènes de l'esprit et les phénomènes des corps. Les déterministes *psychophysiologistes* assimilent la pensée, la volonté, la conscience aux phénomènes de l'organisme et les

l'homme ni un fait : « La liberté morale est la récompense des forts, des habiles, des persévérants. Nul n'est libre s'il ne mérite d'être libre. La liberté n'est ni un droit ni un fait, elle est une récompense, la récompense la plus haute, la plus féconde en bonheur ; elle est à tous les événements de la vie ce qu'est la lumière du soleil pour un paysage, et à qui ne l'aura pas conquise seront refusées toutes les joies profondes et durables de la vie. » (P. 29.)

Comment prouvera-t-on cette affirmation ? « Trop peu de siècles nous séparent des sauvages ancêtres qui s'abritaient dans les cavernes pour que nous puissions nous débarrasser absolument de l'héritage d'irascibilité, d'égoïsme, de concupiscence, de paresse qu'ils nous ont légué. » (P. 29.)

Cette argumentation n'est pas solide, et un esprit si étranger qu'il puisse être aux subtilités de la philosophie n'aura pas de peine à la réfuter. Si nous sommes enclins au mal, irascibles, égoïstes, paresseux, parce qu'il n'y a pas encore un intervalle de siècles suffisant entre nous et les sauvages qui furent nos ancêtres, pourquoi l'humanité essayerait-elle une vaine résistance ? Qu'elle attende, qu'elle laisse les siècles s'écouler, il viendra enfin un âge bien-

---

considèrent comme des accidents vibratoires. Les déterministes psychologistes reprennent le vieil axiome : *Quidquid fit necessario fit*, ils prétendent que toutes nos actions sont l'effet nécessaire du caractère et du motif. La conclusion générale de ces philosophes, c'est que l'homme n'est ni libre ni responsable. La répression du crime serait donc une monstruosité.

heureux où, par la force même du temps, le virus sauvage sera épuisé ; il ne restera rien de l'héritage ancestral, et tout le monde sera libre par droit de naissance.

On rejette la thèse chrétienne de la chute originelle, pour nous proposer l'hypothèse chimérique de l'hérédité que nous avons déjà réfutée.

On nous dit que la liberté est une récompense et une conquête. Il faut ouvrir ces mots et en trouver le sens. Si la liberté est le fruit de la victoire, avec quelles armes pourrons-nous remporter cette victoire et nous emparer de ce fruit promis ? De quelle puissance ou de quelle faculté faudra-t-il faire usage pour devenir libre et pour mériter cet honneur ? On nous promet la liberté comme une fin, et on la suppose comme moyen.

Tout homme, en effet, qui voudra s'élever à cette liberté que l'on nous propose comme le but de la vie doit tenir ce langage : « Je vois la liberté humaine, elle est belle par elle-même, et en m'affranchissant elle peut me donner les joies les plus pures. Je la vois, je l'aime, je la désire, et par conséquent je la préfère à ce qui n'est pas elle, à l'esclavage des passions. L'amour et le désir engendrent l'effort, et je combats pour mériter l'honneur d'être libre.

Or cet amour de préférence, cet effort méritoire et difficile, cette résistance aux penchants mauvais, tout cela c'est précisément la liberté qui agit, s'affirme et se révèle dans le champ de l'action.

Ce n'est donc pas la liberté elle-même qui donne

à l'homme la paix de la conscience, la dignité personnelle et les joies les plus pures de la vie, c'est l'usage légitime que l'on fait de cette liberté. Quand on se sert de cette puissance pour s'affranchir de la tyrannie de l'opinion, du joug des passions, des influences perverses qui nous entourent et nous pressent de toute part, quand on s'avance par une vigoureuse poussée à travers les difficultés vaincues, vers la source du vrai, du beau et du bien, c'est alors que nous grandissons et que nous atteignons des hauteurs où notre âme se repose dans la sérénité d'une paix toujours étrangère au mouvement tumultueux des sens.

Mais c'est en vain que nous possédons la liberté si nous nous servons de cette puissance pour nous détourner de notre fin, pour nous soumettre au joug des passions, et pour donner notre consentement aux sollicitations perverses, aux excitations malsaines qui nous viennent, tantôt de notre nature déchue et nécessairement imparfaite, tantôt du monde au sein duquel nous vivons. L'abus de la liberté qui démontre notre puissance augmente aussi le poids de nos responsabilités, mais il ne suffit pas d'être libre pour mériter l'estime et une récompense, ou pour encourir un châtiment; il faut encore faire un usage ou bon ou mauvais de cette faculté.

Aussi bien, si l'on prétend que la liberté n'est pas une faculté naturelle de l'homme, qu'elle ne fait pas partie de notre essence en ce monde; si, en un mot, elle était, comme on le prétend, l'effet d'une conquête pénible, que de difficultés l'on soulève! Qui consentira à se livrer au travail austère de son perfectionnement moral, à cette lutte pénible et incessante pour conquérir la liberté? Une élite peut-être. Et, dans ce cas, la plus grande partie du genre humain ne serait ni libre ni, par conséquent, responsable. A quel âge serait-on réellement libre, c'est-à-dire affranchi? Ni dans l'enfance, ni dans l'adolescence; car cette conquête de la liberté exigerait une maturité d'esprit, une force de volonté, une expérience de la vie qu'on ne peut pas avoir à cet âge. On multiplie ainsi les difficultés, je dirais même les impossibilités, quand on fait de la liberté humaine une faculté adventice, quand on oublie qu'elle fait essentiellement partie de notre nature, au même titre que la raison et la sensibilité.

Que d'hommes, d'ailleurs, qui consentiront à se passer de la liberté, si elle est d'une conquête si difficile et si la loi morale est dépouillée de toute récompense et de tout châtiment dans une vie future! Il est évident que la grande majorité, insensible aux joies délicates et élevées d'une liberté réservée à une élite, n'hésitera pas à donner la préférence pratique aux avantages immédiats, matériels, quoique troublants, de la passion assouvie. C'est dans les régions obscures de la vie des sens que s'écoule l'existence de la grande majorité des hommes : ils sont rares ceux qui ont constamment l'esprit ouvert aux considérations élevées de l'ordre moral.

A la base de ce nouveau système que nous discutons, que trouvons-nous? un postulat. « Dès qu'un homme préfère à l'ignoble avilissement des plus repoussants spécimens de l'espèce humaine la grandeur d'un Socrate, d'un Régulus, d'un Vincent de Paul, cette préférence, si faible soit-elle, suffit; car préférer implique aimer, désirer. Ce désir, quelque fugitif qu'on le suppose, peut être affermi. Il grandira si on le cultive, et il se transformera par le jeu habilement manié des lois psychologiques en une résolution virile. » (P. 33.)

En un mot, tous les hommes éprouvent un sentiment d'admiration et de préférence pour le bien, l'honneur, la vertu. Cette préférence engendre l'amour et le désir; ce désir engendre l'effort, et l'effort, habilement dirigé par l'esprit qui connaît toutes les combinaisons des associations psychologiques, engendre la victoire ou l'avènement en nous de la liberté.

Connaître le bien par la raison, éprouver le désir de le pratiquer, tenter enfin de le pratiquer, qu'est-ce autre chose que faire usage de sa liberté? On reconnaît donc, par une contradiction qu'il aurait été facile d'éviter, que l'homme est un être doué de raison, de conscience, de liberté, et que cette dernière faculté, comme tous les grands philosophes l'ont toujours enseigné, fait partie de notre nature et constitue enfin notre personnalité.

VI

Il est difficile de saisir et d'expliquer le mécanisme de la liberté : c'est dans les obscurités qui couvrent le jeu de cette faculté si délicate que l'observateur est exposé à s'égarer.

Nous découvrons au fond de toute créature un ardent besoin de vivre et une répulsion de la mort : la cellule végétale ou animale veut vivre ; le végétal et l'animal appellent un incessant accroissement de vie ; l'homme lui-même, âme et corps, demande la vie, et considère la mort qui l'effraye comme un châtiment.

L'observation de la nature nous révèle ce fait et cette loi dans une saisissante clarté.

Mais l'instinct et la force physico-chimique ne se trompent jamais, ni dans le végétal ni dans l'animal, l'instinct fait converger toutes ses forces vers le bien matériel qui doit accroître la vie en multipliant les jouissances. Il y a ici parfaite harmonie entre le sujet, les moyens et la fin. La loi qui domine la créature inintelligente se confond avec la force qui est le principe de sa vie et de son évolution, force végétale ou force animale, et elle dirige la créature fatalement, sans relâche, vers sa fin.

Là tout est soumis à la loi du déterminisme et de la nécessité : je n'y reconnais ni intelligence ni liberté.

Si l'homme n'était lui aussi qu'une créature physique, animale, appelée à une fin matérielle, on verrait en lui, comme dans les animaux, la nécessité dominer ses organes, présider à ses fonctions et le pousser vers sa fin, c'est-à-dire vers l'accroissement de vie avec la jouissance qui l'accompagne.

Mais il y a dans l'homme un dualisme de nature, de facultés et de fin : il est à la fois une âme et un corps. A l'exemple des autres animaux, il appelle, lui aussi, par l'instinct vital qui domine ses membres, ses organes et tout son corps, il appelle un continuel accroissement de vie et en même temps une continuelle augmentation de jouissances sensibles. Que ce soit la conséquence inéluctable de la chute originelle, je le sais, la théologie nous l'enseigne, en ce moment j'observe, et il me suffit de constater les faits.

En même temps, et par l'effet d'une loi supérieure, nous éprouvons dans notre âme un ardent et perpétuel besoin de vie, d'accroissement de vie dans notre âme, faite pour la vérité, la beauté, le bien, l'infini. Cette soif ardente et jamais entièrement étanchée pendant notre existence, cette insuffisance cruellement sentie de toute réalité finie, quelle qu'elle soit pour nous satisfaire, est une rigoureuse démonstration de la nécessité de l'infini, qui peut donner à notre âme toute l'étendue et toute la durée de vie qu'elle réclame et dont elle a un impérieux besoin. Nous y reconnaissons l'indication de notre destinée.

Mais il y a antagonisme là où la subordination devrait exister; il y a conflit et continuelle opposition entre le corps et l'âme, entre la force animale et la force morale, entre l'instinct et la raison. L'homme, ou le composé humain, selon l'expression de l'École, assiste à ce combat. Il possède la puissance redoutable, ou de préférer la satisfaction de l'instinct animal, la jouissance et la sensation physique, le plaisir matériel immédiat qui lui donne l'illusion d'un accroissement de vie, et de considérer sa fin temporelle comme sa fin suprême, ou de donner la préférence, par un jugement théorique et pratique à la force morale, à l'accomplissement difficile du devoir, à l'effort méritoire pour rester dans la direction de l'infini qui doit rassasier toutes ses facultés.

C'est donc à ce fait expérimental que nous reconnaissons encore la liberté.

Ce qui rend la lutte plus pénible, c'est que le plaisir sensible a des avantages particuliers : il n'exige aucun effort, il nous suffit pour le saisir de suivre la pente des mauvais penchants ; il est immédiat, c'est à l'instant même où j'aurai la faiblesse de donner mon consentement que j'en éprouverai le charme après en avoir subi la séduction ; il est sensible, tangible, et il ébranle mes muscles, mes nerfs, mon sang. Il n'en est pas ainsi de l'acte moral : il exige un effort quelquefois très douloureux ; il nous promet une récompense éloignée, qui nous paraît plus éloignée encore, reculée jusqu'au lendemain de la mort; il laisse froid, insensible, tout mon être matériel. Ni mes nerfs, ni mes muscles, ni mon sang ne tressaillent à sa présence, et mon âme entrevoit à peine à travers ses espérances lointaines cette félicité mystérieuse promise à l'homme juste.

Mais, l'action finie, la force morale retrouve tous

ses avantages : l'acte vertueux donne à l'homme la paix, la joie, le sentiment plus vif de sa dignité; l'acte mauvais, au contraire, nous laisse le remords, la confusion, le sentiment pénible de notre déchéance et le dégoût.

Tous les hommes, je devrais dire toute créature, veut nécessairement l'épanouissement de sa vie, et ne peut pas ne pas le vouloir ; mais l'homme seul possède la puissance de le chercher ou dans le fini ou dans l'infini, ou dans sa fin terrestre ou dans sa fin dernière, ou dans les joies sourdes, confuses, coupables de la passion et des penchants mauvais, ou dans les joies élevées de l'âme, de la conscience et de la raison ; elle est donc libre, et elle porte le fardeau des responsabilités.

Cette liberté n'est pas sans limite, elle n'existe pas dans son intrégrité primitive : elle est limitée par sa nature même, qui est imparfaite et finie, par les penchants mauvais qui se rattachent à la faute originelle, par les prédispositions vicieuses, inséparables de la vie organique que nous tenons de nos ancêtres, par les influences innombrables de climat, de milieu, d'âge et d'éducation ; toutes ces causes si diverses et quelquefois très puissantes rétrécissent le cercle de notre liberté, et la ramènent à un centre imperceptible à l'observateur superficiel ; mais elle existe, et, avec la grâce de Dieu, elle est toujours assez forte pour briser les obstacles qui s'opposent à son expansion.

Dans tous nos actes délibérés nous voyons, d'un

côté le plaisir, d'un autre le devoir ; nous nous trouvons en présence de motifs différents d'agir ou de ne pas agir, qui dès leur apparition éveillent la spontanéité de notre volonté ; celle-ci entre en jeu, elle voit les motifs présentés par la raison et les mobiles qui prennent naissance dans les excitations de la sensibilité ; elle les rapproche, elle les compare, elle se décide, elle agit. Elle a saisi clairement, même dans le tumulte de la tempête, que l'acte suggéré par la sensibilité physique est mauvais ; elle affirme encore, théoriquement, qu'il en est ainsi, et que cet acte est en opposition avec la loi morale et avec le devoir ; et si elle préfère le mal au devoir, ce n'est pas qu'elle lui attribue une supériorité morale, intrinsèque sur le devoir, c'est que l'attrait de la jouissance immédiate et violente l'emporte sur toute autre considération d'un ordre plus élevé : elle a subi la fascination du mal.

Nous pouvons pénétrer encore plus avant dans l'étude de ce problème. Il semble, *à priori*, que toute action est liée nécessairement à un motif, et que ce motif ne dépend pas de nous ; ce serait le naufrage de la liberté.

Oui, dans toutes nos actions nous obéissons à un motif soit bon, soit mauvais. Un acte sans motif qui serait en même temps un acte réfléchi, libre, délibéré, ne peut pas exister ; on n'affirme pas de telles contradictions. Le fou peut agir sans motif, mais le fou n'est pas libre, il n'est pas responsable de ses actions.

Oui, le plus souvent le motif prépondérant dirige

et force ma volonté. Mais pourquoi? D'où lui vient cette puissance? Elle vient de la spontanéité de ma volonté qui s'attache à ce motif, qui le considère avec complaisance, qui en subit la fascination, et qui finit par lui obéir. C'est précisément parce que je suis libre que ce motif est devenu si fort.

Il est vrai aussi que la répétition fréquente des mêmes actes peut déterminer en nous, dans notre conscience, un état particulier ou bon ou mauvais, qui nous rend plus susceptibles de subir l'influence des motifs ou bons ou mauvais, toujours si puissants sur notre volonté. Très souvent les habitudes constituent le fond de notre vie. Avec quel empressement joyeux le saint obéit à l'impulsion des motifs élevés! c'est qu'il existe déjà une secrète et profonde harmonie entre ces motifs supérieurs et son état intérieur. De même aussi, pourquoi le joueur, le voluptueux, l'ivrogne, placés en présence de l'objet de leur passion ou du mobile qui les incite à satisfaire leur penchant, agissent-ils avec la précipitation d'un acte réflexe? C'est que déjà ils sont esclaves, et qu'il existe une profonde harmonie entre leur état psychologique et ces motifs mauvais. Mais cet état psychologique est le résultat d'une longue suite d'actes qui primitivement étaient libres et engageaient ainsi la responsabilité.

Et pour rompre cette lourde chaîne de l'habitude, il nous reste la grâce, qui relève et guérit la liberté.

Recueillons l'enseignement scientifique de nos grands théologiens.

CHAPITRE II

LES RESSORTS DE LA LIBERTÉ

I

Saint Thomas expose avec sa concision et sa puissance ordinaires la thèse de la liberté humaine,␣t il considère comme une opinion erronée, anti-scientifique, opposée aux faits les plus sagement ␣nstatés, la thèse contraire. Si nous ne sommes ␣as libres, écrit saint Thomas, il faut faire dispa-␣aitre les idées de punition et de récompense, ␣'éloge et de blâme, d'exhortation et de délibé-␣ation, d'ordre et de conseil, il faut supprimer ␣a science morale tout entière, car elle dépend ␣e l'idée de liberté, comme les sciences physiques ␣épendent de l'idée de mouvement. Plus de li-␣erté, plus de science morale; plus de mouve-␣nent, plus de science naturelle. Et le saint Docteur, ␣cho de la tradition philosophique et théologique ␣e tous les siècles, attribue l'erreur déterministe et ␣ataliste à la faiblesse de certains esprits en présence du sophisme ou à la dépravation de la volonté [1].

L'affirmation est donc nette, universelle, absolue.

Au milieu des difficultés subtiles soulevées par les hérésies qui ébranlaient à la fois la morale naturelle et la morale surnaturelle, la philosophie et la théologie, les savants théologiens ont approfondi et précisé avec une rare puissance l'idée de liberté. Dans leur pensée, la liberté humaine n'est pas seulement le pouvoir d'agir et de ne pas agir, de céder ou de résister à l'attrait de l'objet qui frappe notre attention, elle est aussi la faculté de choisir entre le bien et le mal, elle est la liberté d'indifférence, c'est-à-dire le pouvoir d'agir ou de ne pas agir, alors même que toutes les conditions nécessaires pour ne pas agir se trouveraient réunies.

Il n'en faut pas conclure que la volonté soit indépendante des motifs ou qu'il n'existe aucun rapport

---

[1] « Quidam posuerunt quod voluntas hominis ex necessitate movetur ad aliquid agendum, nec tamen ponebant quod voluntas cogeretur... Hæc autem opinio est hæretica; tollit enim rationem meriti et demeriti in humanis actibus; non enim videtur esse meritorium vel demeritorium quod aliquid sic ex necessitate agit quod vitare non possit. Est etiam annumeranda inter extraneas philosophiæ opiniones, quia non solum contrariatur fidei, sed subversit omnia principia philosophiæ moralis: si enim non fit liberum aliquid in nobis, sed ex necessitate movemur ad volendum, tollitur deliberatio, exhortatio, præceptum, et punitio et laus et vituperium, circa quæ moralis philosophia consistit. Hujusmodi autem opiniones quæ destruunt principia alicujus partis philosophiæ, dicuntur positiones extraneæ, ricut nihil moveri quod destruit principia scientiæ naturalis. Ad hujus modi autem positiones ponendas inducti sunt aliqui homines, partim propter proterviam, partim propter aliquas rationes sophisticas quas solvere non potuerunt, ut dicitur in L. Metaph., etc. » (S. Thomas, quæst. 6, *De malo*.

entre la volonté et la raison ; nous verrons bientôt le contraire, et il n'est pas permis d'attribuer cette opinion à la très grande majorité des théologiens et des philosophes qui se sont déclarés partisans de la liberté d'indifférence, aujourd'hui si contestée : on a dénaturé leur pensée.

Jaloux de préciser l'idée de liberté, d'en expliquer l'étendue, d'en démontrer l'indépendance unie si étroitement au principe de la responsabilité humaine, les théologiens ont voulu seulement établir que la volonté, tant que la résolution n'est pas prise, reste indifférente à l'action ou au repos, au choix du bien ou au choix du mal, et qu'elle n'est déterminée que par l'appétit rationnel, comme il convient à toute créature douée de raison.

Il faut donc que notre volonté ne soit déterminée ni par une cause physique extérieure, ni par une cause immatérielle et intérieure. En face de la coaction et de la nécessité, elle conserve son indépendance et sa puissance ; et si une cause intérieure pouvait s'emparer d'elle, la dominer, la diriger, lui faire produire malgré elle un acte extérieur, elle cesserait d'être cause et d'être libre, elle disparaîtrait dans le naufrage de la responsabilité.

La volonté, dit saint Thomas, se met elle-même en mouvement par sa propre puissance, elle se meut et elle meut toutes les autres facultés de l'âme[1].

---

[1] « Dicendum igitur est dari in nostris actibus voluntarium liberum non solum a coactione, sed ab omni determinatione inducente necessitatem, sive extrinseca sive intrinseca, ac pro-

Ainsi la volonté échappe à la loi du déterminisme et de la nécessité qui domine, et produit invinciblement les mouvements des créatures inanimées et les actes des créatures vivantes, mais privées de raison et incapables de connaître leur fin et leur destinée. Dans la trame serrée des effets et des causes dont l'univers est formé, l'âme occupe une place privilégiée et éminente, elle subit le choc des causes maté-

inde liberum libertate indifferentiæ et arbitrii. » (*Theol. Salmatic.*, t. V, p. 420.) — « Potentia libera est quæ, positis omnibus requisitis ad agendum, potest agere et non agere... Huc usque enim proposita manifeste evincunt scriptores recentes qui libertatem definiunt potestatem *quæ, positis omnibus requisitis ad agendum, potest agere non agere,* in ea definitione tradenda omnino convenire cum theologis antiquis, Thomistis, Scotistis, Nominalibus et aliis, necnon Lovaniensium primoribus, qui, perspicuis verbis, nulla interpretatione indigentibus, eam definitionem tamquam indubitatam et communem tradiderunt. » (Ripalda, *De Ente supernaturali*, t. III, p. 202.)

S. Thom., in II, dist. xxv, quæst. I, ad 3ᵘᵐ : « Determinatio actionis in potestate liberi arbitrii constituitur. » It. *De malo*, quæst. vi, art. 1 : « Quantum ad exercitium actus manifestum est quod voluntas movetur a seipsa; sicut enim movet et alias potentias, ita et seipsam movet. » It. quæst. ix, art. 3, ad 1 : « Voluntas reducit seipsam de potentia in actum. » — Ripalda, *ibid.*, p. 305 : « Nec tantorum theologorum auctoritas ratione destituta est. Si potentia libera positis omnibus requisitis ad agendum non posset non agere, nullum esset discrimen potentiæ liberæ a potentia naturali et necessaria. Nam etiam potentia naturalis et necessaria potest non agere deficiente aliquo requisito ad agendum... Qua ratione, S. Thom. quæst. xxiv, art. 2, ad 7, constituit discrimen libertatis inter potentiam appetitivam hominum et brutorum, quia homines eisdem causis et rebus similiter se habentibus possunt eligere et fugere objectum; bruta vero, eisdem causis positis, determinata semper sunt ad unum. »

rielles extérieures, elle reçoit les impressions des créatures qui l'environnent et la pressent de toute part, elle sent les innombrables influences des idées, des sentiments, des motifs et des mobiles qui sollicitent son consentement et l'invitent à l'action ; mais elle reste inviolable, elle conserve sa puissance en présence de la multiplicité des causes, parce qu'elle est cause elle-même et maîtresse souveraine de ses effets.

II

Sous quelles influences et dans quelles conditions la liberté s'ébranle-t-elle? Serait-elle absolument autonome et indépendante même de la direction éclairée de la raison?

La volonté n'agit pas et ne peut pas agir sans motif et sans raison.

Toutes les fois que nous agissons librement, nous commençons par réfléchir d'une manière actuelle ou virtuelle à l'action que nous pouvons faire, et nous raisonnons ainsi : Je veux produire telle action pour telle raison déterminée ; et, placé en présence d'objets différents qui sollicitent mon consentement, je donne ma préférence à tel objet, parce que, tout considéré, cet objet me paraît meilleur et me convient mieux.

La raison spéculative intervient ainsi dans l'acte de liberté ; elle nous fait connaître d'une manière abstraite et générale le bien et le mal, la loi du plaisir et la loi du devoir; elle nous fait saisir ensuite d'une manière particulière et concrète les motifs qui doivent nous déterminer à agir et à faire un choix particulier.

Que la raison se taise, que tout motif ou mobile d'action disparaisse, la volonté n'agira pas, et la liberté n'entrera jamais en mouvement. C'est le motif qui éveille, excite et fait agir la liberté. « En tant que sujet, c'est bien la volonté, écrit saint Thomas, qui est la racine de la liberté; mais, en tant que cause, c'est la raison[1]. »

Au fond du cœur de toute créature intelligente, il y aura toujours pendant la vie une grande souffrance et un profond amour.

[1] Et si libertas sit formaliter in voluntate, ejus tamen causa et radix est indifferentia judicii intellectus. Cum enim appetitus sit potentia cæca sequens cognitionem, quod sit necessitatus vel indifferens provenire debet ex determinatione vel indifferentia ipsius cognitionis. Unde sicut repugnat, stante judicio totaliter ad unum determinato, appetitum non ferri necessario in illud, ita si judicium sit indifferens et ostendens viam ad utrumque, repugnat appetitum ferri sine indifferentia et libertate. Et ideo dixit div. Thom. infr., quæst. XVII, art. 1, ad 2 : « Quod radix libertatis est voluntas sicut subjectum, sed sicut causa est ratio; ex hoc enim voluntas potest ad diversa ferri, quia ratio potest habere diversas conceptiones boni, et ideo philosophi definiunt liberum arbitrium quod est liberum de ratione judicium quasi ratio sit causa libertatis. » Et quæst. XXIV, *De verit.*, art. 2 : « Sciendum est quod cum ad operationem nostram tria concurrunt, scilicet, cognitio, appetitus, et ipsa operatio, tota ratio libertatis ex modo cognitionis dependet. Appetitus enim cognitionem sequitur, cum appetitus non sit nisi boni quod sibi per vim cognoscitivam proponetur... » (*Theol. Salmat.*, t. V, p. 421.)

Quand nous rentrons en nous-même, nous sentons douloureusement l'imperfection de nos facultés naturelles, de notre intelligence toujours vacillante, de notre volonté sans cesse arrêtée dans ses élans, et nous essayons de mesurer la distance incommensurable qui sépare nos facultés de l'idéal que nous rêvons, sans jamais l'atteindre. Si nous regardons autour de nous, que de barrières se dressent comme d'infranchissables limites qui défient tous nos efforts! La vie est-elle autre chose que la conscience douloureuse de notre imperfection et de ces limites? N'est-elle pas le sentiment poignant d'une opposition constante entre ce que nous sommes et ce que nous voudrions être, entre les imperfections et les tristesses du présent et les joies d'un avenir inconnu qui nous promet la réalisation mystérieuse de toutes nos espérances?

Un immense amour agite aussi nos cœurs. Il y a sans doute dans l'univers matériel un foyer, un point inconnu, dans des profondeurs lointaines et encore inexplorées, qui attire à lui ou vers qui sont mystérieusement poussés tous les grands corps célestes; c'est un centre d'attraction infinie, dont le génie de l'homme pourra découvrir un jour la formule et la loi. Dans notre système solaire tous nos astres sont à peu près dans un même plan. Le soleil tourne sur lui-même, les planètes tournent autour du soleil, les satellites tournent autour des planètes, et le soleil, entraînant avec lui son cortège grandiose, avance invinciblement attiré ou poussé vers un point longtemps éloigné du firmament. Dans l'univers plus vaste des esprits et des âmes, il existe aussi un centre d'attraction infinie; il attire à lui toutes les créatures intelligentes par un invincible attrait, et toutes les créatures sont poussées vers lui par l'efficacité toujours agissante du premier et universel Moteur.

Ce centre, c'est l'Être infiniment parfait, c'est Dieu.

L'âme humaine a besoin de cet Être infini invisible et présent partout : c'est lui qui doit un jour abaisser les barrières, supprimer les limites, étendre la puissance de nos facultés et les rassasier sans fin. La souffrance et le besoin sont les formes nécessaires de l'amour qui nous tourmente et nous attire à lui.

Nous sommes altérés de vérité et de justice, altérés aussi d'être et de vie; nous cherchons pour nous la plénitude de l'être et de la vie, et nous traduisons cet universel besoin de toute créature intelligente dans cette proposition philosophique générale : Nous sommes créés pour être heureux, nous cherchons le bonheur.

Si l'homme pouvait voir en ce monde et posséder cet Être infiniment parfait qui l'attire dans le crépuscule de la raison, la liberté n'existerait pas; la volonté, l'âme tout entière se précipiterait vers cet Être, sans hésitation et sans arrêt. Mais l'homme ne voit pas ici-bas le Bien parfait, universel, absolu; il ne voit que des biens particuliers, incomplets, mêlés d'imperfections et de souillures; il n'est pas invinciblement attiré, et la volonté ne perd pas sa liberté.

« Dieu, qui est le moteur universel, écrit saint Thomas, incline la volonté de l'homme vers l'objet universel de la volonté, vers le Bien ; mais l'homme se détermine par la raison à faire ceci ou cela, à donner sa préférence tantôt au bien réel, tantôt à l'apparence du bien [1]. »

« De même encore, écrit le saint Docteur, que la couleur est l'objet de la vue, le bien est l'objet de la volonté. C'est pourquoi, si la volonté se trouvait en présence d'un être d'une bonté universelle, complète, absolue, la volonté s'unirait nécessairement à lui, elle ne pourrait pas s'unir à un autre objet. Mais, si on lui propose un objet qui soit incomplètement bon, la volonté reste libre, elle ne tend pas nécessairement vers lui [2]. »

[1] « Deus movet voluntatem hominis sicut universalis motor ad universale objectum voluntatis quod est bonum. Sed homo per rationem se determinat ad volendum hoc vel illud quod est vere vel apparens bonum. » (S. Thom. lib. II, quæst. IX, art. 6.)

« Alia agentia secundum suam naturam sunt determinata ad unum, sed voluntatis virtus non est limitata ad unum, sed habet in potestate producere hunc effectum vel illud, propter quod est contingens ad utrumlibet. » (It. lib. III, *Contra gent.*, cap. LXIII.)

[2] « Sicut coloratum in actu est objectum visus, ita bonum est objectum voluntatis, unde si proponatur aliquod objectum voluntati quod sit universaliter bonum et secundum omnem considerationem, ex necessitate voluntas in illud tendit si aliquid velit, non enim poterit velle oppositum. Si autem proponatur sibi aliquod objectum quod non secundum quamlibet considerationem sit bonum, non ex necessitate voluntas fertur in illud ; et quia defectus cujuscumque boni habet rationem non boni, ideo illud solum bonum quod est perfectum, et cui nihil deficit est tale bonum quod voluntas non potest non velle, quod est beatitudo. Alia a tem particularia bona, in quantum

La raison spéculative nous apprend ainsi à connaître, dans les hautes régions de la pensée, la réalité d'un Être infiniment parfait, qui répond à notre invincible besoin de bonheur; mais nous ne voyons pas cet Être, il échappe à l'ardeur de nos désirs. La raison nous apprend encore à connaître ici-bas des biens particuliers, tangibles, incomplets.

Incomplets, ces biens ne répondent pas entièrement aux désirs et aux besoins de notre volonté; ils ne peuvent pas l'attirer nécessairement, ils ne peuvent pas la rassasier, et la liberté conserve à la fois son intégrité et sa puissance.

III

Tout homme cherche donc invinciblement l'accroissement et la plénitude de la vie; il veut être heureux, il ne peut pas avoir ici-bas une autre volonté. Le fou qui abrège sa vie par un suicide ne fait pas exception à cette loi générale et absolue, car il cherche et il espère trouver dans la mort volontaire la fin de ses souffrances, un état meilleur et plus heureux.

C'est dans le domaine si vaste des biens particuliers qui frappent notre attention et dans le domaine

deficiunt ab aliquo bono, possunt accipi ut non bona, et secundum hanc considerationem possunt repudiari vel approbari a voluntate quæ potest in idem ferri secundum diversas considerationes. » (It. quæst. x, art. 2.)

des choses contingentes où s'écoule notre vie, qu'il faut chercher le champ de la liberté humaine. La raison éveillera, excitera la volonté, en lui faisant connaître, sous la forme impérative, l'objet qu'elle doit préférer. Elle voit devant elle l'idée souveraine du Bien absolu ; elle voit aussi des biens particuliers qui ont une connexion ou prochaine ou lointaine avec le Bien souverain ; elle voit enfin d'autres biens, qui n'ont aucun rapport avec l'Idéal du bien, mais qui peuvent nous donner une satisfaction passagère et immédiate, en flattant notre orgueil, notre cupidité, nos convoitises, nos désirs de jouissance sensibles, toujours trop éphémères et toujours mauvais.

Ces biens particuliers nous attirent par la satisfaction qu'ils nous promettent et par les apparences de bonheur qu'ils peuvent nous donner ; mais ils n'attirent ni invinciblement ni nécessairement, parce qu'ils n'ont qu'un degré d'être insuffisant, et qu'ils ne possèdent ni la durée ni l'étendue essentielles à la béatitude que nous attendons.

A ce moment la raison pratique hésite, délibère, considère ; elle arrête successivement son attention encore sereine et impartiale sur les différents objets qui la sollicitent, sur le plaisir et sur le devoir, sur le bien et sur le mal. L'idée souveraine du bien exerce alors sur elle son action bienfaisante et l'entoure de sa lumière ; la passion ne voile pas ses clartés, elle ne trouble pas encore sa sérénité ; la liberté de son jugement est à son degré le plus élevé.

Jusque-là, nous ne voyons pas que la volonté soit encore émue ou ébranlée, elle est aveugle et elle ne connaît pas la direction qu'elle doit prendre; elle est inerte, et elle attend l'excitation qui lui donnera l'élan et le mouvement [1].

Mais la raison pratique peut détourner son attention de l'idée austère du devoir, et l'arrêter sur la sensation agréable et sur la jouissance sensible quoique passagère, troublante et violente à la fois, inséparable de la transgression de la loi du sacrifice. A mesure qu'elle se détourne de la contemplation de la loi morale, la lumière qui l'éclairait perd sa vivacité, l'énergie fortifiante qui la soutenait s'affaiblit, l'attrait qui l'attirait vers les hauteurs n'a plus la même puissance, la raison s'affaisse dans les ténèbres et dans la stérilité.

L'objet mauvais sur lequel son attention se fixe amoureusement agite les nerfs et le sang; il trouble violemment l'imagination, il ébranle le cerveau, il allume les feux de la passion, de la passion faite d'esprit et de chair, d'idées et de sang, de sensations

---

[1] « Ut voluntas ab statu hujus indifferentiæ transeat, et applicet se ad eligendum determinate hoc præ illo, necessum erit ut intellectus similiter transeat illuminando illam, et dictando esse hic et nunc conveniens eligere sicut eligit et non sicut non elegit : alias voluntas ibit in hoc transitu, judicio destituta, et cæco modo procedet in discretione extremi electi a non electo. Imo quia secundum se cæca est, nullatenus ad talem discretionem procedet, sed sistet in eadem indifferentia in qua sistit judicium intellectus. » (*Theol. Salmat. De voluntate.* Disp. II, dub. 1, n. 16.)

et de sentiments, de lumière et de boue. Aveuglée enfin et vaincue, la raison rend un jugement d'estime pratique ou de préférence, ainsi conçu : Il est plus avantageux pour moi de choisir la jouissance, le plaisir est un bien[1].

Le jugement de préférence engendre l'amour ; l'amour engendre le désir, et le désir détermine l'action, qui égale en violence la passion devenue maîtresse de la raison.

La raison troublée présente ainsi à la volonté le plaisir, comme un but qu'il faut atteindre et un bien qu'il faut posséder. Créée et organisée pour la possession du bien et du bonheur qu'elle poursuit avec une persévérance infatigable, aveugle d'ailleurs par elle-même et indécise, la volonté écoute la raison un instant égarée, elle aime l'objet agréable qui a déterminé les préférences de la raison ; elle l'aime sans savoir encore si ce bien est réel ou apparent, bon

---

[1] « Qui enim vult fornicari, quamvis sciat in universali fornicationem malum esse, tamen judicat sibi, ut tunc, bonum fornicationis actum, et sub specie boni ipsum eligit. » (S. Thom., quæst. XXIV, *De veritate,* art. 2.)

« Quoties voluntas existens prius indifferens ad utrumlibet potius ad hoc extremum quam ad oppositum se applicat, assignandum esse hujus aliquam rationem ; neque alia videtur assignabilis, nisi quod agens judicat sive vere sive falso, hic et nunc sibi expedire vel ob honestatem, vel ob utilitatem, vel saltem ob aliquam delectationem quæ in illa applicatione potius quam in opposito sibi repræsentatur. Et sane experientia omnes edocemur nunquam unum præ alio eligere, nisi quia sic eligere potiusquam opposito modo, hic et nunc conveniens arbitramur. » (*Theol. Salmatic. De voluntario.* Disp. II, dub. 1.)

ou mauvais, aussi grand que son besoin de béatitude ou trompeur et insuffisant ; elle croit qu'il possède en lui-même la plénitude qu'elle rêve, et qu'il étanchera la soif qui la dévore ; elle va vers lui, d'un élan irrésistible, impétueux.

La volonté veut posséder l'objet qui a ravi et séduit la raison ; elle la désire, elle veut s'unir à lui dans la joie d'une possession dont elle oublie la durée éphémère : elle écartera ou elle brisera tout ce qui fait obstacle à son mouvement vers ce bien et tout ce qui peut le contrarier. La seule puissance qui pourrait l'arrêter, c'est la raison ; mais c'est la raison trompée, égarée, affolée, qui l'excite, la dirige, l'encourage et allume en elle la flamme du désir qui la consume.

Elle agit enfin, elle épuise sa force dans l'action. Jusque-là tout se passait dans le sanctuaire inviolable de l'âme : estime, amour, désir, tout ce qui fait la moralité de l'acte échappait aux regards étrangers, et ce drame violent de la passion n'avait pas de témoins ; mais l'acte extérieur révèle le drame caché. Cet acte extérieur n'ajoute rien à la moralité du sujet et à sa responsabilité. Le fou produira un acte semblable, qui ne sera par lui-même et dans les conditions purement extérieures ni bon ni mauvais ; c'est plus haut, c'est dans le jugement de préférence prononcé par la raison, qu'il faut chercher le principe ou la racine de la responsabilité du sujet.

Dans tout acte libre, c'est-à-dire délibéré et réfléchi, nous retrouvons les éléments que nous venons d'analyser ; mais les conditions de durée varient à l'infini. Tantôt l'acte est impétueux, et les causes qui l'engendrent se succèdent avec une rapidité violente. D'autres fois, au contraire, l'acte ne se produit qu'après les lenteurs et les hésitations douloureuses d'une lutte prolongée. L'âme indécise et hésitante entre le devoir et la passion diffère son jugement de préférence, et ses dispositions varient selon qu'elle est sous l'influence apaisante de l'idée du bien et de la crainte du remords, ou sous l'influence troublante du plaisir qui accompagne la passion satisfaite et la transgression facile de la loi du devoir.

La division des facultés qui concourent à la production de l'acte extérieur répond sans doute à la réalité des faits ; mais il ne faut pas oublier que c'est l'âme tout entière qui pense, raisonne, délibère, choisit et se détermine ; il n'existe pas de facultés séparées, telles que nous les considérons pour rendre nos analyses plus faciles et plus pénétrantes ; la raison, la sensibilité et la volonté, concourent d'une manière inégale, mais réelle, à tous nos actes de pensée et de volonté, et il ne faut voir dans la division de nos facultés qu'une application de l'activité générale de l'âme diversifiée par son objet.

IV

Placée entre la raison pratique et la volonté, l'imagination remplit elle aussi un rôle important dans l'acte humain; elle participe à la vie du corps et à la vie de l'esprit, à la sensibilité et à la pensée; elle peut égarer l'homme et le troubler jusqu'à l'hallucination, jusqu'à la folie.

Quel est donc le mécanisme de cette étrange faculté?

Nous savons que des nerfs partent du cerveau, se terminent à la surface de notre corps, et nous tiennent en communication avec le monde extérieur. Je reçois un coup à la main; l'impression vibratoire remonte, par les nerfs, vers la moelle, et de là au cerveau par l'un des cordons supérieurs et par des fibres convergentes, elle arrive à la zone corticale. Il semble que l'âme, présente à tous les points du corps, soit unie cependant plus étroitement à cette partie du cerveau, car c'est seulement au moment où ce point de la substance corticale est ébranlée que j'éprouve une sensation. Jusque-là je suis passif, mais j'interviens aussitôt par la volonté, je produis une nouvelle impression qui passe dans de nouvelles fibres convergentes, sort du cerveau, descend dans le cordon antéro-latéral et arrive aux muscles de la partie frappée, c'est-à-dire de la main; les muscles se contractent, et je retire brusquement la main.

C'est un phénomène connu et facile à constater.

Nous savons aussi que par l'ouïe nous entendons les sons, ondes sonores ; que par la vue nous saisissons les couleurs, rayons lumineux ; par l'odorat les odeurs, particules odorantes ; que, dans tous ces phénomènes, ce sont toujours des nerfs spéciaux qui transmettent au cerveau l'impression reçue à la surface du corps, et que le retentissement de l'impression au cerveau est suivi d'une sensation et d'une perception : nous éprouvons une sensation, et nous percevons l'objet qui l'a causée.

Or le nerf conducteur de la vibration sera modifié de deux manières, tantôt par un objet extérieur, matériel, qui touche le nerf à la périphérie ; tantôt par une cause interne qui touche le nerf directement à son extrémité intérieure, dans la substance corticale du cerveau. Dans le premier cas, nous voyons directement un objet extérieur ; dans le second cas, nous voyons une image, un fantôme : c'est l'imagination qui entre en jeu.

Écoutons Descartes, qui n'est pas toujours aussi exact et aussi précis :

« Il reste ici à remarquer que toutes les mêmes choses que l'âme aperçoit, par l'entremise des nerfs, lui peuvent aussi être représentées par le cours fortuit des esprits, sans qu'il y ait autre différence, sinon que les impressions qui viennent dans le cerveau par les nerfs ont coutume d'être plus vives et plus expresses que celles que les esprits y excitent ; ce qui m'a fait dire, en l'article 21, que celles-ci sont comme l'ombre et la peinture des autres. Il faut aussi remarquer qu'il arrive quelquefois que cette peinture est si semblable à la chose qu'elle représente, qu'on peut y être trompé touchant les perceptions qui se rapportent aux objets qui sont hors de nous, ou bien celles qui se rapportent à quelques parties de notre corps, mais qu'on ne peut pas l'être en même façon touchant les passions, d'autant qu'elles sont si proches et si intérieures à notre âme, qu'il est impossible qu'elle les sente sans qu'elles soient véritablement telles qu'elles sont.

« Ainsi souvent, lorsque l'on dort et même quelquefois étant éveillé, on imagine si fortement certaines choses, qu'on pense les voir devant soi ou les sentir en son corps, bien qu'elles n'y soient aucunement ; mais, encore qu'on soit endormi ou qu'on rêve, on ne saurait se sentir triste ou ému de quelque passion, qu'il ne soit très vrai que l'âme a en soi cette passion [1]. »

Ne parlons pas des esprits animaux ; il nous suffit de constater que des causes physiques peuvent agiter le cerveau avec une violence quelquefois extraordinaire et déterminer des illusions, des visions, des hallucinations qui s'imposent à l'âme avec la violence implacable de l'idée fixe qui est le commencement de la folie.

Et si d'abord, par notre faiblesse complaisante,

---

[1] Descartes, *les Passions de l'âme,* Ire partie, ch. XXVI.

et ensuite par l'habitude nous renouvelons sans cesse la vibration ou l'ébranlement de la partie interne du nerf affecté aux sensations, nous donnons à l'image une puissance redoutable, qui peut se terminer par l'obsession et par la ruine partielle de la liberté.

Ce ne sont pas seulement des causes physiques qui excitent l'imagination par une action directe sur le cerveau, l'âme dispose aussi de cette puissance, et elle agit directement sur le corps et en particulier sur le cerveau.

Que l'âme exerce une action générale et inconsciente sur nos organes, c'est un fait que les grands scolastiques ont mis en lumière et qu'ils ont expliqué quand ils nous ont donné le commentaire de l'axiome philosophique : L'âme est la forme du corps.

A ne considérer que les phénomènes élémentaires les plus connus, nous savons qu'un très vif sentiment de joie fait battre le cœur avec violence, précipite la circulation du sang jusqu'aux dernières ramifications capillaires, jusqu'aux extrémités du corps; nous savons, nous avons expérimenté que, sous le coup d'une émotion triste, pénible, l'âme ralentit le mouvement du sang, le retire des extrémités ou de la périphérie, le ramène au centre et produit simultanément la pâleur du visage et le frisson du froid.

V

Mais ce n'est pas seulement dans les émotions que cette faculté inconsciente et vitale de l'âme se révèle, elle se révèle encore dans d'autres phénomènes fréquents et inaperçus.

Quand nous voulons entendre un son lointain, nous faisons un effort qui n'est pas seulement un acte de recueillement et d'attention, mais un acte physiologique compliqué. Tel homme qui n'a jamais entendu parler du pavillon, du conduit auditif, du tympan, de la trompe d'Eustache, des osselets, des canaux semi-circulaires, du limaçon, fera cependant, et d'une manière inconsciente, tout ce qui est nécessaire pour renforcer les ondes sonores, pour faire vibrer le nerf acoustique et faire pénétrer les vibrations dans l'intérieur du cerveau.

Celui-ci n'a jamais entendu parler de la sclérotique, de la cornée, de l'iris, de la pupille, du cristallin, de l'humeur vitrée, et cependant, par un acte de volonté dont il ne connait pas tous les effets, il opère le travail nécessaire pour faire converger tous les rayons sur le point le plus impressionnable de la rétine et transmettre au cerveau, par le nerf optique, les vibrations lumineuses. C'est la faculté vitale, c'est l'instinct vital de l'âme qui agit dans ces circonstances, et avec une grande sûreté, sur les parties les plus délicates de nos organes, pour obtenir la vue claire d'un objet extérieur.

Jusqu'où s'étend en nous et hors de nous cette faculté vitale? Cette question est vaste, et ce n'est pas ici que nous pourrions l'examiner.

Il nous suffit de constater que notre âme possède la faculté de modifier l'état des nerfs et du cerveau, d'y déterminer des vibrations liées habituellement à des sensations, de réveiller en quelque manière ces sensations, et de susciter des fantômes, des images, des apparitions fictives d'une telle intensité, que nous demeurons quelquefois persuadés de leur réalité.

Dans son *Traité de l'aliénation mentale*, Pinel expose le cas d'une femme visionnaire, qui se trouvait dans son service et qu'il étudiait avec une grande attention. Cette femme se croyait certaine de la réalité des objets et des scènes qui n'existaient cependant que dans son imagination. Le célèbre aliéniste ajoute que, dans l'état mental de ce sujet, il y avait certainement autre chose qu'une simple réminiscence, qu'il y avait une sorte de fascination venue de l'intérieur, une perception instinctive qui produisait dans le cerveau une modification analogue à celle qu'aurait pu produire une très vive impression sur l'organe de la vue.

Le docteur Barbantini a raconté le fait suivant: Un jeune homme, mordu légèrement par un chien, panse la plaie et continue à vaquer à ses occupations ordinaires. Le troisième jour la plaie est cicatrisée, mais le chien a disparu. Le jeune homme commence à craindre que le chien ne fût enragé:

il devient triste, fuit ses amis et présente déjà les symptômes de l'hydrophobie. Le cinquième jour, il est pris d'accidents furieux qui deviennent fréquents, il refuse toute nourriture et veut se tuer; il faut le lier. Le neuvième jour, on retrouve le chien disparu : il n'était pas enragé. Le jeune homme caresse le chien, se rassérène; les accidents morbides disparaissent, et après quelques jours il était entièrement rétabli [1].

Seule l'imagination avait produit les phénomènes les plus complexes et les plus intenses dans tout l'organisme; elle avait déterminé l'apparition des symptômes les plus alarmants de l'hydrophobie, et sous une influence contraire elle avait modifié son travail, réparé ses ravages et rétabli l'organisme dans son état ordinaire.

Il serait facile de multiplier les exemples de cette influence décisive de l'imagination sur la raison qui devient aveugle, sur la volonté qui est entraînée, sur les nerfs et le sang dont les fonctions sont troublées.

L'image rappelle la sensation éprouvée : elle peut allumer l'amour et la haine jusqu'à l'exaltation de la folie.

Saint Thomas fait observer que le sommeil, l'ivresse, l'amour, la haine, peuvent aveugler et lier en quelque sorte la raison; ces phénomènes

---

[1] *Journal de physique, de médecine et de chimie,* tome X, (Pavie).

et ces passions forcent la raison vaincue, la raison pratique, à prononcer un jugement erroné, qui se trouve contraire au jugement universel et certain que la raison spéculative ne manque jamais de prononcer avant l'action[1].

VI

C'est ainsi que trop souvent l'imagination échauffée trouble et cherche à tromper la raison spéculative ; elle tend, par le même effort, à troubler la conscience, qui est unie si étroitement à la volonté.

La raison spéculative, toujours calme et impartiale, nous fait connaître l'universel, les principes généraux du droit, les préceptes immuables de la loi naturelle ; elle nous dit : Il est défendu de voler, de tuer, de nous éloigner de notre fin suprême, de nous attacher au mal et à la passion, de mépriser le bien et la vertu. Pâle reflet de la lumière divine

---

[1] « Tertio per quamdam immutationem corporalem, ex qua ratio quodammodo ligatur, ne libere in actum exeat : sicut etiam somnus vel ebrietas, corporali quadam transmutatione facta, ligat usum rationis. Et quod hoc contingat in passionibus patet ex hoc, quod aliquando, cum passiones multum intenduntur, homo amittit totaliter usum rationis ; multi enim propter abundantiam amoris et iræ sunt in insaniam conversi. Et per hunc modum passio trahit rationem ad judicandum in particulari, contra scientiam, quam habet in universali. » (S. Thom., 1ᵃ 2ᵉ, quæst. LXXVII, art. 2.)

et éternelle, son rôle la retient dans les hautes sphères de la science morale, qu'elle remplit de ses clartés. Elle est toujours la même à tous les moments de la durée et sur tous les points de l'espace, partout où une créature intelligente et libre a reçu de Dieu l'ordre d'arriver à sa fin.

La conscience est pratique, particulière et concrète, elle descend des hauteurs de la spéculation et saisit les faits ; elle est cet acte par lequel nous appliquons les principes généraux que la raison spéculative nous a fait connaître à tous les cas particuliers où la liberté doit intervenir ; elle complète, en un sens particulier et dans les détails de la vie, le rôle de la raison. Celle-ci nous dit : Il est défendu de faire le mal. Or, répond la conscience, cette action que je suis tenté de faire est mauvaise : donc je dois m'en abstenir.

La raison spéculative formule ce jugement : Il est défendu de voler. Or, répond la raison, prendre ce bien qui me flatte et qui ne m'appartient pas, c'est voler ; je ne dois pas m'emparer de ce bien[1].

Dans ce travail d'application des principes généraux à des cas particuliers, nous reconnaissons l'homme avec les incertitudes de son intelligence ; il n'a déjà plus l'inébranlable certitude de la raison qui contemple les premiers principes de la loi naturelle. Aussi les théologiens nous enseignent que la

---

[1] S. Thom., quæst. XVII, *De veritate*, art. 1 et 1ª part. quæst. LXXIX, art. 13.

conscience a des caractères divers : vraie et droite, elle conclut et elle juge sainement, en conformité avec les principes universels; fausse et erronée, elle juge mal, elle dérive des conséquences fausses de principes certains; certaine, assurée dans ses appréciations, elle conclut sans hésitation; douteuse, elle hésite entre les motifs opposés et ne sait pas se décider; scrupuleuse, elle ajoute à son incertitude la crainte et l'angoisse dont elle est oppressée.

Le champ de ses observations est vaste : elle doit nous faire connaître nos actes moraux dans leur fin, dans leur objet, dans leurs circonstances, dans leur rapport avec la loi morale, et ce n'est qu'après avoir pénétré dans le détail de ces questions si délicates et si complexes, qu'elle prononce un jugement sur le caractère moral ou immoral des actes de notre liberté.

Une longue habitude permet à la conscience de porter promptement un jugement sur la valeur morale de nos actes et de donner ainsi à la liberté la connaissance qui engendre la responsabilité. Avec elle, la liberté sait ce qu'elle veut, pourquoi elle le veut, et elle assume la responsabilité de l'acte qu'elle va poser. Elle a vu en un instant la loi, l'action, les motifs et les mobiles, la fin, les circonstances, tout ce qui peut revêtir l'action d'un caractère particulier.

Mais quelquefois aussi la loi n'apparaît pas dans toute sa clarté, le devoir n'a pas toute son évidence obligatoire, des circonstances particulières semblent imposer des résolutions diverses que la morale ne réprouve pas ; les motifs favorables et défavorables se présentent, se combattent, et font les ténèbres dans l'esprit livré aux angoisses de l'incertitude.

Il ne faut pas considérer la conscience comme une faculté autonome, indépendante de la loi morale, indépendante de Dieu, absolue et souveraine, dont les oracles sont toujours certains. Et, puisqu'il est incontestable qu'il y a des consciences vraies et des consciences fausses, il est d'une importance capitale de se faire une conscience droite et de lui obéir.

Pour écouter la conscience et diriger ainsi la liberté, il faut l'attention, la réflexion, c'est-à-dire un effort d'esprit devant lequel nous reculons.

« Notre conscience, écrit Bossuet, témoin véritable, ami fidèle et incorruptible, n'a jamais le loisir de nous parler ; et toutes nos heures sont si occupées, qu'il ne reste pas de temps pour cette audience. Or il y a cette différence entre la raison et les sens, que l'impression des sens est fort vive, leur opération prompte, leur attaque brusque et surprenante ; au contraire, la raison a besoin de temps pour ramasser ses forces, pour ordonner ses principes, pour appuyer ses conséquences, pour affermir ses résolutions ; tellement qu'elle est entraînée par les objets qui se présentent et emportée, pour ainsi dire, par le premier vent, si elle ne se donne à elle-même par son attention un certain poids, une certaine consistance, un certain arrêt[1]. »

---

[1] Bossuet, *Sermon pour le quatrième dimanche de l'Avent*.

Ici Bossuet ne distingue pas la conscience de la raison. En effet, c'est la raison spéculative qui nous fait connaître le vrai et l'intelligible dans ses rapports avec notre intelligence; c'est la raison pratique qui nous fait connaître le bien dans ses rapports avec notre volonté, avec le désir que nous avons d'atteindre notre fin; c'est encore la raison qui nous permet de connaître et d'apprécier la valeur morale de nos actions. La variété d'expressions qui s'impose à nous répond à la variété des aspects sur lesquels nous considérons la raison[1].

La conscience est un acte de raison : c'est l'acte par lequel nous considérons une action dans ses rapports avec la loi et avec notre fin.

VII

La conscience remplit donc un rôle important dans la vie morale et dans les manifestations de notre liberté.

Témoin incorruptible, elle nous rappelle, dans nos retours sur nous-même et aux heures de ré-

---

[1] « Dicendum quod verum et bonum se invicem includunt. Nam verum est quoddam bonum, alioquin non esset appetibile, et bonum est quoddam verum, alioquin non esset intelligibile. Sicut igitur objectum appetitus potest esse verum, in quantum habet rationem boni, ita objectum intellectus practici est bonum. Intellectus enim practicus veritatem cognoscit, sicut speculativus, sed veritatem cognitans ordinat ad opus. » (S. Thom., 1ᵉ part., quæst. LXXIX, art. 11, ad 2.)

flexion, ce que nous avons fait et ce que nous n'avons pas fait. Elle peut remonter jusqu'aux premières années de notre vie, à travers les vicissitudes des victoires et des défaites, des chutes et des repentirs qui ont rempli notre existence, et faire apparaître subitement devant nous, dans une vision quelquefois troublante et qui rappelle le jugement de Dieu, notre passé tout entier. Elle n'a rien oublié, et elle renouvelle avec une étrange intensité les scènes disparues. Par la fidélité de ses souvenirs elle me force à dire, en me rappelant tel acte mauvais : Oui, c'est moi qui l'ai fait.

Maîtresse de la volonté, dont les révoltes n'étouffent jamais entièrement sa lumière, elle dit : Voici le bien, voilà le mal ; voici ce qu'il faut faire, voilà ce qu'il faut éviter. Par ce jugement autorisé, elle maîtrise et dirige la volonté, sans jamais la violer. Son jugement s'appuie sur la connaissance de l'ordre général de la nature, de la volonté de Dieu, de la fin suprême de tout ce qui a reçu la vie et la raison.

Puissance directrice, il ne lui suffit pas de nous faire connaître avec une indiscutable autorité ce qui est bien et ce qui est mal ; mais elle parle à la volonté, elle l'excite, la conseille ; elle cherche à la retenir ou à l'entraîner par la pensée des châtiments et des récompenses, par des reproches et par des promesses. Elle soutient le choc violent, impétueux, des passions de l'esprit et des passions de la chair, et c'est elle qui cherche à protéger la liberté contre des séductions et des périls qui pourraient la vaincre et la déshonorer, après l'avoir plongée dans les ténèbres de l'aveuglement sensuel.

Vaincue peut-être, elle conserve encore une dernière puissance, elle fait sentir la pointe acérée du remords, elle tourmente le coupable; elle lui rappelle, dans une vision qui ne finit pas, ses fautes et ses crimes; elle ne lui permet ni de s'étourdir ni de se distraire, elle le tient en face de sa révolte jusqu'à l'heure de l'amendement et du pardon.

Et si elle peut tourmenter ainsi le coupable jusque dans l'ivresse du succès, c'est encore elle qui soutiendra et consolera le juste dans la défaite, dans la prison, dans l'exil, en face même de la mort.

La conscience se trouve ainsi étroitement unie à la liberté; elle peut exercer une influence décisive sur ses actions. Et si la conscience est un aspect particulier de la raison, c'est bien dans la raison qu'il faudra chercher le ressort de la liberté. Après Bellarmin et les grands scolastiques, le cardinal Gerdil exprimait ainsi cette pensée :

« La racine de la liberté est dans la raison, et la volonté est mise en mouvement par le dernier jugement de la raison pratique[1]. »

---

[1] « Divus Thomas denique, cujus sententiam verissimam sibi videri profitetur Bellarminus, statuit liberum arbitrium esse quidem potentiam unam et particularem, ipsam videlicet voluntatem, sed radicem libertatis esse in ratione; et voluntatem pondere ac determinari a judicio ultimo practicæ rationis. » (Gerdil, *Theol. moral.*, quæst. II, cap. II.)

VIII

Ce n'est donc pas dans la volonté, c'est dans la raison pratique qu'il faut chercher la racine de la liberté. Tel est bien, nous l'avons démontré, l'enseignement des théologiens scolastiques les plus célèbres, dont les analyses psychologiques sont si fines et si profondes.

Il semble, à considérer seulement les apparences, que cette théorie originale manque d'exactitude, et qu'au lieu d'agir selon la raison, dans l'acte mauvais, la volonté agisse contre la raison. C'est l'objection exprimée dans ce vers célèbre :

>..... Video meliora, proboque,
> Deteriora sequor.

Les moralistes ont longtemps insisté sur cet antagonisme apparent qui devrait exister entre la volonté coupable et la raison, et c'est dans cet antagonisme qu'ils ont prétendu découvrir le caractère *peccamineux* de l'acte mauvais. Cependant la volonté ne pouvant pas se déterminer par elle-même à l'action, parce qu'elle est aveugle et indifférente entre les biens particuliers qui l'attirent, c'est bien dans la raison qu'il faut chercher le principe de la responsabilité.

Les savants théologiens de Salamanque ont établi cette vérité avec une rare précision dans ce commentaire de saint Thomas :

« Ceux qui pèchent d'une manière coupable, quand la raison spéculative leur dit que leur action est une violation de la loi divine, écoutent et suivent la raison pratique. Celle-ci prononce un jugement erroné et inconsidéré par lequel elle déclare, sans s'inquiéter de la loi divine, qu'il est plus convenable d'agir ainsi, dans ces circonstances déterminées. Et encore que ceux qui agissent de la sorte se souviennent spéculativement du jugement qui leur défend d'agir, ils considèrent avec plus d'attention et d'efficacité le charme de la jouissance sensible, et ce charme les ravit.

« Quand nous sommes affectés d'une passion, nous sommes en présence de deux propositions universelles : l'une, de la raison qui nous défend d'agir contre la loi divine; l'autre, de la passion qui nous suggère de rechercher le plaisir. Si nous voulons éviter le péché, nous devons suivre cette première proposition : la fornication est mauvaise et contraire à la loi divine; mais la raison liée par la passion prononce une seconde proposition, à laquelle nous donnons notre assentiment : La fornication est agréable, il nous convient mieux de la suivre; et la volonté obéit. »

Saint Thomas fait observer, après le Philosophe, « que le syllogisme de l'incontinent contient quatre propositions, deux universelles, dont l'une, qui appartient à la raison, est ainsi conçue : La fornication est défendue; la seconde appartient à la passion, et encourage à suivre, au contraire, la passion. La seconde proposition lie, enchaîne la raison et entraîne la volonté[1]. »

Saint Thomas explique aussi, par un exemple, l'état psychologique de celui qui commet un acte mauvais; il le compare à un homme en état d'ivresse. « Tant que dure cet état, l'homme ivre peut bien exprimer quelquefois des pensées justes et profondes, sans savoir néanmoins ce qu'il dit, parce que l'ivresse ne lui permet ni réflexion ni jugement, ainsi l'homme aveuglé par la passion pourra, dans

---

[1] « Qui vero ex industria et malitia peccant simul cum judicio speculativo dictante id esse contra divinam legem, habent in particulari judicium erroneum vel inconsideratum practice dictans conveniens esse illis, hic et nunc ita operari; in quo judicio non curatur de divina lege. Et quamvis sic peccantes speculative illius recordentur, quia attentius et efficacius considerant delectabilitatem objecti peccaminosi, rapiuntur ab hac delectabilitate etiam contra divinam legem.

« Quod melius intelligetur animadvertendo quod affectus passione habet duas propositiones universales sibi notas; alteram ex ratione quæ dictat non esse aliquid contra divinam legem faciendum, alteram ex passione quæ suggerit delectationem esse sectandam, et cum ad non peccandum debeat assumere sub prima; *fornicationem esse malam et divina lege prohibitam*, inferreque hinc nunquam esse fornicandum, præmittit hoc, passione ligatus, et subsumit secundæ, *fornicationem esse delectabilem*, infertque *hic et nunc conveniens sibi esse fornicari*. » (*Theol. Salmat. De beatit.* Disp. IV, dub. unic., n. 13-14.)

« Unde Philosophus dicit in septimo Ethicorum (concludit D. Doctor) quod syllogismus incontinentis habet quatuor propositiones, duas universales, quarum una est rationis, puta nullam fornicationem esse committendam; alia passionis, puta delectationem esse sectandam. Passio igitur ligat rationem, ne assumat, et concludat sub prima; unde, ea durante, assumit et concludit sub secunda. » (*Ibid.*)

certains cas, exprimer spéculativement un jugement conforme aux principes de la morale, et cependant il sent intérieurement qu'il doit préférer la passion, et il agit selon cette impulsion[1]. »

Tout acte mauvais agit donc directement sur la raison et affaiblit nos convictions. Il est important de ne pas négliger cet aspect de la question.

Si nous étions réellement, profondément et actuellement convaincus que l'acte que nous sommes tentés de faire en opposition avec la loi morale est mauvais, nous serions arrêtés par cette pensée, et nous changerions peut-être la direction de notre volonté. Mais en réalité nous n'avons qu'une croyance vague, une opinion chancelante, un doute appuyé sur quelques probabilités; notre raison n'est pas saisie par une conviction, et elle ne peut pas entraîner la liberté.

Nous cherchons à nous faire illusion, il nous faut des prétextes et des excuses; nous prétextons notre

---

[1] « Ille qui est in passione constitutus non considerat in particulari id quod scit in universali, in quantum passio impedit talem considerationem. » (S. Thom. quæst. 72, art. 2.)

« Nec refert quod sic peccans etiam externo ore multoties fatetur se peccare et non esse faciendum quod hic et nunc agit, ex quo videtur quod etiam in particulari non habet rationem ligatam. Nam hoc optimo exemplo Div. Thom. ad quintum dicens : « Quod sicut ebrius quandoque proferre potest verba
« significantia profundas sententias, quas tamen mente dijudi-
« care non potest ebrietate prohibente; ita in passione existens,
« etsi ore proferat hoc non esse faciendum, tamen interius hoc
« animo sentit, quod sit faciendum, ut dicitur in septimo Ethi-
« corum. » (*Theol. Salmat. De beatitud.* Disp. IV, dub. unic.)

organisation, notre nature, l'attrait du fruit défendu; nous plaidons les circonstances atténuantes, nous considérons l'acte mauvais sous un angle particulier, il ne nous paraît plus aussi contraire à la volonté de Dieu, il perd pour nous sa difformité. Qui sait, disons-nous, si tout ce qu'on nous enseigne est bien la vérité? si cette morale est l'expression exacte de la pensée d'un législateur? les hommes peuvent se tromper, la recherche du plaisir est une chose toute naturelle; nous arrivons à le croire, et la raison égarée le répète à la volonté qui va dans le sens du plaisir.

Si j'étais réellement certain que la recherche de tel plaisir est mauvaise, j'affronterais la mort pour affirmer ma conviction; mais en réalité je suis si peu certain, que non seulement je ne suis pas disposé à faire le sacrifice de ma vie, mais je ne veux pas même faire le sacrifice d'un plaisir.

C'est peut-être aussi cette raison qui explique l'incrédulité et l'irréligion de tant d'hommes, qui vivent dans le désordre. Avant de faire le mal, ils ont douté de la vérité de la loi morale, ils ont ébranlé l'autorité de la conscience et de la raison; ils ont fini même par la ruiner, pour trouver une excuse à leur conduite; et quand la raison pratique a perdu sa droiture et sa puissance sous ces efforts répétés, ils deviennent incapables de voir la vérité.

Non, quand nous faisons une mauvaise action, nous ne disons pas : Je vois et j'approuve la vertu et je donne la préférence au mal. En réalité, au moment d'agir, je ne fais pas une comparaison impartiale entre le bien et le mal; j'oublie le bien, je considère le plaisir sous un aspect agréable, indépendant de sa valeur morale, et je m'attache à lui.

Et c'est ainsi que tout acte mauvais est en même temps un commencement d'oblitération de la conscience, et que l'habitude du mal produit, avec le temps, la fausse conscience et la paix coupable de l'endurcissement.

Cependant la raison conserve toujours la puissance de détourner son attention des motifs mauvais suggérés par la passion, et de triompher du charme fascinateur des biens mauvais, qui la sollicitent; car ces biens sont particuliers, finis, contingents, et ils n'ont pas la puissance d'entraîner fatalement la raison dont la loi est de chercher l'infini. C'est là que l'observation nous fait découvrir la raison même de la liberté.

Si la raison se livre à la fascination du mal devenu l'objet exclusif de son attention, si l'habitude pervertit la raison et lui fait prononcer sans conscience et sans remords des jugements erronés, la liberté peut faire naufrage; mais le coupable est toujours responsable devant sa conscience et devant Dieu.

C'est ici que nous rencontrons la passion.

CHAPITRE III

LIBERTÉ ET PASSION

I

L'homme est donc libre : il peut vaincre les obstacles qu'il rencontre et devenir, par l'effort et la victoire, un homme de caractère. Mais il est faible aussi et déchu ; il subit les influences mauvaises de l'éducation, de l'âge, du tempérament, des milieux, de l'hérédité physique et morale, qui le diminuent en affaiblissant sa volonté. Ainsi affaibli, il rencontre la passion : il était libre, il devient esclave ; la passion s'empare de lui, le déshonore et le tue.

Je ne parle pas des nobles passions qui dévorent elles aussi la substance de la vie, mais qui honorent la nature humaine en l'élevant à l'héroïsme volontaire et au martyre ; je parle ici des passions mauvaises, qui ont leur foyer dans l'instinct émancipé de la lumière et de la direction de la raison. L'instinct mauvais, dégradé, pousse l'homme comme l'animal à la recherche de la jouissance aveugle, sourde, matérielle; la joie éprouvée excite de nouveau l'instinct, au lieu de l'apaiser et de l'éteindre; elle fait naître le besoin plus vif, plus ardent, plus impétueux; le besoin satisfait engendre l'habitude par la répétition fréquente des mêmes actes et par la secousse des mêmes jouissances toujours renouvelées; et l'habitude au service de l'instinct fait à l'homme une seconde nature, mauvaise et indomptable dans l'exigence de sa tyrannie; l'instinct se substitue à la raison; l'habitude aveugle, irrésistible, usurpe la place de la liberté.

Que ce travail de démolition morale et de déchéance s'effectue par les passions qui ont leur siège dans l'esprit : ambition, jalousie, colère, envie, avarice, ou par les passions qui ont leur siège dans les sens : intempérance, libertinage, alcoolisme, il attaque avant tout la liberté, dont il amoindrit la vitalité; il affaiblit ensuite la raison, dont la lumière s'éteint dans la fumée des jouissances grossières; il laisse l'homme, ainsi déshonoré et vaincu, aux confins de la folie où la conscience personnelle et la raison vont bientôt sombrer. La folie n'est-elle pas le dernier degré de la passion ?

Les passions ne sont pas des maladies de l'âme; elles ne sont pas davantage, comme on l'a prétendu, des maladies du corps; la passion atteint directement et à la fois l'âme et le corps, c'est-à-dire le composé humain. En effet, l'homme n'est ni un esprit pur ni un animal, il n'est ni ange ni bête;

mais il tient de l'un et de l'autre par sa double nature, et c'est dans tout son être que la passion poursuit ses ravages et qu'elle grave les stigmates de son passage.

La partie du système nerveux central contenu dans la cavité du crâne se compose de masses nerveuses, qui d'un côté reçoivent les cordons sensitifs de la moelle épinière et les expansions centrales des nerfs des sens les plus importants : de la vue, de l'ouïe, etc.; et de l'autre, donnent naissance aux cordons moteurs de la moelle. Toutes les impressions qui naissent à la périphérie du corps et celles qui sont transmises par les organes des sens viennent converger au cerveau, où elles sont perçues et assimilées; elles entretiennent et excitent l'activité intellectuelle, elles donnent naissance à de nouveaux actes centrifuges, à des relations de la sensibilité et de l'intelligence avec les organes moteurs. Il se produit là des déterminations et une excitation motrice sur les appareils moteurs.

La substance grise transmet ainsi des impressions au cerveau, et elle en rapporte des impulsions et des mouvements.

Voilà donc la part du corps. Mais quelle est la part de l'âme, de l'esprit, dans la production de la pensée, du sentiment, de la volonté; car il n'est pas possible de dire que ces phénomènes appartiennent à la catégorie des phénomènes physiques, et qu'ils sont l'effet et la modification d'une cause matérielle. Il n'est pas nécessaire d'approfondir les grands problèmes de la métaphysique, pour démontrer que le matérialiste sort de sa sphère et se risque aux aventures quand il attribue aux corps la pensée et le sentiment, comme il leur attribue avec raison le poids et le mouvement.

Le psychologiste qui posséderait la connaissance totale du cerveau, de ses phénomènes, de ses mouvements, de ses transformations, de toutes ses actions réflexes, de sa composition intime, serait encore incapable de nous expliquer la pensée, la conscience, la volonté. Il nous parlerait d'oscillations, de vibrations, de chimie, d'électricité, de mécanique ; mais tout cela n'est pas et ne sera jamais une pensée, un sentiment, un acte de volonté.

L'homme est donc composé d'une âme et d'un corps, et il existe entre ces deux parties de son être une solidarité étroite qui nous aidera à comprendre le mécanisme de la passion.

Descartes n'a pas contesté cette vérité, que les scolastiques avaient déjà démontrée en répétant les arguments de saint Thomas.

« La nature m'enseigne, écrit Descartes, que je ne suis pas seulement logé dans mon corps ainsi qu'un pilote en son navire; mais, outre cela, que je lui suis conjoint très étroitement, et tellement confondu et mêlé que je compose comme un seul tout avec lui. Car, si cela n'était, lorsque mon corps est blessé, je ne sentirais pas pour cela de la douleur, moi qui ne suis qu'une chose qui pense; mais j'apercevrais cette blessure par le seul entendement, comme un pilote aperçoit par la vue si quelque chose se rompt dans son vaisseau.

« Et lorsque mon corps a besoin de boire et de manger, je connaîtrais simplement cela même, sans en être averti par des sentiments confus de faim et de soif, car, en effet, tous ces sentiments de faim, de soif, de douleur, ne sont autre chose que de certaines façons confuses de penser, qui proviennent et dépendent de l'union et comme du mélange de l'esprit avec le corps [1]. »

Il nous suffira d'observer le mécanisme de la passion, pour distinguer clairement l'intimité de cette union de l'esprit et du corps.

II

Les passions vont du corps à l'âme et de l'âme au corps par l'intermédiaire de nos deux systèmes nerveux, avec retentissement, tantôt dans le centre cérébro-spinal, tantôt sur le centre nerveux ganglionnaire. L'âme et le corps subissent ainsi l'action dissolvante de la passion. Les émotions morales profondes produisent incomparablement plus de maladies que les troubles de l'organisme. Au témoignage de Descuret, les trois quarts des morts subites sont occasionnées par l'ivrognerie, la gourmandise,

---

[1] Descartes, *Médit.*, tome I, chap. VI.

le libertinage et la colère; le plus grand nombre des aliénés sont des victimes de quelque passion ou secrète ou connue; il en est de même des suicidés et des criminels.

« Une circonstance importante à signaler dans les passions et qui les distingue d'une manière très nette de la pensée calme, c'est que dans ces états il y a toujours, en outre des phénomènes cérébraux, d'autres phénomènes organiques mis en jeu. Les battements du cœur, la respiration, la digestion stomacale, la sécrétion de la sueur, de la bile, sont modifiés par les émotions. Quand un individu est en colère, les veines de son visage se gonflent; il semble même parfois que cette émotion va le suffoquer. Dans la peur ou la terreur, les sécrétions aqueuses se font rapidement. Dans la tristesse, la respiration est ralentie, superficielle, et doit, par conséquent, être parfois interrompue par de profondes inspirations, par des soupirs, etc.

« C'est ainsi que les émotions et les états émotionnels donnent naissance originellement, par l'excitation que le cerveau transmet au système nerveux, à des anomalies de la santé physique... Lorsque l'émotion arrive chez un sujet déjà malade, et lorsque les causes qui l'ont fait naître durent longtemps, par exemple des chagrins prolongés, il survient peu à peu dans la machine organique des troubles très complexes, auxquels la simple cessation de l'émotion ne peut plus mettre fin immédiatement; et ces troubles peuvent, par suite d'une nouvelle excitation qu'ils provoquent ultérieurement dans le cerveau, entretenir et exagérer les émotions actuelles, et de plus donner naissance à de nouveaux états de même nature.

« C'est un fait démontré par l'expérience journalière, que quand l'activité psychique du cerveau est influencée par les phénomènes organiques : la respiration, la digestion, etc., cette influence ne se traduit pas immédiatement sur la sphère des idées claires par l'acquisition de pensées nouvelles, mais que plutôt il se produit tout d'abord en nous des modifications obscures du sentiment de soi-même et de l'humeur, des sentiments d'élévation ou d'abaissement de notre activité psychique en général, et qu'ainsi un élément essentiel d'états émotionnels pénètre en nous.

« Nous en trouvons des exemples dans une foule de maladies. Nous voyons très souvent déjà les maladies du cœur produire de l'anxiété, les maladies de l'intestin résultant de l'ictère déterminer un état de caprice, de mauvaise humeur, d'anxiété, d'aigreur, une paresse de la pensée, une désharmonie générale, etc. Le sentiment de santé ou de maladie a ordinairement une très grande influence pour donner à notre esprit une tournure vive et joyeuse, ou au contraire triste et découragée... Une émotion triste, produite par une cause extérieure, a bien plus de prise sur un individu déjà mal disposé par le fait d'une maladie physique, et agit d'une façon bien plus durable que si elle survenait chez un individu qui, dans le moment même, se trouverait dans un état de bien-être et de gaieté[1]. »

La pâleur, le tremblement la sueur froide, la syncope, accompagnent une grande frayeur. Si la respiration est plus libre, plus ample et plus profonde quand l'âme est joyeuse, il est certain que les émotions déprimantes : le chagrin, la jalousie, l'envie, la douleur cachée, peuvent déterminer, en se prolongeant, la toux, des palpitations, l'amaigrissement, la congestion de la tête, la perte de l'appétit et du sommeil, une dépression générale et une respiration courte, saccadée, haletante. La colère provoque tantôt la turgescence du visage et de toute la surface cutanée; tantôt, si la colère est sourde, concentrée, la pâleur, le tremblement nerveux, le rappel au centre de la force vitale. Gallien avait déjà divisé les passions en *systoliques* et *diastoliques*, selon qu'elles produisent des phénomènes de resserrement ou de dilatation.

Il existe donc une action naturelle, pénétrante, constante du corps, sur l'âme et de l'âme sur le corps. Tout ébranlement profond dans nos facultés intellectuelles et affectives provoque un autre ébranlement dans nos organes, aux sources même de la vie corporelle. Tout désordre provoqué par l'âge, la maladie ou les mille accidents de l'existence dans les organes de notre corps, y détermine à son tour une impression dans les régions plus élevées de

---

[1] Griesenger, *Traité des maladies mentales,* p. 64.

l'âme, cette impression peut devenir le principe d'une tentation, d'une suggestion, quelquefois encore d'une obsession fatigante et tenace qui échoue, en présence de la résistance tranquille de notre liberté.

C'est que l'âme est à la fois le principe de la vie spirituelle et de la vie corporelle. Avec un art incomparable et par une action mystérieuse, elle s'empare du pain, de l'air, des aliments; elle en fait de la chair, du sang, des muscles, des os, des nerfs. Le chimiste et le physiologiste assistent au travail, sans voir l'ouvrier; ils voient les effets sans connaitre la cause, ils constatent, ils analysent avec une précision incomparable de perpétuels phénomènes de combustion, d'assimilation et désassimilation; mais ils ne savent pas voir l'âme, vigilante ouvrière qui ne suspend son travail qu'à la mort.

L'âme fait donc son œuvre, et elle réalise son idéal; mais elle opère sur des matériaux qu'elle n'a pas créés, et dont le choix ne lui appartient pas. Ces matériaux subissent la loi de l'hérédité et les influences physiques innombrables qui pèsent sur les choses humaines. Elle subit elle-même l'imperfection qui s'attache à toute contingence; elle est imparfaite, limitée dans son action et dans sa puissance, enfermée dans les limites étroites de sa nature, et cette insuffisance naturelle de l'artisan et des matériaux dont il dispose explique aussi l'inévitable imperfection de son travail.

Mais si l'âme est ainsi le principe des manifestations élevées de la conscience, de la volonté, de la pensée, et si elle est, au même titre et en vertu de ses attributions, le principe des phénomènes physiques qui s'accomplissent dans notre système vasculaire, dans notre système nerveux, dans les profondeurs même de nos tissus, nous avons l'explication de la solidarité profonde de notre âme et de notre corps.

En effet, qu'une violente émotion trouble un instant notre âme, celle-ci se trouve contrariée dans sa double action psychique et physiologique; elle travaille mal, elle sort du cadre et de l'harmonie de l'ordre éternel; elle perd la sérénité de ses pensées, de ses jugements, de ses volitions; la direction des facultés intellectuelles lui échappe: elle agit aussi d'une façon désordonnée dans son action plastique sur le corps qu'elle doit soutenir, vivifier, renouveler; et c'est tout l'homme, c'est-à-dire le composé humain qui prend la marque du désordre occasionné dans l'âme par la passion troublante.

Qu'une lésion pathologique grave se produise dans le cœur, le foie, le poumon ou le cerveau, l'âme en éprouve une sensation douloureuse, qui dure et se renouvelle avec le désordre matériel du viscère; la blessure appelle aussi l'attention de l'esprit, la retient et la détourne des objets qui devraient l'occuper. De là une certaine irrégularité dans le jeu des facultés intellectuelles. S'il suffit d'une mouche qui bourdonne pour distraire le philosophe et détourner sa pensée des plus graves problèmes, à plus forte raison une douleur intense, prolongée, sera-t-elle un obstacle à l'attention, au recueillement qu'exige le mouvement de la pensée.

Si nous entrons plus avant dans ces considérations, nous reconnaîtrons l'action simultanée de l'âme et d'un organe dans les opérations de l'esprit. Je n'examine pas ici le mécanisme de cette opération délicate, mais je constate son existence. Or, si l'organe est imparfait, détraqué, malade, l'opération intellectuelle sera nécessairement imparfaite, et nous relèverons des aberrations dans l'imagination, la mémoire et la sensibilité. Quelle est la partie dans la substance corticale qui agit de concert avec l'âme dans les opérations d'un ordre plus élevé? Je l'ignore; mais je comprends qu'une lésion dans les parties signalées puisse modifier les conditions et l'exercice de nos facultés intellectuelles. L'artiste reste toujours le même, mais son jeu est tout différent quand les cordes de la harpe sont faussées ou brisées.

Nous savons aussi qu'il existe des relations étroites et profondes entre les divers réseaux du cerveau, qui est l'organe de la vie intellectuelle, et les sensibilités distinctes de la vie viscérale; il y a d'un point à l'autre une perpétuelle répercussion. Il en résulte que : 1° la plupart des appareils de l'organisme subissent le contrecoup des émotions morales et des modifications profondes de la vie intellectuelle; 2° ces fortes émotions agissent sur les organes centraux et périphériques de la circulation, on retrouve leur influence sympathique dans l'appareil respiratoire, dans l'appareil digestif et jusque dans les divers appareils sécrétoires.

Il est certain pour nous que cette action s'exerce directement sur le système nerveux, et par celui-ci sur l'estomac, l'intestin, le cœur ou le foie, sur tel organe, tel viscère, telle partie du corps.

Descuret a formulé ainsi la loi de cette action ou de ce retentissement des passions dans le corps humain :

Quand il y a dans l'économie un organe malade, c'est toujours sur lui que la passion va retentir ;

Quand il existe une harmonie complète entre toutes les fonctions et qu'aucune partie du corps n'est en souffrance, les passions gaies affectent de préférence les organes thoraciques, tandis que les passions tristes ébranlent les viscères abdominaux ; les passions mixtes retentissent d'abord dans les viscères, puis dans les organes du thorax.

III

Les passions, soit violentes et passagères, soit lentes et tenaces comme les chagrins habituels, prolongés et cachés, révèlent d'une manière saisissante ces rapports de l'âme et du corps que nous venons de considérer dans leur aspect général ; mais l'autopsie nous apprend que ces états d'âme ont un retentissement plus grave et trop souvent fatal sur le cerveau, le cœur et l'appareil digestif.

Les chagrins violents et les passions ont déterminé quelquefois des accidents méningitiques chroniques, suivis de ramollissement de la pulpe cérébrale, ou des hémorragies intra-ventriculaires, des injections de sang dans toute la substance cérébrale, des foyers purulents dans un hémisphère avec ramollissement des parties environnantes, des abcès enkystés dans le cerveau.

Nous empruntons au *Traité de pathologie,* d'Émile Gintrac, les données suivantes :

Sur 172 cas d'hémorragie méningée, 15 fois des causes morales ont été constatées dans l'étiologie; 4 fois sur 45, ces mêmes causes ont produit des hémorragies de la substance corticale du cerveau; 3 fois sur 127, elles ont déterminé les hémorragies des lobes moyens; 4 fois sur 33, des hémorragies des lobes postérieurs; 10 fois sur 72, des hémorragies des corps striés; 10 fois sur 38, des hémorragies des couches optiques; 2 fois sur 46, des hémorragies des ventricules; 3 fois sur 56, des hémorragies du cervelet.

Le chagrin lent et concentré agit lentement et continuellement sur les centres nerveux, et amène à la longue une désorganisation cérébrale, dont l'issue est funeste.

Rien n'est mieux établi aujourd'hui que l'action du cerveau sur le cœur, par l'intermédiaire du pneumo-gastrique et l'action du cœur sur le cerveau.

Les émotions vives se traduisent par un trouble

circulatoire, par des palpitations qui, en se répétant sous l'influence de l'habitude et de la passion, prédisposent à l'hypertrophie du ventricule gauche, aux anévrismes de l'aorte, à l'épuisement cardiaque. Les chagrins et les fatigues excessives peuvent amener la syncope et l'asystolie.

« Rien n'est commun comme de constater, sous l'influence d'une émotion vive, d'une exaltation de l'âme, d'une passion violente, d'une énergique détermination de la volonté, une perturbation momentanée plus ou moins persistante dans le rythme du cœur, un accroissement d'impulsion, une précipitation ou un désordre tumultueux dans ses battements, le cœur lançant tantôt le sang avec force dans les artères; d'autres fois, au contraire, si la passion est de nature déprimante et concentrante, hésitant, luttant et s'épuisant en efforts impuissants, qui se traduisent par de petits battements intermittents, irréguliers, accélérés et aboutissant à la syncope, à une véritable sidération du cœur, dernier terme de la dépression... Il existe dans les annales de la science plus d'un exemple authentique de mort subite par rupture du cœur, déterminée par une frayeur, une émotion vive, un violent accès de colère.

« L'émotion n'a été évidemment, en ce cas, que la cause déterminante d'un accident préparé par un état morbide antérieur du cœur : ramollissement, ulcération ou dégénérescence granuleuse ou granulo-graisseuse, qui l'a fait céder devant une contraction violente. Les émotions, dans ce cas, n'agiraient pas autrement que diverses autres causes. Barth a noté la rupture du cœur, à la suite de vives contrariétés, ou d'un repas copieux, ou d'un effort pour monter dans son lit. On a cité aussi l'immersion dans un bain froid.

« Il est probable, ainsi que M. Peter en fait la juste remarque dans son *Traité clinique et pratique des maladies du cœur*, que ce sont autant de causes occasionnelles, et que dans tous ces cas le mécanisme matériel de la rupture a été le même ; l'émotion, c'est la contraction violente du cœur ; le repas copieux, c'est la plus grande fréquence en même temps que l'intensité plus grande des contractions. De part et d'autre, il y a saisissement par contraction brusque et violente du cœur, qui cède dans le point où il est déjà altéré et ramolli[1]. »

Mais la prédisposition elle-même est quelquefois le résultat de l'action répétée de la passion, et la prédisposition amène la catastrophe finale. L'accès de colère peut provoquer la syncope, les convulsions, l'épilepsie, l'apoplexie, la paralysie : le cœur bat avec trop de violence, la respiration est haletante et bruyante ; le sang est refoulé d'abord vers le centre du corps, et ce bouleversement produit dans certains cas l'anévrisme des artères et du cœur. Le libertinage, qui trouble si profondément le système nerveux, peut entraîner des gastrites, des entérites,

---

[1] Brochin, *les Passions*.

des affections organiques du cœur, la consomption dorsale, les affections cérébrales, le ramollissement et la dégénérescence cancéreuse du cerveau. Parmi les jeunes gens victimes de la phtisie pulmonaire, la moitié subit l'effet du libertinage. L'envie et la jalousie refoulent continuellement le sang de la périphérie vers les organes intérieurs, vers le cœur et les gros vaisseaux, qu'ils dilatent à l'excès, jusqu'à l'anévrisme. Le foie s'hypertrophie, après une sécrétion trop abondante de la bile ; le désordre retentit au cerveau par sympathie et provoque les pensées sombres, les insomnies et l'hypocondrie.

L'appareil digestif n'échappe pas à cette loi de solidarité, qui fait participer notre organisme aux divers états de notre esprit. Quand l'esprit est rempli de pensées tristes et déprimantes, de chagrins, de craintes, d'ennuis, la muqueuse gastrique change de couleur, les digestions se font mal ; on voit poindre les premiers symptômes de la gastralgie, de la dyspepsie, des phlegmasies chroniques, du squire du pylore, du cancer stomacal.

Nous ne parlons pas de l'influence des passions sur ces névroses qui affectent les formes les plus diverses, de l'hystérie à l'épilepsie, qu'un demi-tour de cheville, comme dit Montaigne, sépare de la folie.

La folie ne serait-elle pas le degré le plus élevé de ces passions qui troublent si profondément l'organisme humain ? Toutes les impressions retentissent au cerveau ; toutes les impulsions partent du cerveau. Fatigué, troublé, oblitéré par le travail excessif que lui imposent les passions, cet organe cesse de répondre à l'âme, et le divorce de l'âme et du cerveau produit la folie.

Plus de soixante-six fois sur cent, des causes morales produisent l'aliénation mentale, tantôt par une explosion instantanée et violente, tantôt par une action lente et fatale, par un travail pathologique incessant, qui modifie d'abord la fonction de l'organe avant d'attaquer l'organe lui-même et de le détruire. La passion trouble le travail de la circulation, de la digestion, de la respiration, de l'hématose; elle altère les fonctions de nutrition. L'amaigrissement, la perte du sommeil, les palpitations, la toux, précèdent les anomalies de la sensibilité, les congestions du cerveau : stases, sanguines, passives, l'apparition des idées tristes, des chagrins inexpliqués, des désespoirs profonds; les centres nerveux participent à l'état de la passion par le désordre qu'ils provoquent dans toute l'économie, et par l'affection cérébrale consécutive dont ils sont l'occasion. Que faut-il pour faire déborder le vase? Une goutte d'eau. La raison du passionné est à la merci d'un accident.

IV

De toutes ces passions qui diminuent d'abord, qui suppriment ensuite, la liberté la plus terrible et la plus répandue, c'est l'alcoolisme; et ce qui effraye le moraliste, c'est que cette passion funeste est héréditaire. Morel a pu écrire : « Je n'ai jamais vu guérir les malades dont les tendances extérieures avaient leur point de départ dans des prédispositions héréditaires. »

Évidemment cet arrêt de la science est trop absolu : l'éducation, la grâce et l'effort personnel, provoqué par des considérations élevées, peuvent toujours corriger la nature et la redresser dans ses écarts. Mais ce qui n'est pas contestable, c'est que l'hérédité alcoolique crée pour le corps et l'âme des enfants des difficultés redoutables à leur entrée dans la vie.

Le plus souvent les enfants nés de parents alcooliques présentent un type de dégradation progressive, au point de vue physique et moral, antérieurement à tout acte libre et par l'effet redoutable de la loi d'hérédité.

Ils ont été coulés dans un moule dont l'empreinte semble humainement ineffaçable. Les uns naissent et restent imbéciles, idiots ; les autres s'arrêtent brusquement, après quelques années d'un travail intellectuel qui ne présente aucun caractère particulier ; leur intelligence est épuisée, leur cerveau est déjà atrophié, il ne produit plus rien : c'est la stérilité irrémédiable, avec le stigmate humiliant des dégénérescences héréditaires ; ils passent les étapes des manies, de la paresse, de l'idiotisme, des tristesses sans cause, portant trop souvent avec les premiers le poids des infirmités corporelles : surdité, scrofules, hydrocéphalie, épilepsie, convulsions, arrêt définitif dans le développement ou la croissance des membres et la floraison ou l'épanouissement de la vie.

Au point de vue moral et social, les conséquences de l'hérédité alcoolique sont encore plus graves. Les enfants qu'elle atteint ont habituellement des instincts cruels et dépravés : la tendance au vol, à l'onanisme, au libertinage, à la cruauté, avec affaissement complet du sens moral.

« Dans d'autres circonstances, écrit Morel, bien plus nombreuses qu'on ne pourrait le croire, ces enfants, devenus grands, rentrent dans la catégorie des malfaiteurs livrés à la vindicte des lois; ils augmentent la population des bagnes et des prisons. »

Au moment où j'écris ces lignes, les statistiques officielles de l'administration des contributions indirectes nous révèlent les faits suivants, qui confirment d'une manière douloureuse les observations que je viens de rapporter :

La moyenne de la consommation de l'absinthe et des boissons alcooliques a plus que doublé à Paris, dans l'espace de sept années. Elle était de 10 000 hectolitres par an, elle s'est élevée à 20 000 hectolitres; elle dépasse aujourd'hui (1896) 165 000 hectolitres, qui empoisonnent notre génération, dont le sang est déjà appauvri et insuffisant.

Hommes et femmes se ruent à l'absinthe et aux alcools toxiques, qui dévorent leurs économies, abrutissent leur intelligence, les poussent au crime, les livrent, dégradés, corrompus, incurables, à la folie, à la mort.

Dans les hôpitaux, sur vingt malades admis, dix sont empoisonnés par le vin, l'absinthe et l'alcool.

Le nombre des débits de boissons qui, en 1830, était de 241 847 pour une population de 31 858 937 habitants, était, en 1893, de 421 223 pour 48 343 192 habitants, non compris les 30 000 débits de Paris; ce qui donne, pour 1830, un débit par 113 habitants, et un débit par 91 habitants en 1893.

Voyez les conséquences : en 1835-1839, on comptait 11 524 aliénés pour 35 540 910 habitants. En 1892, nous comptons 58 753 aliénés pour 38 343 192 habitants. Sur ce nombre, quelle est la part qui appartient à l'alcoolisme? Les statistiques répondent encore : 3 386 pour l'année 1893. Les suicides dus à l'alcoolisme ont augmenté dans la proportion de 5 pour 100 à 11 pour 100, de 1830 à 1891. L'inaptitude au service militaire, pour faiblesse de constitution, nous révèle encore les mêmes ravages de l'alcoolisme et la dégénérescence de notre race. En 1831, sur 595 978 inscrits, on compte 63 466 exempts, soit 21 pour 100. En 1892, sur 343 651 inscrits, nous comptons 108 349 exempts, soit 32 pour 100[1].

C'est ainsi que l'alcoolisme suit une marche ascendante et désastreuse dans notre pays. Habitué

---

[1] Henri Estienne, *la Science française*, 1896.

à laisser à chaque individu, quelle que soit d'ailleurs sa faiblesse, la liberté avec ses périls, le gouvernement ne cherche pas à décréter des prohibitions commandées par l'intérêt social; il néglige la fortune nationale qui sombre, la paix des familles qui disparaît, l'existence d'une race, qui se trouve compromise. Les progrès et l'abus de quelques sciences favorisent aussi la falsification criminelle des boissons; on leur doit le succès des huiles essentielles contenues dans les amers et les apéritifs, qui tentent et secouent l'organisme surexcité de l'homme, de la femme et même des enfants. Le désir impétueux, la passion des émotions violentes qui caractérise les peuples dégénérés et blasés, tourmente aussi notre génération énervée, déséquilibrée et fatiguée; nous voyons grossir tous les jours le nombre des malheureux, qui cherchent la jouissance et l'oubli des réalités douloureuses de la vie dans la débauche et dans la boisson.

Recueillons encore les dépositions des statistiques, nous verrons mieux l'étendue du mal.

V

En Angleterre, l'alcoolisme tue 50 000 hommes par an, et fournit la moitié des aliénés et les trois quarts des criminels. En France, sur 46 609 morts accidentelles, 1622 relèvent de l'alcoolisme (Lévy). Le sixième des suicides, écrit Descuret, se produit pendant l'ivresse. Sur 1000 aliénés, Morel comptait 200 alcooliques, Romeuf en a relevé 102 sur 350 ; leur nombre a plus que doublé en six ans à l'hôpital de Bicêtre; il augmente, chaque année, dans des proportions effrayantes.

Dans un excellent article sur la question qui nous occupe, Fournier s'exprime ainsi : « Il n'est pas exagéré de dire que l'acoolisme menace l'existence des populations au sein desquelles il se propage. Des tribus indiennes ont été décimées et même anéanties par leur irrésistible passion pour l'eau-de-vie. » La mortalité des nouveau-nés de parents alcooliques dépasse de beaucoup la moyenne. L'alcoolisme arrête la marche ascendante de l'humanité et doit conduire fatalement au remplacement des races qui se dégradent par des races vierges de ces causes de dégénérescences physiques et morales (Bouchardat). M. Heiss nous trace le plus lamentable tableau des ravages produits par l'alcool dans le tempérament des populations scandinaves, modification pathologique du tempérament, apparition de maladies nouvelles, maladies anciennes se propageant avec un caractère particulier de nocuité, abaissement du terme moyen de la vie, élévation considérable du nombre des suicides et des crimes et des aliénés.

Descuret, qui nous a laissé une étude consciencieuse et approfondie sur la *médecine des passions*, nous apprend que les maladies produites par les passions sont à elles seules incomparablement plus fréquentes que celles qui proviennent de toutes les autres modifications de l'économie. Il faudrait attribuer au libertinage la moitié des phtisies acquises ou héréditaires, à des chagrins d'amour le plus grand nombre d'hydrocéphalies aiguës des jeunes filles ; à l'intempérance, à la gourmandise, la goutte et les phlegmasies aiguës du tube intestinal ; à l'ambition, à la jalousie, à l'envie, les maladies chroniques de l'estomac et de l'intestin ; à des chagrins concentrés, plus de 90 sur 100 des tumeurs cancéreuses ; à la colère, l'épilepsie, les convulsions, les tremblements nerveux ; à l'onanisme et à la jalousie, la fièvre lente, nerveuse, et le marasme ; à l'abus du travail intellectuel qui surexcite le cerveau, la dyspepsie, la gastralgie, les insomnies, l'irritabilité nerveuse des hommes d'étude ; à des causes passionnelles, le suicide. Sur 8272 aliénés admis à Bicêtre et à la Salpétrière dans le cours de neuf années, on trouve, dans le compte rendu des hôpitaux, « que la majeure partie de ces infortunés avaient perdu la raison par suite de violentes passions ou de chagrins trop vivement sentis. » Sur 8272 atteints d'aliénation mentale, Descuret en a trouvé 414 qui étaient victimes de l'alcoolisme ; il attribue à cette même cause le quart des morts subites et le sixième des suicides, et il a constaté que le choléra faisait incomparablement plus de victimes parmi les habitués de l'alcoolisme que parmi les tempérants.

En Angleterre, où l'acoolisme est plus répandu, on attribue à cette passion la moitié des aliénés, les deux tiers des pauvres et les trois quarts des criminels.

Il est une autre passion plus secrète et aussi générale, qui tarit aujourd'hui dans notre pays les sources de la vie ; elle se rattache, elle aussi, à ce besoin brutal de jouissances corporelles, à cette horreur de la gêne et de la souffrance qui marque la décadence des peuples civilisés : c'est l'homicide secret accompli froidement, par calcul et sans remords, le crime de Malthus, le crime du sang.

Deux créatures s'unissent devant Dieu. L'une dit à l'autre : Si nous avons des enfants, il y en aura tant pour la vie et tant pour la mort. La part de la vie est faite avec avarice, et, dans un trop grand nombre de familles, on s'arrête à l'unité. La part de la mort est faite avec une générosité criminelle. On trompe la nature pour échapper à la loi universelle et joyeuse de la fécondité. Si on y échoue, on pratique en secret l'homicide, et on cherche à tromper Dieu, en donnant la mort là où sa providence répand la vie, et l'on affronte soi-même la mort avec ignominie pour empêcher le rayonnement de la vie. Ce n'est pas tout. L'enfant livré à des complices, pour les premiers soins que réclame sa faiblesse, abandonné, loin du foyer, à des mercenaires qui ont pris le nom satanique de *faiseuses d'anges*, reculera quand il devrait avancer, et sera privé de tout ce que réclame sa nature dans l'âme et dans le corps ; il s'étiolera, il franchira tous les degrés d'une décadence rapide jusqu'au tombeau ;

et deux coupables auront préparé cet abominable homicide avec un art raffiné, pour échapper à la vindicte des lois humaines, et sans souci de la loi de Dieu.

C'est ce grand crime contre la vie qui est le symptôme le plus alarmant de notre décadence, c'est lui qui prépare, avec l'alcoolisme, l'irréparable défaite de notre pays. Les peuples barbares ne connaissent pas ce crime, les peuples chrétiens l'ont en horreur et se souviennent des malédictions de Dieu. Mais les peuples qui ont perdu le caractère chrétien, après avoir connu les raffinements d'une civilisation trop avancée, reculent devant la gêne, la privation et la souffrance, il leur faut la joie brutale jusque dans le crime qui fait tarir les sources de la vie.

Il y a deux siècles, nous étions au premier rang dans le monde civilisé, avec 20 millions d'habitants; nous sommes descendus au cinquième rang. La Russie compte aujourd'hui 100 millions d'habitants européens; l'Autriche-Hongrie, 43 millions; le Royaume-Uni, 40 millions; la France, 38 millions; l'Italie 31 millions. Nous ne parlons pas des 76 millions d'habitants des États-Unis et des 42 millions d'habitants du Japon.

Or quelle est l'échelle d'augmentation de population dans ces divers États? D'après le dernier recensement, la population totale de l'empire d'Allemagne est de 52244503 habitants; elle est en augmentation de trois millions d'habitants, soit de 1,14 % du total, par an, sur le recensement pré-

cédent. Notre population n'a augmenté que de 50 %
dans ce siècle qui va finir, tandis que la population
anglaise a quadruplé, la population russe triplé, les
populations allemande et italienne ont doublé. Cet
abaissement effrayant de la natalité dans notre pays
ne marque pas seulement la dégénérescence physique de notre race, il rappelle aussi le crime social
des familles que l'idée d'une privation irrite, et qui
ont pris froidement le parti de pratiquer l'homicide
secret et de faire la guerre à la vie [1].

Les passions malheureuses, qui produisent de si
profonds désordres dans tout l'organisme, ont un
caractère commun ; le passionné est l'homme d'une
idée. Que le principe de sa passion soit dans l'esprit

[1] NOMBRE DE NAISSANCES PAR 1 000 HABITANTS

Russie	49,5	Thuringe	36,8
Hongrie	42,9	Italie	36,9
Wurtemberg	42,6	Angleterre	35,1
Saxe	42,4	Écosse	34,7
Pologne	41,9	Alsace-Lorraine	34
Bavière	39,5	Espagne	34
Prusse	38,8	Irlande	26,4
Autriche	38,4	France	25,2
Bade	37,8		

Ainsi, nous sommes tombés au dernier rang sous le rapport
de la natalité et nous passons même après la malheureuse Irlande, qui est épuisée par la famine et surtout par l'émigration.
Mais ce n'est pas tout : le chiffre déjà si faible de 25 naissances par 1 000 habitants, que nous avions jusqu'en 1883, s'est
encore affaibli depuis ; la proportion est descendue, dans les
années suivantes, à 24, puis à 23 pour 1 000 ; elle a fléchi,
en 1890, à 21,8 ; elle vient de descendre encore.

ou dans la chair; qu'il soit ambitieux ou libertin, jaloux ou intempérant, haineux ou sensuel, il est absorbé par l'objet de sa passion, qui épuise toutes les forces de son activité physique et intellectuelle; il pense sans cesse à l'objet qui peut calmer un instant le besoin perpétuellement renaissant de sensations et de jouissances qui le tourmente. Indifférent à tout le reste, il concentre ses efforts, son activité, ses pensées, son attention sur un seul point. Cet effort de concentration épuise son cerveau et fait dans toute son économie physique de profonds ravages qu'il subit sans avoir le courage de s'y opposer.

Il y a, sans doute, de grandes étapes à franchir pour arriver de la passion à ses débuts à cette tyrannique obsession où la liberté fait naufrage et qui précède la folie; mais l'évolution ou le *processus* se fait et se continue dans la même direction et avec le même caractère; c'est toujours l'attention du malade qui s'arrête à l'objet qui allume la passion. L'attention, d'abord distraite, devient recueillie; elle se concentre tous les jours davantage sur le même objet, elle devient exclusive et souffre de ses distractions, elle devient impérieuse et tyrannique; elle résiste à la raison et à la volonté, qui voudraient l'attirer dans une direction contraire; elle devient souveraine, elle subjugue tout l'homme, et elle le retient dans la contemplation forcée, inexorable, de l'objet qui l'amuse un instant et la tourmente sans pouvoir l'assouvir jamais.

A ce travail qui s'opère dans les hautes régions de l'âme, correspond un travail analogue dans le corps, dans l'organe de la pensée ; ce travail complète le premier et l'explique.

Les secousses des passions satisfaites troublent violemment l'état, les conditions et la vie de ce qu'il plait à M. Luys d'appeler les cellules émotives du cerveau ; toute la trame cérébrale en subit l'impression et se désorganise, des fluxions sanguines se déclarent, se répètent par la force de l'habitude et deviennent chroniques.

« Là où il y a des phases d'éréthisme, écrit Brochin, là il y a bientôt une phase d'éréthisme vasculaire, et en raison de ce cercle fatal d'actions et de réactions entre l'irrigation vasculaire et l'éréthisme des éléments nerveux, les hypérémies deviennent chroniques, et les réseaux nerveux entrent dans un état permanent d'activité incoercible ; le délire se caractérise, la préocupation émotive du début devient persistante, et l'individu ne pense plus qu'à l'objet de son délire et se sépare de plus en plus de la perception du milieu qui l'environne, et devient distrait, concentré, silencieux. Il vit ainsi jusqu'au moment où la résistance inconsciente et naturelle de l'organisme se trouve épuisée et vaincue. Un dernier choc de la passion le tue ; c'est le suicide ou la folie. »

L'homme n'est ni ange ni bête, et l'on s'expose à de graves erreurs quand on refuse de tenir compte de l'état, des conditions, de l'influence du corps dans les phénomènes douloureux de ces passions,

« plantées en nos entrailles, » selon l'expression pittoresque de Montaigne. Que le désordre cérébral inséparable de la passion soit une cause ou un effet, je ne veux pas l'examiner ici, mais il existe, et il n'est pas permis de l'oublier.

VI

Aussi, quand on cherche à connaître le siège et les causes des passions, il faut se rappeler cette étroite et permanente union de l'âme et du corps dans l'unité de la personne humaine.

Bichat et Cabanis ont cru voir le siège des passions dans les principaux viscères de la vie organique, dans le cœur, le foie et le système ganglionnaire, tandis que Gall et Spurzheim le plaçaient dans le cerveau et principalement dans la partie postérieure de l'appareil cérébral. Descartes et Broussais partageaient ce sentiment. Brachet a démontré : que le cerveau est le siège des passions; que le grand sympathique, influencé par l'encéphale, réagit sur les autres organes et y détermine des actes soumis à son influence; que le système nerveux ganglionnaire n'a d'autre influence sur la production des passions que celle qu'il exerce en réfléchissant sur le cerveau les impressions plus ou moins pénibles qu'il reçoit dans les viscères du grand sympathique; que les organes de l'hématose et de la circulation exercent une influence plus directe sur la disposition aux passions, suivant la qualité et la quantité du sang qu'ils envoient aux organes, surtout au cerveau ; que les organes qui coopèrent à la formation du chyle exercent la même influence, suivant la qualité et les quantités du chyle qu'ils reçoivent.

S'autorisant de ces données, qui paraissent certaines, Descuret prétend : 1° que les passions sont répandues dans tout l'organisme ; 2° que leur siège physique réside dans les conducteurs de la sensibilité, par conséquent dans l'ensemble du système nerveux, puisque l'arbre cérébro-spinal et le grand sympathique s'enlacent, s'anastomosent, sympathisent à l'aide de nombreux filets qui en forment une sorte de chaîne électrique ; 3° enfin, que la commotion produite par les passions va retentir de préférence sur les appareils prédominants ou sur les organes qui se trouvent dans un état morbide.

Toutes ces affirmations nous paraissent reposer sur une équivoque qu'il importe de dissiper. La cause occasionnelle de la passion peut se trouver dans le corps, c'est incontestable ; mais la passion n'est jamais dans le corps. La passion est un état particulier de la raison, de la sensibilité, de la volonté, c'est-à-dire des facultés de l'âme et de l'âme elle-même, état déterminé par des causes que le physiologiste et le philosophe se plaisent à rechercher. Mais, que l'âme se sépare du corps, il reste un cadavre, il ne reste plus de passions.

C'est donc l'âme unie au corps qui sent, raisonne et se détermine ; c'est elle qui souffre ou directement ou indirectement dans la turbulence et les tempêtes de la passion. Les physiologistes essayeront ensuite de nous expliquer de quelle manière les impressions de la sensibilité et des émotions passent de la périphérie au centre; ils nous donneront une explication, d'ailleurs hypothétique, des impulsions qui vont du centre à la périphérie; ils nous feront la description de ce double mouvement centripète et centrifuge; ils nous donneront ainsi une connaissance plus étendue de l'étroite union de l'âme et du corps, mais le mécanisme de cette union leur échappe; ils n'en connaissent ni l'origine, ni les conditions, ni les lois; ils exagèrent les conclusions au gré de leurs croyances matérialistes ou spiritualistes, et leur affirmation ne devient certaine que pour nous faire constater, d'une manière générale, la mystérieuse et perpétuelle influence du corps sur l'âme et de l'âme sur le corps.

Nous apportons en naissant des prédispositions originelles qui préparent le terrain aux plus mauvaises passions. Du côté de l'âme, blessée dans ses premiers parents, nous découvrons des impulsions, des désirs, des instincts mauvais dont la puissance n'est pas cependant irrésistible, mais qui ne permettent pas de dire : L'homme naît bon, la société le rend mauvais. Cette boutade de Rousseau est un sophisme démenti par l'expérience. L'homme naît déchu, et l'éducation religieuse le relève : voilà la vérité.

Nous subissons dans notre corps d'autres influences mauvaises, persistantes, redoutables, qui contribuent à l'explication de la naissance et du développement de nos passions. Tout homme a sa constitution particulière et son inclination dominante. Le bilieux est porté à l'ambition, à la colère, à la jalousie, au ressentiment, à l'envie; il est tenace dans ses résolutions, et ses impressions nerveuses sont persistantes. Le sanguin cherche les plaisirs de l'amour, du jeu, de la table, des voyages, des sociétés agréables ; il est versatile, insouciant, aimable, il assiste gaiment au défilé de ses impressions fugitives. Le nerveux manque de force musculaire; il est irritable à l'excès dans ses sentiments physiques et dans ses sentiments moraux, dans son âme et dans son corps. Son imagination est trop vive; il est impatient, mobile, exagéré dans ses jugements, inquiet jusqu'à la jalousie, torturé par ses déceptions, exigeant en amour jusqu'à la tyrannie, violent dans ses haines, toujours impétueux. Le lymphatique est apathique, indifférent, paresseux.

Nous portons aussi le poids et les conséquences douloureuses de l'hérédité. La génération a pu nous donner le germe de cruelles maladies, du crétinisme, de la syphilis, des scrofules, des dartres, de la phtisie pulmonaire, des affections du cœur, de la paralysie, de l'épilepsie, de l'hystérie, de la migraine, de la goutte, de la gravelle, de la pierre. Et nous rappelant la trop réelle influence du physique sur le moral, du corps sur l'âme, nous comprenons mieux l'origine des états d'esprit, des tendances des passions qui sont en nous.

Qui ne connaît aussi l'influence de l'allaitement sur les enfants? « Depuis longtemps, dit Sylvius, j'ai observé que les enfants sucent avec le lait leur tempérament aussi bien que leurs inclinations, et qu'à ces deux égards ils tiennent autant de leur nourrice que de leur mère. »

Ajoutez à ces influences profondes celles qui nous viennent de l'âge, du sexe, de la saison, de la température, de l'alimentation. Rappelez-vous l'action que peuvent exercer sur notre sensibilité, notre imagination et notre raison, les mauvaises lectures, les spectacles, les fréquentations, les milieux, l'organisation de notre vie, et vous comprendrez mieux la naissance de ces passions dont nous constatons la puissance avec effroi et trop tard, quand elles ont déjà grandi par notre faiblesse, et qu'elles semblent défier nos résistances découragées.

Aussi bien l'homme est une créature bornée, finie et soumise, pendant sa vie, à l'épreuve de la liberté. Que les difficultés qui se dressent devant nous et qui intimident notre courage viennent de l'intérieur ou de l'extérieur, de l'état originel de notre âme, de l'hérédité, des causes physiques et morales au sein desquelles nous vivons, peu importe, elles ne peuvent pas anéantir, malgré nous, notre liberté et nous dégager des périls de la responsabilité. Sous le poids des causes qui semblent l'écraser de toute part l'homme reste libre, et c'est dans sa faiblesse volontaire qu'il faut chercher l'origine et l'explication de la puissance de la passion.

VII

Nous pouvons, nous devons combattre les causes de la passion dans leur premier foyer, c'est-à-dire dans notre organisme, et dégager ainsi quelquefois la liberté. Soignez l'organe malade, et, dans certains cas, vous guérirez la passion, vous rendrez la paix à la liberté. Quand le corps n'obéit plus à l'âme, quand il se trouve dans un état maladif, anormal, qui rend la fonction irrégulière et instable; quand il désorganise l'imagination et le cerveau, et qu'il se révolte au lieu d'obéir; quand il devient enfin le principe des tentations les plus violentes, il est évident qu'il faut corriger ce trouble physique par une médication physique, et se rappeler ce sage conseil de la philosophie morale de Droz : « Il appartient à la médecine de seconder la morale dans le grand œuvre de l'amélioration des hommes. »

Le Dr Ferrand nous a raconté que, se trouvant à Rome, où il suivait, au collège romain, les cours du P. Passaglia, pour se préparer à la réception des saints ordres, il reçut un jour la visite d'un jeune religieux qui lui était envoyé par ses supérieurs. Obsédé par d'abominables pensées contre la chasteté, ce religieux malade avait demandé en vain sa guérison au jeûne, au cilice, à la discipline, aux mortifications les plus violentes ; il sentait les premières atteintes du découragement.

Le docteur le reçut avec bonté, l'écouta avec une grande attention, et lui dit : « Au lieu de coucher sur la dure, vous coucherez dans un bon lit ; vous renoncerez provisoirement au jeûne et au maigre, et vous prendrez une alimentation tonique ; vous ne penserez pas encore à la discipline et au cilice, mais vous prendrez de temps en temps quelques pilules de thridace, et vous me tiendrez au courant des effets de ce traitement. »

Après quelques jours de ce régime, le religieux se présente joyeux chez le Dr Ferrand : les mauvaises pensées avaient disparu, l'obsession avait cessé ; il était calme et libre. Le malade était guéri.

Le P. Debreyne, religieux trappiste et médecin, a relevé d'autres faits de ce genre dans sa *Théologie morale,* et nous pourrions nous-même en citer un grand nombre que nous avons recueillis de la bouche d'un savant chrétien qui finit ses jours, il y a quelques années, à la Trappe d'Aiguebelle, le Dr Espanet.

Saint Thomas, qu'il est toujours sage de consulter quand on veut résoudre ces problèmes si délicats, a décrit cette influence quelquefois évidente du corps sur la vie intellectuelle de l'âme. Il a vu que les opérations de l'esprit n'étaient pas indépendantes de la mémoire et de l'imagination, et que certains désordres dans l'état du corps pouvaient troubler, quelquefois même suspendre et paralyser la vie intellectuelle, en désorganisant l'imagination et la mémoire, qui sont si étroitement liées à nos pensées et aux opérations de l'esprit, et le saint docteur en conclut que l'harmonie, l'équilibre dans l'état de notre organisme contribue à l'action régulière et plus facile des actes de l'intelligence [1].

Leibniz pensait, sans doute, à ce rôle plus élevé de la médecine quand il écrivait ceci :

« Je ne désespère pas que, dans un temps ou dans un pays plus tranquille, les hommes ne se mettent plus à la raison qu'ils n'ont fait... Le public, mieux policé, se tournera un jour plus qu'il n'a fait jusqu'ici à l'avancement de la médecine. Il y aura un temps où le nombre des bons médecins étant devenu plus grand et le nombre des gens de certaines professions, dont on aura moins besoin alors, étant diminué à proportion, le public sera en état de donner plus d'encouragement à la recherche de la nature, et surtout à l'avancement de la médecine ;

---

[1] « Intellectus operatio compleri non potest sine operatione virtutum corporearum, quæ sunt imaginatio et vis memorativa et cogitativa, et inde est quod, impeditis harum virtutum operationibus *propter aliquam indispositionem corporis,* impeditur operatio intellectus, sicut patet in phreneticis et lethargicis, et aliis hujusmodi ; et propter hoc etiam bonitas dispositionis corporis humani facit aptum ad bene intelligendum, in quantum ex hoc prædictæ vires fortiores existunt... Dispositio autem corporis humani subjacet cœlestibus motibus ; dicit enim Augustinus quod « non usquequaque absurde dici potest ad solas corporum « differentias afflatus quosdam valere sidereos » ; et Damascenus dicit quod « alii et alii planetæ diversas complexiones et habitus « et dispositiones in nobis constituunt. » (S. Thom., *Contr. gent.,* lib. III, cap. LXXXIV.)

et alors cette science importante sera bientôt portée fort au delà de son présent état et croîtra à vue d'œil.

« Je crois, en effet, que cette partie de la police devrait être l'objet des plus grands soins de ceux qui gouvernent, après celui de la vertu, et qu'un des plus grands fruits de la bonne morale ou politique sera de nous amener une meilleure médecine, quand les hommes commenceront à être plus sages qu'ils ne sont, et quand les grands auront appris de mieux employer leurs richesses et leur puissance pour leur propre bonheur [1]. »

Ces observations ne doivent pas nous faire oublier cette vérité capitale, si bien démontrée par les théologiens de l'école de saint Thomas : L'âme est le principe en nous des trois vies végétative, animale et raisonnable. L'âme est la forme du corps, elle fait le corps, et c'est par elle, par la liberté sous l'empire de la grâce que nous combattrons efficacement et directement les passions.

Mais, après avoir posé ce principe incontestable, il ne nous déplaît pas de reconnaître, avec de savants chrétiens, le rôle secondaire et cependant très utile de l'hygiène et de la médecine dans le traitement de certaines passions.

La thérapeutique des passions est diverse comme ces passions elles-mêmes, et elle comporte des traite-

[1] Leibniz, *Nouveaux Essais sur l'entendement humain*. l. IV, chap. III.

ments particuliers adaptés aux conditions de l'organisme malade et aux caractères changeants de la passion dominante. En général, si les passions sont tristes et déprimantes, on aura recours aux excitants physiques, au régime tonique, fortifiant, à l'exercice au grand air, aux distractions; on relèvera la force musculaire et l'activité nerveuse, et on forcera le malade à sortir du cercle étroit de ses tristes pensées.

Si les passions tiennent, au contraire, à un excès de force et de vie, vous éviterez les aliments chauds et succulents qui révoltent l'organisme contre le joug de la chasteté. Les bains, le repos, la sobriété, les saignées, le froid, dompteront l'organisme qui refuse d'obéir à la volonté, et rétabliront l'équilibre en rafraîchissant le sang. On défendra l'usage du café, du vin pur, des liqueurs. On prescrira les légumes, les fruits, les boissons acidulées, les exercices qui développent la force musculaire, les affusions d'eau froide à la nuque, une vie réglée.

« Dans les établissements pénitentiaires d'Amérique, écrit Réveillé-Parise, on donne un pudding grossier, fait de farine de maïs et de mélasse. Ce régime est regardé par les inspecteurs comme un des moyens qui aident de la manière la plus efficace à l'amendement des prisonniers; il renouvelle et rafraîchit le sang, adoucit le caractère et dispose l'âme au repentir. »

Si le corps exerce une influence considérable sur l'âme, principalement par ses facultés mixtes : la sensibilité et l'imagination, l'âme n'est pas cependant désarmée ; elle peut donc, au moyen de l'hygiène et des remèdes choisis avec discernement, rétablir la paix et la santé dans l'organe malade, éteindre l'ardent foyer de la concupiscence, ou du moins modérer ses ardeurs violentes, et retrouver ainsi son indépendance. Si nous arrivions à connaître exactement dans tous ces phénomènes moraux, où l'âme et le corps agisssent de concert, l'organe qui répond à l'âme et concourt avec elle à la pensée, à la volonté, au désir, à l'amour ; si nous pouvions distinguer les conditions nécessaires à la régularité des fonctions de cet organe et le moyen physiologique de les obtenir, nous aurions fait un grand pas dans l'art de guérir les passions et de conserver notre santé morale. Mais nous savons peu de chose ; nous n'avons encore, en cette matière, que des notions générales, mêlées de trop d'hypothèses. Les matérialistes exagèrent l'action de l'organe dans la production des phénomènes intellectuels et moraux, certains spiritualistes exagèrent à leur tour l'action de l'âme par un exclusivisme antiscientifique, en négligeant l'influence de l'organe et la part qui lui revient dans les troubles de la passion.

Indépendamment de cette action indirecte et toujours insuffisante, obtenue par des moyens thérapeutiques, sur lesquels il ne faudrait pas trop insister, nous avons une autre action directe, habituelle et considérable, qui doit nous assurer la victoire dans le combat des passions : c'est celle de l'âme, qui nous permet de contenir le corps et de le dompter. C'est un fait d'expérience qu'un homme emporté peut dissimuler, éteindre même un sentiment de colère par un acte de volonté, et maîtriser à la fois l'organe et l'instinct ; le jeune homme sait rester calme en présence de l'objet de sa passion, et maintenir dans la soumission l'organisme rebelle, si l'habitude n'a pas encore anéanti ou trop amoindri sa liberté. Un noble sentiment, un grand enthousiasme, une passion de l'esprit, un acte énergique de la volonté, peuvent, en certains cas, nous rendre presque insensibles à la douleur.

La vie des saints qui ont pratiqué la vertu à un degré héroïque et bravé les mortifications les plus effrayantes, qu'est-ce autre chose que l'histoire de cette domination de l'esprit sur la chair, de la volonté sur l'organisme, de l'âme sur le corps ? Nous ne sommes donc pas condamnés à subir aveuglement et fatalement l'influence de nos organes et des objets extérieurs ; la volonté peut réagir contre des obstacles qui nous paraissent insurmontables, les abattre et dégager la voie où elle doit passer pour arriver à sa fin.

« Tu tremblerais davantage, disait à son propre corps, la veille d'une bataille, un vaillant capitaine, si tu savais où je te conduirai demain. » Il affirmait ainsi cette souveraineté de l'âme qui lui permet de traîner son corps aux tortures, à l'ignominie, à la mort, et de les braver, pour le forcer à rendre, lui aussi, un témoignage suprême au droit, à la justice et à l'honneur.

Il est vrai cependant que si la liberté est plus forte que la passion, elle peut quelquefois être vaincue, diminuée et presque détruite à la longue par nos faiblesses volontaires. Tant que la passion nous sollicite, elle n'est pas victorieuse et nous pouvons en triompher ; mais, si nous refusons la résistance, la passion devient plus puissante, ses exigences grandissent avec nos défaites répétées ; nous succombons plus souvent, et en gémissant encore du joug que nous n'avons plus le courage de secouer ; puis le remords s'éteint, les gémissements cessent, la passion devient une seconde nature avec l'habitude invétérée, et si nous n'avons plus la responsabilité des actes mauvais que nous commettons sans pouvoir désormais les éviter, nous demeurons responsables de l'état mental qui en est le principe et que nous avons voulu.

Quant aux actes transitoires et violents que la passion peut nous arracher, sans nous laisser le temps de la réflexion, ils n'ébranlent pas la thèse de la liberté. La tempête passe, la volonté se retrouve et se reprend elle-même ; elle profite de ses défaites pour apprendre le secret de remporter de nouvelles victoires.

La liberté, par sa force intrinsèque, aidée aussi de l'éducation, de la religion, de la philosophie, de la médecine, commande, régit souverainement l'économie animale ; l'âme dispose d'une grande puissance sur le corps, et en définitive, comme on l'a dit, l'homme est maître chez lui.

« Tout en accordant beaucoup à l'organisme, écrit Réveillé-Parise, le moi n'en est pas le passif instrument. Très souvent, par son activité causale, il choisit et n'accepte pas. Possesseur du corps, ce moi ou l'homme ordonne à son sang de circuler plus lentement, à ses nerfs d'être moins irritables, au cerveau de méditer telle idée plutôt que telle autre. Souvent même il traite les organes en esclaves, il les tient à l'écart, il les outrage, il méconnait leur voix et leurs besoins. Bien plus, quand il veut, il les sacrifie, il les voue à la mort. C'est une pensée qui tue, et non l'instrument du suicide; l'âme assassine le corps, parce que le corps est la chose du moi et de l'homme [1]. »

[1] Réveillé-Parise, *Hygiène de l'esprit*, p. 308.

CHAPITRE IV

LA LIBERTÉ ET LE SACRIFICE

I

La passion tue la liberté, le sacrifice lui rend la vie; c'est dans les douleurs, les mérites et le sang du sacrifice, que la liberté peut se conserver et qu'elle doit grandir. Nous venons d'observer les ravages de la passion dans le corps tout entier: qui ne connaît ces ravages plus haut, dans l'âme, dans l'esprit, dans la volonté, dans le cœur? La passion tue la liberté, car elle substitue l'acte réflexe à l'acte réfléchi et délibéré. L'homme libre examine les motifs et les mobiles qui l'invitent à agir. Il les analyse, il les compare, il considère avec désintéressement et sérénité l'attrait du devoir et l'attrait du plaisir, il prévoit les conséquences de son action, il agit enfin en dirigeant sa volonté. Le passionné ne connaît pas cette tranquillité d'esprit, cette appréciation pratique, ce jugement, cette résolution préparée et voulue. L'objet de sa passion agit sur lui et l'entraîne avec violence, par un mouvement analogue à celui d'un corps physique attiré par une cause physique et soumise elle-même à une loi physique; il est esclave de ses impulsions : les impulsions sont déterminées par l'instinct, et l'instinct est déterminé par l'objet extérieur.

La passion déshonore sa victime : en la dépouillant de sa liberté, elle lui ravit la plus noble de ses facultés. C'est par la résistance libre aux passions que l'homme s'élève au-dessus des animaux, c'est par le vouloir qu'il se dégage de l'étreinte des causes matérielles, du monde physique, et qu'il le domine. Or la passion supprime la résistance aux convoitises, et, à la fin, elle anéantit le vouloir ; elle abaisse ainsi l'homme au rang des animaux et des choses matérielles ; elle le déshonore. L'instinct, avivé par le besoin de jouissances, entraîne irrésistiblement l'animal. L'instinct ou le besoin d'une jouissance sensible, immédiate, entraîne irrésistiblement le passionné, quel que soit d'ailleurs l'objet de sa passion. Comme les animaux, il voit l'objet, mais, de plus, il a conscience de son état et de la jouissance qui l'attire ; il va devant lui, sans hésitation, sans combat, avec l'impétuosité brutale, devenue souveraine là où la raison n'est plus entendue.

Ce n'est pas la faculté de penser qui fait principalement la grandeur de l'homme, c'est, avant tout, la faculté de s'élever librement, par un effort personnel, vers le vrai, le beau, le bien absolu ; c'est la puissance de s'élever plus haut que les réalités imparfaites, finies et contingentes, jusqu'à l'Être nécessaire, infini, parfait, jusqu'à Dieu ; c'est donc la grandeur du but que nous voulons atteindre qui fait la beauté et le prix de la nature humaine et de ses efforts. Sortir de soi, aller à l'infini, telle est notre loi.

Tout acte qui nous rapproche de ce but de la vie nous honore, ajoute une perfection à notre être et nous fait grandir ; tout acte qui nous en éloigne est une cause de déchéance morale et d'abaissement.

Mais, en face de ce but extérieur, infini, divin, l'homme se dresse avec son égoïsme, son orgueil, son ardente soif de jouissance, et par une aberration de l'esprit, par une perversion coupable de la volonté, il peut écarter le but divin et se considérer lui-même comme le principe et le but de son activité : il substitue en quelque manière son être à l'Être infini, dans l'orientation de sa vie.

Alors apparaît le *moi* égoïste, insatiable, tyrannique, qui poursuit à tout prix et par tous les moyens la satisfaction de sa passion violente.

« Le *moi* est haïssable, dit Pascal ; ainsi, ceux qui ne l'ôtent pas et qui se contentent seulement de le couvrir, sont toujours haïssables... Le *moi* a deux qualités : il est injuste en soi, en ce qu'il se fait centre de tout ; il est incommode aux autres, en ce qu'il veut les asservir : car chaque *moi* est l'ennemi et voudrait être le tyran de tous les autres [1]. »

---

[1] Pascal, *Pensées*, Ire partie, art. 9.

En se détournant de l'infini, le passionné s'éloigne de la source du vrai, du beau et du bien ; il dépouille sa volonté de ce qui pouvait lui donner la dignité et la beauté ; à la manière des animaux dont il prend le niveau, il préfère à tout la satisfaction personnelle, la joie sensible, troublante et immédiate qui le tente, le déshonore et le séduit. Il porte aux flancs la blessure qui ne se ferme pas.

> ... Qualis conjecta cerva sagitta,
> Quam procul incautam nemora inter Cressia fixit
> Pastor agens telis, liquitque volatile ferrum
> Nescius. Illa fuga silvas saltusque peragrat
> Dictæos : hæret lateri letalis arundo [1].

Les moralistes séparent les passions de l'esprit des passions de la chair. Cette distinction classique est fondée en raison. Les passions de l'esprit, c'est-à-dire l'orgueil, l'ambition, la jalousie, la haine, peuvent exister et ravager une âme qui conservera le respect de son corps et l'horreur des vices charnels ; c'est le cas des sectaires. N'a-t-on pas dit des religieuses de Port-Royal, jansénistes intraitables, qu'elles étaient pures comme des anges et orgueilleuses comme des démons? L'orgueil ne fut-il pas le premier péché des mauvais anges et le père de Satan?

Les passions de la chair, fornication, ivresse, sensualité, ont un caractère et une apparence qui répugnent davantage : on les voit mieux, on peut

---

[1] Virgil., *Æneidos* lib. IV.

suivre avec plus de facilité leurs progrès et leurs ravages dans le regard, sur les traits du visage, dans les profondeurs de l'organisme; et malgré la violence de la concupiscence qui les engendre, malgré l'excitation de l'âge, la chaleur du sang, malgré la sensibilité redoutable des nerfs, qui dans bien des cas atténuent devant Dieu la responsabilité du coupable, on est indulgent aux passionnés d'esprit, sévère aux passionnés des sens, et le monde, injuste dans ses jugements, est tenté d'excuser, d'approuver les prétentions et les révoltes de l'esprit. Il y voit une force qui mène aux grandeurs.

Cependant c'est par la même raison que les passions de l'esprit et les passions de la chair déshonorent leur victime; elles tendent les unes et les autres à la déification de ce *moi* haïssable dont parle Pascal.

En effet, le passionné ne reconnaît pas un but extérieur à sa vie; il ne donne pas une fin extrinsèque à son activité, il ne sort pas de lui-même, et c'est en lui qu'il prétend trouver sa fin. Il s'habitue insensiblement à ne voir dans toutes les créatures que des moyens qui doivent contribuer à lui faire atteindre sa fin; il rapporte tout à lui-même, il devient tyran et se constitue le centre de l'univers.

Et cette fin qu'il veut atteindre, avec le concours de tout, c'est la jouissance, c'est la satisfaction d'un désir qui le tourmente, désirs de l'ambitieux, de l'avare, du débauché, du joueur, de l'alcoolique, désirs violents de l'esprit et de la chair, dont il poursuit la satisfaction par toutes les puissances de l'âme avec l'inflexible énergie d'un effort que n'éclaire aucun rayon de l'intelligence.

« L'homme, dit Bossuet, était devenu pécheur en se cherchant soi-même, il est devenu malheureux en se trouvant. Il ne lui est plus demeuré que ce qu'il peut avoir sans Dieu, c'est-à-dire l'erreur, le mensonge, l'illusion, le péché, le désordre de ses passions, sa propre révolte contre la raison, la tromperie de son espérance, les horreurs de son désespoir affreux, des colères, des jalousies, des aigreurs envenimées contre ceux qui le troublent dans le bien particulier, qu'il a préféré au bien général... Voilà ce que produit l'amour de nous-mêmes : voilà comment il fait d'abord notre péché et ensuite notre supplice [1]. »

Il faut opposer à l'égoïsme passionné qui déshonore et qui tue la liberté le sacrifice qui lui rend l'honneur et la vie. Il faut sortir de soi et marcher vers un but extérieur. Renoncer au fini, aller à l'infini, tout le sacrifice est dans cette pensée.

II

On peut considérer le sacrifice au point de vue théologique et au point de vue philosophique et moral.

L'Évangile nous permet de contempler le sacrifice de la croix sur le Calvaire, où viennent aboutir tous

---

[1] Bossuet, *Traité de la concupiscence*, ch. IX.

les chemins de l'ancien monde religieux. La Victime qui meurt sur la croix est une victime divine, qui n'a jamais senti les atteintes de l'imperfection et du mal. C'est une victime volontaire préfigurée par les souffrances, les cris, le sang, la mort des millions de victimes qui, sur tous les points du globe, furent égorgées sur la pierre du sacrifice [1]. Victime infinie qui, après avoir jeté un long regard sur les iniquités qui passent ou passeront comme un torrent sans rives et sans fond sur la face de la terre, du premier au dernier jour de l'humanité, les prend sur lui, les plonge dans les douleurs sanglantes et immenses de son sacrifice, et apaise ainsi la justice de Dieu au-dessus de l'homme racheté.

L'Évangile nous apprend encore que ce sacrifice est perpétuel parmi nous sur l'autel, où la même victime est présente en vérité, en réalité et en substance, *vere, realiter* et *substantialiter* [2], cachée sous les apparences du pain et du vin. Nous ne voyons plus couler le sang, nous n'entendons plus les sanglots de la victime et les blasphèmes des bourreaux ;

---

[1] « Passio non est meritoria quia habet principium ab exteriori, sed secundum quod eam aliquis voluntarie sustinet, sic habet principium ab interiori, et hoc modo est meritoria. » (S. Thom., pars III, quæst. XLVIII, art. 1, ad 1.) — Il faut méditer ce texte si profond de l'Apôtre : « Per cum reconciliare omnia in ipsum, pacificans per sanguinem crucis ejus sive quæ in terris, sive quæ in cœlis sunt. (Coloss. 1, 20.) Instaurare omnia in Christo quæ in cœlis et quæ in terra sunt, in ipso. » (Eph. 1, 10.)

[2] *Conc. Trid.*, sess. XIII, can. 1.

le drame du Calvaire ne nous saisit plus par son horreur, et cependant la même victime vivante et divine, Dieu et homme, est là, renouvelant et perpétuant le sacrifice qui a racheté le monde. Elle ne verse plus son sang; elle n'est plus sur un seul point de l'espace; elle est partout où le prêtre prononce les paroles de la consécration; elle ne s'offre plus elle-même, elle est dans les mains du prêtre; elle ne mérite plus et elle ne reçoit plus de nouvelles blessures; elle applique ses mérites et sa satisfaction. L'horrible et saisissante réalité du drame du Calvaire est représentée par le sacrifice de l'autel[1].

Au delà du temps et de l'espace, au ciel nous retrouvons encore la victime immolée sur la terre : elle est devant Dieu, couverte de la cicatrice des cruelles blessures qui firent une plaie de son corps déchiré, perpétuant ainsi dans la gloire le souvenir de ses expiations, de son amour et de ses souffrances terrestres; elle n'offre pas un sacrifice comme à la croix et sur l'autel, mais elle rend immortel le souvenir de son sacrifice; elle donne à Dieu et aux anges le continuel spectacle de son adoration, de sa reconnaissance et de ses supplications pour l'humanité dont la rédemption a coûté son sang[2]; tout le

---

[1] Franzelin, *De Euch. ut sacrif.*, thes. XVI.

[2] « Unde etiam in cœlo victima est, non quæ ibi nunc actu sacrificetur, sed quæ semel est sacrificata et nunc cum omnibus meritis illa oblatione consummatis perseverat et vivit in æternum. » (*Ibid.*)

ciel s'associe à ces supplications et à cette louange éternelle.

Le sacrifice nous apparaît ainsi à sa plus haute réalité, dans l'ordre surnaturel. Le Verb incarné, l'Homme-Dieu, Jésus-Christ poursuit la réalisation de l'idéal le plus beau que l'esprit humain éclairé par la foi puisse concevoir, et il consacre à la réalisation de cet idéal sa paix, sa vie, tout son sang. Ici tout prend les proportions d'une grandeur incomparable, la qualité de la victime, la nature et la valeur du sacrifice, l'élévation de la pensée réalisée.

III

Mais l'idée de sacrifice, considérée en nous et dans la vie morale, ne présente pas ce même caractère et n'a plus la même signification. Vue en nous, elle permet de reconnaître l'étroite solidarité du sacrifice et de la liberté.

Quand nous observons notre âme et que nous cherchons à deviner le secret de sa nature, nous constatons d'abord le fait de son existence, puis nous voyons en elle une force vivante, nous découvrons enfin une loi supérieure et morale qui la domine et qui doit la régler, comme la loi physique domine et règle le monde matériel, avec la différence du libre arbitre qui n'appartient qu'à nous, et nous voyons apparaître le but vers lequel tout en nous doit perpétuellement converger, être, force et loi.

La raison nous fait connaître notre fin naturelle, la foi nous révèle notre fin surnaturelle, et c'est toujours Dieu que nous rencontrons à l'origine et au terme de la vie.

Or la même analyse qui nous donne ainsi la connaissance de notre nature et de notre destinée nous permet de constater l'existence en nous de forces et d'impulsions contraires, qui doivent appartenir à des principes et à des lois opposées. Nous voyons clairement que nous sommes organisés pour arriver à la possession du vrai, du beau, du bien, de l'infini. Mais nous sentons en nous une impulsion vers le mensonge, le mal, le fini, vers la satisfaction de l'égoïsme et de la concupiscence qui nous détournerait de notre fin.

Mais si la liberté obéit à l'impulsion de l'instinct et de la concupiscence, elle s'affaiblit, elle s'éloigne du but de la vie, elle devient esclave de l'orgueil, de la cupidité, de la colère, des passions qui ont leur foyer dans l'égoïsme de l'esprit et des sens. Que si, au contraire, la volonté résiste à l'impulsion d'en bas, elle s'affranchit du joug, elle devient libre, elle s'avance avec plus d'aisance et de rapidité vers sa fin. L'homme vraiment libre est donc celui qui sait secouer le joug des passions.

Or notre nature est ainsi faite que nous ne pouvons secouer ce joug de la passion que par un sacrifice, par un effort pénible, douloureux ; nous ne pouvons acquérir la vraie liberté qu'en imposant notre autorité aux parties inférieures de notre âme, en renonçant au plaisir, en acceptant la souffrance, en livrant un combat.

Nous avons sans doute, naturellement, le libre arbitre, c'est-à-dire la faculté de choisir entre le bien et le mal, et cette faculté est le principe de notre responsabilité. Mais, tout en conservant ce libre arbitre, nous subissons l'influence de mille causes internes et externes qui pèsent sur nous, qui exercent une influence profonde sur nos actions, qui tendent à nous imposer un choix déterminé, en trompant notre raison, en avivant les feux de la concupiscence, en nous refusant quelquefois le temps de la réflexion.

Nous sommes d'autant plus libres que nous sommes plus dégagés de l'influence et de l'étreinte de ces impulsions perverses ; et nous sommes tellement enlacés par ces liens mauvais, qu'il nous faut un grand effort pour les briser et continuer notre ascension vers Dieu.

C'est ainsi que le sacrifice entre dans la vie morale et ne doit plus se séparer de la liberté, qui lui emprunte sa vigueur et sa beauté.

IV

On peut dire que la religion s'empare de tout notre être pour le soumettre à la loi du sacrifice et faire ainsi l'éducation de notre liberté.

Elle s'empare de notre raison et elle lui impose la foi. La foi exige de moi que je donne mon assentiment à des vérités d'un ordre très élevé que je ne vois pas, que je ne touche pas, que je ne comprends pas et que je ne peux pas comprendre ici-bas. Sans doute l'enseignement de ces vérités nous est donné par une autorité infaillible qui se présente à nous, avec des preuves certaines de sa véracité, et ma raison peut démontrer les préliminaires de la foi. Sans doute cet enseignement ne détruit pas ma raison ; il élève au contraire mon intelligence, il grandit et étend jusqu'à des proportions étonnantes l'horizon de mes pensées. Sans doute enfin, ces vérités révélées sont une lumière, une consolation, une force, et elles me permettent de donner à ma vie une direction sûre et sereine, c'est beaucoup. Mais ces vérités métaphysiques et morales, ces mystères qui ont pour objet la Trinité, l'Incarnation, la Rédemption, l'Eucharistie, la Transfiguration par la grâce, défient tous mes efforts pour les expliquer et les comprendre. Habitués aux méthodes scientifiques les plus sévères, vivant dans un siècle positiviste qui fait profession de n'accepter que les faits vus, constatés, touchés, respirant cet air rationaliste si étrangement contagieux et qui fait tant de victimes, blessés par l'orgueil, il nous faut un effort courageux pour imposer silence à l'orgueil, aux préjugés, à l'esprit de révolte contre l'autorité, à l'égoïsme scientifique, et pour nous soumettre à la foi.

La religion ne nous permet pas de voir dans ces mystères et dans ces vérités révélées des opinions contestables, des hypothèses simplement vraisemblables et consolantes pour le cœur livré aux coups violents et constants de la douleur; elle ne permet pas de les considérer comme le résultat péniblement acquis d'une recherche scientifique, naturelle, qu'on a toujours le droit de n'accepter que sous bénéfice d'inventaire, parce qu'elles sont exposées aux démentis d'une science plus avancée ; non, elle n'autorise ni le doute, ni l'hésitation, ni la discussion : elle présente le *Credo,* elle l'impose ; il faut l'accepter comme l'expression d'une pensée qui ne peut ni tromper ni se tromper.

Cette manière de se soumettre à la vérité tranche avec nos habitudes acquises, avec les prétentions illégitimes de notre raison. Nous sommes habitués à discuter l'enseignement que nous recevons d'un maître, si illustre qu'il puisse être, et si nous croyons, ce n'est pas parce que le maître a parlé, c'est parce que nous avons constaté nous-mêmes, par un travail critique personnel, la vérité de l'enseignement qui nous est donné. Notre adhésion aux vérités scientifiques naturelles est rarement absolu, il est souvent relatif, conditionnel, parce que nous ne connaissons qu'une faible partie des forces qui produisent les phénomènes physiques ou chimiques, et que ces forces elles-mêmes échappent à nos investigations et ne se révèlent à nous qu'en partie, dans leurs effets.

Tout autre est donc l'adhésion aux vérités de foi: elle est absolue, et elle est fondée sur un motif surnaturel.

Ces vérités de foi ne sont pas toutes de l'ordre spéculatif, elles sont pratiques, elles contrarient nos mauvais penchants, elles ont une sanction, elles nous imposent un devoir et un effort, elles nous obligent à pratiquer des vertus pénibles à la nature, toujours si prompte à chercher le repos et la jouissance. Si ces vérités de foi étaient purement spéculatives et métaphysiques, elles auraient des contradicteurs moins nombreux, et après avoir admiré leur élévation on renoncerait à contester leur réalité. L'observation de Malebranche sera toujours vraie, on trouverait des esprits qui contesteraient l'exactitude des propositions géométriques si elles contrariaient les passions. Il faut donc que nous soumettions la raison à la foi, dans l'ordre pratique, et que nous reconnaissions la vérité et l'autorité des prescriptions révélées sans les amoindrir et sans les discuter.

Entre la raison et la foi, il y a l'obstacle de l'orgueil et l'obstacle de la passion ; c'est par une préparation intellectuelle et morale que nous ouvrons notre âme à la vérité. Pour renverser ces obstacles, il faut encore un grand effort. Que l'orgueil soit un obstacle à la connaissance de la vérité religieuse, c'est incontestable ; nous savons que Dieu résiste aux superbes en leur refusant sa lumière. Essayer, comme on l'a fait, de trouver dans le sentiment de l'orgueil un principe de formation morale ou d'éducation, c'est oublier une vérité essentielle et exposer l'homme à se révolter contre la société et contre Dieu. Ce n'est pas le moment de développer cette proposition.

La passion est aussi un obstacle à la connaissance de la vérité ; l'aveuglement de l'esprit est le châtiment de la passion. Bossuet en avait déjà fait l'observation : « Captif du plaisir, ennemi de la vérité[1]. » Avant lui saint Augustin avait dit : « Par une loi qu'il ne se fatigue jamais d'appliquer, Dieu punit toujours les jouissances coupables par l'aveuglement de l'esprit[2]. » Tous les théologiens et les moralistes chrétiens ont constaté ce même phénomène psychologique, dont l'Évangile nous donne ainsi la formule : « Quiconque fait le mal hait la lumière[3]. » Souvent on ne croit pas parce qu'on a besoin de trouver dans l'incrédulité une excuse aux défaillances de la vie.

Il faut donc encore un sacrifice et un grand effort pour purifier son regard, écarter les obstacles et mériter d'arriver à la connaissance de la vérité.

V

Après la raison, le cœur doit subir lui aussi la loi douloureuse du sacrifice : il veut aimer, posséder sans mesure et sans fin, l'objet qui promet de le rassasier et de lui donner le repos. Mais, par une étrange déviation de sa nature, l'égoïsme le trompe,

---

[1] Bossuet, *Traité de la concupiscence*, chap. XIII.
[2] S. Augustin, *Confessions*, l. I, chap. XVIII.
[3] Joan. III, 28; VII, 17. — « Beati mundo corde, quoniam ipsi Deum videbunt. » (Matth. V, 8.)

et il cherche cet objet où il n'est pas, en ce monde, parmi les réalités sensibles qu'il peut voir, sentir, toucher. Il se précipite vers elles avec son corps, son âme, tout son être, insensible au châtiment du remords, aux leçons de l'expérience, à l'amertume des déceptions. Malgré cette expérience, ces remords, ces déceptions, le sensible l'attire, le fascine, l'aveugle ; il s'y attache avec une force qui rendra plus cruels les déchirements inévitables et toujours prochains de la séparation.

Au lieu d'aimer dans l'ordre, le cœur humain aime dans le désordre, et il est malheureux. Aimer dans l'ordre, c'est aimer chaque créature selon son degré d'être et de perfection ; c'est aimer sans mesure et plus que tout l'Être infini. Aimer dans le désordre, c'est aimer Dieu moins que tout et la créature plus que tout. La pente mauvaise de notre nature nous porte là ; l'infini est trop loin, sa demeure est inaccessible, nous ne le voyons pas, nous ne l'entendons pas, nous n'avons pas encore dépouillé ce corps, ces membres où la vie est toujours frémissante, et nous vivons au milieu des choses créées, et, tant que nous sommes ainsi dans ce corps et dans ce monde, nous errons loin de Dieu [1].

Quel effort il faut donc à la nature humaine pour s'élever d'un élan sans défaillance vers cet infini que l'œil de l'homme n'a jamais vu, qui attire par sa bonté et qui effraye par sa justice ! Quel effort dou-

---

[1] « Dum sumus in corpore, peregrinamur a Domino. »

loureux pour briser tous les liens qui nous attachent à la terre et à ceux que nous aimions d'un amour qui semblait plus fort que la mort ! Quel sacrifice de tous les instants pour passer sans nous arrêter devant ces créatures qui prennent les apparences de la seule réalité que nous devions aimer, et qui nous sollicitent sans cesse ! A cet effort le cœur saigne et gémit, malgré les consolations austères du devoir accompli.

La nature morale comme la nature physique nous présente ainsi, à tout instant, des alternatives de mort et de vie.

Il faut mourir au monde et rentrer en soi-même, nous disent les mystiques dont les plus grands philosophes se sont inspirés. Nous nous précipitons vers le monde extérieur et sensible, nous y vivons avec une complaisance qui semble toute-puissante, tous nos sens, la vue, l'ouïe, l'odorat, le tact, tout ce corps fait de nerfs, de chair, de muscles et de sang nous attire vers le sensible, vers le matériel ; vers le monde et pervertit nos jugements en troublant l'ordre de nos affections ; il faut couper, retrancher ; il faut briser tous ces liens qui nous attachent par des liens si forts aux réalités sensibles, il faut mourir au monde et rentrer en soi.

Rentrés en nous-mêmes, nous ne trouvons pas la paix, il faut encore mourir : nous trouvons en nous un foyer d'orgueil, dont les feux ne s'éteignent jamais. Séparés du monde, enfermés dans la solitude inaccessible du moi, nous sommes exposés au vertige de l'indépendance, de l'ambition, de la vanité ; nous sentons dans les parties hautes de notre entendement ces passions toujours frémissantes, raffinées, délicates, indomptables, qu'il faut vaincre, et qui nous rappellent qu'il faut mourir, mourir à la vanité, à l'orgueil, à l'indépendance, et sortir encore de nous pour aller plus loin, et trouver enfin la paix.

Il faut sortir de soi et entrer en Dieu, vivre dans le divin, et quand la mort a frappé, dévoré le vieil homme, l'enfantement de l'homme nouveau se fait, il apparait avec d'autres pensées, d'autres sentiments, d'autres affections. Il semble sortir d'un rêve et entrer enfin dans la réalité. Il n'apprécie plus de la même manière ni le sensible dont le monde est fait, ni son âme où régnaient les passions de l'esprit, ni les maximes qui règnent en souveraines dans l'âme blessée et dans le monde sans Dieu. Son regard est plus sûr, son jugement est plus droit, son cœur est plus ferme, il sait aimer.

Sortir du monde et rentrer en soi-même, sortir de soi-même et entrer en Dieu, c'est mourir, et, dans son impénétrable mystère, la mort est toujours précédée d'une grande souffrance.

La volonté est soumise, elle aussi, à l'empire du sacrifice et de la souffrance : elle tend par sa nature déchue à rayonner dans tous les sens, à attirer tout à elle et à renverser l'obstacle à son indépendance.

Mais, dès la première heure de sa manifestation, elle rencontre une loi qui s'empare d'elle, réprime ses élans, contient ses ardeurs, la dirige et lui découvre au dehors d'elle son terme et son objet : c'est la loi naturelle dont sa raison reçoit la lumière, c'est ensuite la loi révélée qui remplit sa conscience de surnaturelles clartés, ce sont les lois positives sociales qui resserrent encore le cercle déjà si restreint ouvert encore à son activité.

Toutes ces lois si diverses nous gênent, nous contrarient ; elles s'opposent à l'expansion d'une force qui nous paraissait d'abord indépendante, elles règlent nos actions, elles nous obligent à nous faire violence, à renoncer à nos goûts, à nos préférences, à sortir de nous, à dompter notre égoïsme, à nous priver de ce qui nous plaît, à respecter et à favoriser le bien d'autrui ; non seulement elles embrassent nos actions d'une manière générale, mais elles s'imposent à tous les moments de la durée : ni une action ni un instant ne doivent échapper à la direction de la loi.

Le sacrifice s'empare enfin de nos sens pour les châtier, les dompter et les détourner de ces jouissances charnelles, qui ont pour l'homme déchu de si redoutables séductions. Les moralistes païens et chrétiens ont connu ce penchant à la sensualité ; ils en ont décrit les caractères et les hontes, ils ont dépeint ses ravages dans l'esprit, dans le cœur, dans nos membres, ravages irréparables trop souvent, qui épuisent la vie et hâtent la décrépitude de la vieillesse.

C'est ainsi qu'en observant l'homme, en étudiant ses facultés, nous retrouvons partout l'inévitable loi du combat : elle est dans la sensibilité, dans la conscience, dans la volonté, dans la raison ; l'homme ne pourrait la fuir qu'en se fuyant lui-même, qu'en cessant d'exister, tant est profonde la rupture entre l'homme, créature de Dieu, et l'homme défiguré, devenu l'œuvre du péché.

VI

Le sacrifice fortifie en nous la liberté et nous rend meilleurs. « Tout ce qui gêne l'homme, écrit de Maistre, le fortifie. Il ne peut obéir sans se perfectionner, et, par cela seul qu'il se surmonte, il est meilleur[1]. »

Toutes les fois que l'homme résiste aux tendances mauvaises de sa nature, il souffre, il fait un effort, il obéit à une pensée élevée, à un noble sentiment. L'effort répété augmente l'énergie de la volonté ; de plus grands sacrifices lui deviennent faciles ; il sent avec moins de vivacité la pointe douloureuse du renoncement. Les mobiles qui le font agir, deviennent des principes d'action de l'ordre le plus élevé qui s'emparent de sa raison et dirigent la volonté assouplie et forte : il devient meilleur en devenant plus fort.

Mais notre activité ne s'épuise pas dans la résistance aux injonctions mauvaises, dans un état

[1] De Maistre, *Du Pape*, l. III, chap. IV.

toujours passif; la loi du sacrifice exige davantage. Nous devons travailler à mortifier, c'est-à-dire à faire mourir le principe même des impulsions mauvaises, pour réduire par un travail continuel la puissance de ces impulsions sur la direction de notre vie; nous devons même, en bien des circonstances, faire le sacrifice du plaisir permis, pour nous élever plus haut, pour devenir plus forts dans le danger, pour diminuer la violence de l'attrait du mal et de la passion.

C'est ainsi que nous vivons entre ces deux termes : le sacrifice et la passion. Les hommes de sacrifice s'élèvent par la vertu, par la perfection volontaire, par la chasteté, par le martyre, jusqu'aux sommets de l'ordre moral; et leur volonté acquiert une indomptable énergie qui étonne le monde. Les hommes de passion descendent par l'orgueil, le vice, la perversité, jusqu'au fond de l'abîme, où la liberté, vaincue par les sens, disparaît.

Tout sacrifice, quel qu'il soit, qui redresse ainsi la liberté, se rattache à la même pensée. Nous avons l'idée d'un Être infini, dont l'intelligence, la volonté, la providence embrassent tout, dominent tout, soutiennent tout. Nous avons aussi le sentiment très vif de notre dépendance à l'égard de cet Être infini, qui donne la vie, qui l'entretient, qui la retire à son gré. Nous voyons enfin clairement que cette relation du fini à l'infini, de la créature au créateur, de l'homme à Dieu, nous oblige à des devoirs particuliers et constants envers lui. Le sacrifice est là : c'est la reconnaissance de notre fragilité, de nos impuissances, de notre tendance naturelle au néant; c'est l'affirmation de la souveraineté de Dieu, de la dépendance de toute créature à son égard; c'est l'abandon de tout notre être à Dieu, pour penser comme lui, pour agir avec lui, pour atteindre avec lui et par lui notre fin suprême.

Que le sacrifice soit éclatant et sanglant, comme il le fut sur la croix; qu'il soit caché, poignant, silencieux, comme celui de tout vrai chrétien dans les épreuves et les angoisses de la vie, il contient toujours l'adoration, la louange, l'amour et l'affirmation de l'Être qui remplit tout de sa grandeur.

CHAPITRE V

LA LIBERTÉ ET L'HOMME DE CARACTÈRE

I

Il ne suffit pas d'être libre, comme nous venons de le démontrer, il faut être un homme de caractère et faire l'éducation de notre liberté. Tous les hommes sont libres et responsables de leurs actions; mais qu'il en est peu dont on puisse dire : Voilà un homme de caractère !

La grandeur du caractère est indépendante de la science, de la fortune, de la force ou de la puissance matérielle : elle vient de plus haut. Qu'un savant renommé passe devant nous : si profondes et si étendues que puissent être ses connaissances, nous lui refusons notre admiration et notre estime si nous sommes condamnés à dire de lui : C'est un triste caractère. Qu'un homme soit comblé d'honneurs et de richesses, qu'il étonne le monde par son opulence et par le bruit de son nom, s'il n'est pas un homme de caractère, nous lui refuserons notre estime; il éveillera dans notre conscience un sentiment de répulsion.

Tout homme est libre de choisir entre le bien et le mal, entre la vérité et l'erreur : c'est l'effet nécessaire de sa condition terrestre et de sa liberté. Ainsi tout homme, quelle que soit sa condition, son intelligence, sa fortune, sa position en ce monde, est appelé à devenir un homme de caractère; il doit en trouver le moyen en lui-même, dans sa liberté cultivée et fécondée par un effort soutenu. En recevant la vie, il a reçu dans son âme la divine semence qui lui permettra, s'il le veut, et si misérable que puisse être sa condition au point de vue temporel, d'arriver à la grandeur.

Un instinct particulier nous permet de reconnaitre la beauté du caractère et de l'admirer; il y a tant de choses que nous connaissons ici-bas, par la sensibilité plutôt que par la raison! La raison sera peut-être embarrassée pour donner une définition exacte du caractère, pour analyser les éléments qui le composent, pour justifier scientifiquement notre appréciation et notre admiration; il y a, en effet, dans notre jugement synthétique, de l'ordre et de la confusion, des ténèbres et de la lumière, du vague et de la précision; mais nous sentons vivement ce que nous avons de la peine à exprimer, et nous connaissons instinctivement l'homme de caractère avant de savoir le définir.

II

Nous savons cependant que la grandeur du caractère consiste dans un état particulier de la volonté : elle implique le courage et l'énergie dans les résolutions, l'élévation dans le but que l'on veut atteindre, et la persévérance dans la poursuite de ce but.

Quand la raison s'éveille à la vie intellectuelle et qu'elle se trouve en présence de la loi immuable du devoir, elle voit aussitôt, avec la même évidence, les obstacles qui se dressent devant nous et qu'il faudra vaincre par un combat opiniâtre, et les épreuves qu'il faudra subir pour rester fidèles dans la soumission à la loi et à l'accomplissement du devoir. Elle nous dit : Voilà ce qu'il faut faire et voilà ce qu'il faut éviter ; elle ajoute aussitôt : Voilà les luttes qu'il faut soutenir et les barrières qu'il faut renverser. Nous voyons simultanément ces trois termes : le but, l'obstacle et l'effort douloureux.

La vue des dangers qu'il faut affronter, des souffrances qu'il faut endurer pour obéir à la loi morale et nous acheminer vers le but suprême de la vie, affecte péniblement nos facultés sensibles ; elle produit dans notre âme, en même temps que l'hésitation instinctive, un sentiment de crainte qui atteint quelquefois, dans des circonstances exceptionnelles, les proportions de la terreur. Quand il faut affronter la misère, les cachots, l'exil, la mort, pour rester fidèle au devoir, n'est-il pas naturel que notre âme soit envahie et troublée par la frayeur? Le devoir ne nous promet qu'une récompense lointaine, la faute nous promet une jouissance immédiate; le devoir parle aux facultés élevées de notre âme, en des régions immatérielles qui nous paraissent à peine accessibles, parce que nous avons un corps et que nous vivons dans le monde des corps; la faute parle à notre corps, à nos sens, à nos instincts, aux facultés qui sont si étroitement liées à nos organes; elle a pour elle les séductions redoutables des choses que l'on voit, que l'on touche, que l'on sent, que l'on entend; la raison nous promet une satisfaction que notre foi, souvent chancelante, se plaît malheureusement, et par notre faute, à rendre incertaine; la joie sourde, la sensation agréable que la faute nous promet est certaine, elle est tangible, elle agit sur nous à la manière des réalités troublantes; nous ne pouvons pas contester son action ni douter de l'efficacité de ses effets. Il y a d'ailleurs, dans le milieu physique où s'écoule notre vie, tant de causes matérielles qui font vibrer le corps et qui ébranlent l'esprit!

A ce moment, nous sommes encore passifs; nous subissons le choc et l'impression des objets extérieurs. Que de fois, dans la vie, à des heures sombres, nous, que la Providence n'appelait pas cependant à l'épreuve éclatante du martyre, nous avons subi cette action redoutable, cette fascination de l'obstacle qu'il fallait renverser et briser! Que de fois peut-être, dans notre demeure, où Dieu était le témoin de ces luttes poignantes que le monde ne connaît pas ou qu'il feint d'ignorer, nous avons supporté la misère, la calomnie, la haine, les brisements de cœur, de plus cruelles épreuves encore pour obéir à la loi inflexible du devoir !

Il arrive même trop souvent qu'à ce moment, où nous sommes encore passifs, notre volonté trop faible exagère aussi la gravité du danger à braver et les difficultés de l'obstacle à surmonter. Naturellement nous avons horreur de la souffrance sous toutes ses formes : physique, intellectuelle ou morale ; naturellement aussi nous avons la passion ardente et l'invincible besoin du bonheur ; notre volonté s'égare dans le choix des moyens qui peuvent le satisfaire. Ainsi faits, pressés par l'aversion de la douleur et par la passion du bonheur, nous sommes portés à sentir avec une intensité excessive la peine immédiate qu'il faut nous imposer, le sacrifice qu'il faut accepter, et nous tremblons devant la pointe acérée de la souffrance ; nous exagérons quelquefois la grandeur des difficultés qui nous menacent, parce que les suggestions trompeuses des facultés sensibles égarent la raison ; nous arrêtons longtemps notre attention soit sur le charme du mal, soit sur l'effort pénible inséparable du devoir, et nous reculons devant cette loi morale, qui ne souffre ni hésitation, ni faiblesse, ni compromis.

Quand la volonté est forte et qu'elle a déjà grandi dans des luttes antérieures, elle nous défend contre cette fascination du mal et contre cette horreur instinctive de la douleur; elle ramène à de justes proportions les difficultés de ce sacrifice, dont l'accomplissement nous semble héroïque; elle nous permet de voir que cette fortune, ces honneurs, ces joies sensibles ont des apparences trompeuses et des lendemains douloureux, et que ces idoles devant lesquelles passe le flot de tant d'adorateurs aveuglés et fascinés sont indignes de notre estime et ne méritent pas même notre attention.

A ce moment, l'âme cesse d'être passive; elle dissipe la fumée que les passions soulèvent pour détourner la raison de la vue claire, de la vérité; elle considère le devoir, la loi morale, le but de la vie, la récompense promise; elle échappe à la fascination du mal et au péril d'un jugement de préférence qui ne serait conforme ni à la vérité ni à la justice; elle est encore maîtresse d'elle-même : elle choisit les considérations dont elle veut accepter l'autorité, et la lumière avant de déterminer son choix.

C'est par l'attention volontaire, au commencement de la tentation, que nous pouvons échapper à cette fascination aveuglante du mal dont l'action est si sûre et si profonde sur les âmes pusillanimes ou perverties. Cette fascination emporte les volontés faibles avec la violence irrésistible de la passion; elle ne leur laisse plus le temps de la délibération, du choix, de la réflexion; elle les frappe, les aveugle et les entraîne : elles sont vaincues avant d'avoir combattu.

L'homme vicieux est passif à ce point, que l'objet extérieur qui flatte et réveille sa passion exerce sur lui une influence rapide, qui semble irrésistible, et qui devient en effet irrésistible en vertu de l'habitude qu'il a contractée ; il agit en aveugle, avec la sûreté et la rapidité des êtres soumis à des lois physiques. L'occasion se présente, il est vaincu.

Au contraire, l'homme de bien, celui dont la volonté est forte, ne craint ni l'objet de la tentation ni l'occasion ; il est insensible à leurs séductions. Sans doute, l'insensibilité n'est jamais complète en ce monde, la sécurité n'est jamais absolue, et l'homme de bien ne provoque pas et n'affronte pas en téméraire un danger qu'il pourrait et qu'il devrait éviter ; mais l'objet extérieur, qui est l'occasion de la tentation, n'exerce plus sur lui, après des victoires répétées, qu'une action toujours plus faible ; il échappe à la rapidité des mouvements instinctifs, il conserve la liberté sereine de la réflexion, de la délibération, du choix qui précède l'acte complet de la liberté.

L'homme de caractère est donc plus fort que les événements heureux ou malheureux dont la vie est faite ; il ne subit pas leur domination, il règle à son gré ses impressions. Il reprend ensuite l'offensive, et, si grands que soient les obstacles qu'il rencontre sur son chemin, il les attaque, les repousse et avance courageusement vers le but qu'il veut atteindre, et qui donne à sa vie une orientation inflexible. Il subira peut-être des défaites ; mais il se relèvera plus fort, après l'expérience de sa faiblesse originelle, sans découragement et sans présomption.

L'idée de caractère implique donc nécessairement l'idée d'une force qui s'exerce en nous et hors de nous. En nous, cette force nous permet de contenir et de régler notre sensibilité, notre imagination, nos facultés sensibles, et de recevoir sans faiblir le choc des objets extérieurs. Hors de nous, cette force nous permet de refouler les difficultés que nous pouvons rencontrer. Dans l'homme faible, au contraire, l'ordre est interverti : la volonté est sans force, l'âme tout entière est livrée aux facultés sensibles, et celles-ci sont à la merci des objets extérieurs.

Et si la force de caractère assure la paix de l'âme, son égalité, sa joie, parce qu'elle l'élève et la maintient au-dessus des caprices de la sensibilité, l'absence de cette force livre l'âme aux perpétuelles variations de la sensibilité et des causes extérieures, qui ne cessent jamais de la troubler. De là l'inquiétude, l'instabilité sans repos, la dépendance continuelle à l'égard des sens et du monde matériel.

III

Cette force de la volonté, qui est essentielle à la grandeur du caractère, se communique en même temps à toutes nos facultés pour leur donner une puissance particulière; et c'est ainsi que la force ne reste jamais enfermée dans une partie de notre âme, elle se répand partout.

Quand la volonté est énergique, elle fortifie la raison. Tandis que dans l'homme faible la raison est le jouet de l'imagination, des sens, des passions qui nous trompent sans cesse sur la nature et la valeur réelle des objets, dans l'homme fort la raison résiste avec courage aux suggestions trompeuses des parties inférieures de notre âme, de ces parties qui se trouvent unies si étroitement au corps. Elle se défie des impulsions des sens, des préjugés des passions, des idées fausses que l'imagination fait naître pour la tromper et la détourner de la vue claire des idées justes et de la vérité; elle fait taire les passions, elle dissipe les images et les fantômes, elle écoute la parole de Dieu dans les parties élevées de l'âme, elle consulte sa lumière, et c'est à ses clartés qu'elle apprécie le caractère et la valeur des actions humaines.

C'est ainsi que, sous l'impulsion de la volonté, la raison devient elle-même forte et libre. Forte, elle cherche la vérité courageusement, et malgré tous les obstacles; libre, elle s'affranchit des préjugés, des séductions, de l'erreur, des idées fausses de l'ignorance; elle suspend son jugement, comme la volonté suspend son consentement; elle se recueille, attentive, avant de se prononcer, comme la volonté forte s'arrête et délibère avant d'agir.

« La force et la liberté de l'esprit, écrit Malebranche, sont deux vertus qu'on peut appeler générales ou cardinales, pour me servir du mot ordinaire. Car, comme on ne doit jamais ni aimer ni agir sans y avoir bien pensé, il faut à tous moments faire usage de la force et de la liberté de son esprit. Et ces deux vertus, de la manière dont je les considère, ne sont pas des facultés naturelles communes à tous les hommes; rien n'est plus rare, et personne ne les possède parfaitement. Je sais bien que l'homme est naturellement capable de quelque travail d'esprit, mais il n'a pas pour cela l'esprit fort. L'homme peut aussi suspendre son consentement, mais il n'a pas pour cela naturellement l'esprit libre de la manière dont je l'entends. La force et la liberté d'esprit dont je parle sont des vertus qui s'acquièrent par l'usage. Mais comme ces vertus perfectionnent l'âme et la remettent en partie dans son état naturel, car avant le péché l'esprit était fort et libre en toutes manières, on ne les regarde pas ordinairement comme des vertus, car on s'imagine que la vertu doit changer la nature ou la détruire, au lieu de la réparer. Il y a même des personnes qui pensent que la force et la liberté d'esprit sont des facultés de l'âme, qui consistent dans une espèce d'indivisible; et, jugeant des autres par eux-mêmes, ils s'imaginent qu'on ne peut se rendre attentif aux sujets qui les rebutent, et que c'est opiniâtreté que de ne pas consentir aux vraisemblances qui les trompent [1]. »

---

[1] Malebranche, *Traité de morale*, chap. VI.

La sensibilité se ressent elle aussi de la force de la volonté qui la domine et arrête ses emportements. Au premier moment l'âme est passive, et elle reçoit, sans y consentir, des impressions qui peuvent la troubler. L'objet extérieur agit fortement sur les sens ; ceux-ci ébranlent profondément le cerveau, et en particulier l'imagination, et aussitôt l'âme éprouve une impression d'amour, de désir, d'élan vers l'objet qui lui promet une satisfaction immédiate, profonde : elle est emportée par la passion. Le corps agit ici sur l'âme, et l'âme à son tour agit sur le corps et peut augmenter le trouble naturel qui met en mouvement le sang, les nerfs, les muscles, le corps tout entier.

« Par les passions, dit Malebranche, je n'entends point les sens qui les produisent, ni l'imagination qui les excite et qui les entretient. J'entends le mouvement de l'âme et des esprits causé par les sens et par l'imagination, et qui agit à son tour sur la cause qui les produit; car tout cela n'est qu'une circulation continuelle de sentiments et de mouvements qui s'entretiennent et se reproduisent. Si les sens produisent les passions, les passions, en échange, par le mouvement qu'elles excitent dans le corps, unissent les sens aux objets sensibles. Si l'imagination excite les passions, les passions, par le contre-coup du mouvement des esprits animaux, réveillent l'imagination, et chacune de ces choses s'entretient ou est produite par l'effet dont elle est la cause, tant est admirable l'économie du corps humain et la liaison mutuelle de toutes les parties qui le composent. »

Mais, si la volonté est forte, la sensibilité de l'âme devient moins vive : elle reçoit avec moins de violence le choc de son corps et des objets extérieurs qui pourraient déterminer en elle une passion. L'âme se rend compte de l'état de son corps ; elle examine et elle apprécie l'objet extérieur qui lui promet une satisfaction immédiate ; elle suspend le jugement de préférence, elle étouffe l'amour qui semblait naître, elle arrête le désir et l'élan, elle garde sa liberté. Quand elle a répété souvent cet exercice, en présence des objets qui pourraient allumer en elle le feu de la passion, elle devient presque insensible à leurs attraits.

Le souvenir de la joie physique ou de la sensation que l'âme a éprouvée en se livrant à sa passion vit dans l'imagination, qui est elle-même étroitement unie au cerveau. Sous l'impression d'une cause extérieure même involontaire, l'imagination échauffée évoque l'image sensible de l'objet qui a déterminé la passion et de la sensation qui l'accompagnait. Cette évocation de l'image et ce rappel de la sensation se font souvent en nous, sans nous, malgré nous. Mais ce qui fait la force de la sensation, ce qui peut donner un caractère violent à ce souvenir sensible, c'est la facilité avec laquelle nous l'avons accueilli, c'est le plaisir que nous en avons éprouvé, c'est le consentement que nous n'avons pas su refuser. Nous devenons ainsi les esclaves de ces images troublantes; notre cerveau prend l'habitude de les réveiller, notre âme s'habitue à les excuser, et ce n'est qu'avec une peine extrême que l'âme pourra reconquérir plus tard sa liberté.

Ici encore nous retrouvons l'influence profonde de la force ou de la volonté. Au début, l'âme pouvait repousser cette image, apaiser le cerveau, régler les mouvements du corps et garder sa liberté. Soit qu'elle subisse le choc d'un objet extérieur, soit qu'elle réagisse, l'âme n'éprouve qu'une faible impression : elle reste maîtresse de ses facultés.

IV

Il ne suffit pas d'être fort, c'est-à-dire de dominer, de régler, de diriger toutes les facultés de son âme pour être un homme de caractère, il faut encore diriger son activité vers un but élevé, travailler de toutes ses forces à la réalisation pratique d'un noble idéal, se dévouer à une grande pensée.

Toutes les passions peuvent exciter la volonté de l'homme à produire un effort violent, dans des circonstances déterminées ; mais l'homme passionné est une contrefaçon de l'homme de caractère : il en diffère par des conditions essentielles. La passion de la vanité et de la gloire décidera le savant, le guerrier, le conquérant, à braver les privations, les fatigues, la misère, la mort, pour se procurer une satisfaction misérable et s'élever pendant quelques instants au-dessus de ses semblables. La passion de la fortune et des grandeurs produira les mêmes effets dans le vaniteux qui veut écraser son prochain par le spectacle insolent de son opulence. Pour satisfaire une passion plus criminelle encore, le libertin foulera aux pieds les sentiments les plus respectables et s'imposera peut-être les plus cruelles privations.

Par tous ces exemples, nous voyons que l'homme passionné se constitue, comme nous l'avons déjà observé, le centre du monde et le but de la création; il faut que tout converge vers lui, que tout contribue à satisfaire la passion qui le dévore. On dirait de lui qu'il a du caractère, si l'on ne considérait que la force, la puissance qu'il dépense pour arriver à son but. Rien ne l'arrête : il brave tout avec un emportement sauvage et aveugle; car le propre de la passion, c'est d'élever un obstacle insurmontable entre l'œil de l'homme et la lumière de la vérité.

Que si la passion n'atteint pas ce degré de violence, elle tend toujours néanmoins à nous faire rechercher par tous les moyens notre satisfaction personnelle, à supprimer toute pensée élevée de générosité, de sacrifice et d'idéal. Tous les sentiments qu'elle enfante sont marqués d'un caractère d'intérêt, d'égoïsme et de stérilité. L'opinion publique ne s'y trompe pas; à la vue des privations, des fatigues, des travaux opiniâtres de l'homme passionné pour rassasier sa passion de plaisirs, de richesses, de dignités, elle dira de lui : C'est un homme d'argent, un homme de plaisir ; elle empruntera à la passion qui l'inspire le trait qui servira de stigmate à la stérilité de ses désirs.

Or l'homme de caractère doit avant tout s'oublier, sortir des considérations personnelles, des préoccupations égoïstes, et chercher hors de lui, au-dessus de lui, le principe et l'objet de son activité. Il doit non seulement s'oublier, mais faire courageusement le sacrifice de son repos, de ses biens, de sa vie, et s'immoler par dévouement à l'idée qu'il entend servir.

Sortir ainsi de soi, c'est souffrir. « On ne se détache jamais sans douleur, dit Pascal dans une page éloquente, on ne sent pas son bien, quand on suit volontairement celui qui entraîne ; mais quand on commence à résister et à marcher en s'éloignant, on souffre bien ; le lien s'étend, il endure toute la violence ; et ce lien est notre propre corps, qui ne se rompt qu'à la mort. Notre-Seigneur a dit que, depuis la venue de Jean-Baptiste, c'est-à-dire depuis son avènement dans chaque fidèle, le royaume de Dieu souffre violence, et que les violents le ravissent. Avant que l'on soit touché, on n'a que le poids de sa concupiscence, qui porte à la terre. Quand Dieu attire en haut, ces deux efforts contraires font cette violence que Dieu seul peut faire surmonter. Mais nous pouvons tout avec Celui sans lequel nous ne pouvons rien. Il faut donc se résoudre à souffrir cette guerre toute sa vie, car il n'y a point ici de paix. Jésus-Christ est venu apporter le couteau, et non pas la paix. Mais néanmoins il faut avouer que, comme l'Écriture dit que la sagesse des hommes n'est que folie devant Dieu, aussi on peut dire que cette guerre, qui paraît dure aux hommes, est une paix devant Dieu, car c'est cette paix que Jésus-Christ a aussi apportée. Elle ne sera néanmoins parfaite que quand le corps sera détruit ; et c'est ce qui fait souhaiter la mort, en souffrant néanmoins de bon cœur la vie pour l'amour de Celui qui a souffert pour nous et la vie et la mort, et qui peut nous donner plus de biens que nous ne pouvons ni en demander ni imaginer[1]. »

Ce n'est donc pas dans la violence et dans les emportements de la passion que nous trouverons la force nécessaire à l'homme de caractère ; au contraire, il y a opposition entre la force, dont le terme est à l'extérieur, et la passion, dont le terme intéressé est en nous et se confond avec la satisfaction de nos sens. La force morale de l'homme de caractère consiste dans la résistance à ces passions, qui provoquent le désordre dans toutes les parties de notre âme et de notre corps ; elle consiste encore dans le renoncement volontaire aux satisfactions même légitimes que nous avons l'habitude de nous donner. Le renoncement aux plaisirs qui ne sont pas cependant en opposition avec la morale, et le renoncement aux plaisirs défendus, aux passions,

---

[1] Pascal, *Pensées*, IIe partie, art. 17.

est toujours douloureux; il peut même devenir, dans des circonstances particulières, l'occasion d'une peine infinie, par la profondeur de l'affection qu'il est nécessaire de briser, par la violence et l'étendue du sacrifice que l'on est obligé de s'imposer; mais à travers les larmes et le sang du sacrifice volontaire, l'âme aperçoit le but élevé qu'elle peut atteindre et vers lequel se dirige tout l'effort de sa liberté. La grandeur du but inspire, soutient et dirige son énergie.

> Aut pugnam aut aliquid jamdudum invadere magnum
> Mens agitat mihi, nec placida contenta quiete est.

Les chemins sont divers, mais le but que tout homme de caractère se propose d'atteindre ne varie jamais : c'est toujours l'Infini qui est au delà du temps et de l'espace, et qui embrasse tout.

L'Infini apparaît sous la forme du Vrai, et il engendre dans certains esprits la passion de la vérité et de la science, l'apostolat avec ses périls, l'ardent désir de la confession du sang, hommage suprême rendu à la vérité. L'Infini apparaît sous la forme du beau à l'imagination de l'artiste, du beau dont la vérité et la pureté sont les éléments essentiels; l'artiste s'élève et entraîne avec lui les âmes éprises de chasteté et de beauté idéale vers cette beauté toujours ancienne et toujours nouvelle, qui se révèle sans cesse au bienheureux sans s'épuiser jamais. L'Infini apparaît sous la forme du Bien, et il enflamme les âmes de la passion de la justice et de la passion de la vertu, il enfante les saints.

Mais l'Infini ne change pas sous ces aspects divers : il est toujours l'Être, il est toujours Dieu. L'homme de caractère ne peut pas poursuivre un autre but, il ne peut pas avoir un autre idéal.

Il faut donc que l'homme de caractère s'oublie lui-même, qu'il ne considère ni son intérêt ni son plaisir, qu'il renonce à lui-même, *abneget semetipsum*, qu'il soit disposé à embrasser la pauvreté, le mépris, les souffrances, la mort, à marcher sans défaillance et à faire à tout instant le sacrifice absolu de son être, pour assurer le triomphe de l'idée qui a ravi son cœur.

Cette idée engendre dans son esprit une conviction inébranlable, la conviction engendre l'amour, l'amour produit l'action ; et c'est précisément parce que cette conviction ne change jamais, que l'amour et l'action conservent toujours la même direction et déterminent ensemble dans l'homme de caractère la beauté permanente et l'unité de vie.

V

Que la volonté soit forte, qu'elle se propose de réaliser un noble idéal, cela ne suffit pas encore pour former un homme de caractère ; il faut aussi que la volonté persévère jusqu'à la fin dans la même direction, vers le même but.

La conviction de l'homme de caractère n'est pas l'effet toujours changeant de la sensibilité ou d'un caprice de l'imagination, elle est le résultat de la connaissance réfléchie et de la possession définitive d'une vérité incontestable. Quand l'homme de caractère a vu clairement ce qu'il doit aimer, ce qu'il doit pratiquer, la fin qu'il doit atteindre, il va devant lui sans hésitation et sans défaillance ; il sait ce qu'il veut et pourquoi il le veut. S'il préfère le devoir à la sensation agréable, s'il est fermement résolu à ne jamais sacrifier le devoir au plaisir, c'est qu'il a vu que l'obligation d'agir ainsi est absolue, invariable et conforme à la droite raison. Sa conviction sur ce point ne peut pas changer, et elle maintiendra toujours sa volonté dans la même direction.

L'opinion, au contraire, est essentiellement changeante ; elle varie avec les caprices de l'imagination qui l'engendre ou les inégalités de la sensibilité dont elle est le résultat éphémère ; elle subit les influences multiples de l'âge, du tempérament, de l'éducation, du milieu, des latitudes, des innombrables accidents qui remplissent la vie. De là cette perpétuelle instabilité des esprits faibles, des caractères indécis, des sceptiques indifférents, qui n'échappent à l'autorité de la vérité et des convictions que pour passer sous le joug de l'opinion. Leur volonté, comme leur esprit, manque de frein, de règle et de décision.

Pourrait-il en être autrement ? La raison éclaire et dirige la volonté, elle indique avec sûreté le but qu'il faut atteindre et les moyens qui permettent d'y arriver ; elle pèse sur la volonté et inspire ses déterminations, elle dit à la volonté : Voilà le bien, voilà le mal, voilà ce qu'il faut faire et voilà ce qu'il faut éviter. Mais quand la raison est affaiblie, quand elle est aveuglée ou par l'ignorance ou par le scepticisme, quand elle n'a plus des convictions profondes, comment pourrait-elle éclairer et diriger la volonté ? Celle-ci agit en aveugle, elle obéit à la loi de l'instinct, elle est condamnée à une versatilité perpétuelle, elle manque d'unité.

L'homme de caractère ne cherche pas la vérité, il la connaît, il la possède, il goûte le repos de la certitude ; et, dans l'ordre religieux, cette certitude est assez forte avec la grâce de Dieu pour enfanter des martyrs. La fermeté inébranlable des convictions engendre la fermeté de la volonté et la persévérance inviolable dans la même direction, et l'étroite union de la raison et de la volonté imprime à toute la vie de l'homme de caractère l'unité qui en fait la grandeur.

Cette persévérance est rare, elle indique une grande force morale dans celui qui la possède. Il est peu d'hommes qui, sous l'excitation passagère d'un noble sentiment ou même dans l'entraînement d'une passion légitime, ne soient capables d'un acte de courage, d'un élan magnanime ou d'un effort glorieux. Bien des causes, même naturelles et physiologiques, nous permettraient d'expliquer ce phénomène assez fréquent dans l'histoire des grands capitaines. Ce qui est plus difficile et plus rare, c'est de se soustraire à ces influences physiques qui agissent sur le corps et sur les parties inférieures de l'âme, sur la partie sensible, de se recueillir, d'écouter la raison, de consulter les idées éternelles et d'agir seul, en présence de Dieu, avec une persévérance qu'aucun obstacle ne décourage, en conformité avec ses convictions.

Ces convictions aussi sont rares, encore qu'on les rencontre plus fréquemment que la persévérance dans les résolutions. Les fanatiques hallucinés, les sectaires aveugles ne savent pas distinguer l'entêtement de la conviction éclairée, et cependant la persévérance de leur obstination a pour principe une idée fausse, un préjugé, une impression de l'imagination, tandis que la conviction de l'homme de caractère prend naissance dans des régions plus élevées, dans la connaissance sereine de la vérité. Plus nombreux sont les sceptiques et les indifférents, qui n'ont qu'une connaissance vague et nécessairement imparfaite de la vérité, qu'ils dédaignent de rechercher.

Où trouverons-nous ces hommes de caractère, qui ont une volonté énergique, une soif ardente de dévouement à une grande cause et l'inébranlable persévérance dans ce dévouement? Où trouverons-nous, en dehors du christianisme, des hommes prêts à mourir pour rendre un témoignage suprême à d'inébranlables convictions? C'est dans ce mépris des biens terrestres, des dignités, de la vie elle-même; c'est dans ce dépouillement volontaire et courageux que l'homme de caractère puise la force et l'indépendance dont il a besoin pour se dévouer sans retour à une grande cause.

« Notre corps n'est pas à nous, dit Malebranche; il est à Dieu, il est à l'État, à notre famille, à nos amis... Nous ne devons pas le conserver contre l'ordre de Dieu et aux dépens des autres hommes. Il faut l'exposer pour le bien de l'État, et ne point craindre de l'affaiblir, de le ruiner, de le détruire pour exécuter les ordres de Dieu. C'est la même chose de notre honneur et de nos biens... On ne peut s'unir parfaitement à Dieu sans abandonner les intérêts du corps, sans le mépriser, sans le sacrifier, sans le perdre. »

Si difficile qu'il soit à cette faiblesse de réaliser cet idéal, de pratiquer ce détachement, il faut cependant y travailler. S'efforcer en effet de devenir un homme de caractère, c'est un devoir auquel il n'est jamais permis de se dérober, malgré notre inclination naturelle à l'indolence, et malgré la passion.

DEUXIÈME PARTIE

CHAPITRE I

NÉCESSITÉ DE L'ÉNERGIE DANS LA VOLONTÉ

La physique moderne a pour objet l'étude de la conservation et des transformations diverses de l'énergie universelle. La force ne s'anéantit jamais, et, quand elle ne produit pas du mouvement, elle produit un autre effet ou chimique ou physique; elle se cache quelquefois dans les profondeurs mystérieuses d'un corps ou de la matière, elle y entretient une énergie latente, qui prend le nom d'énergie potentielle, et qui attend une circonstance pour se manifester par une production sensible ou extérieure de mouvement.

Une détente maintient un ressort d'acier dans un état d'arrêt et de tension; si l'on touche la détente, le ressort devient force motrice, l'énergie potentielle devient actuelle et produit le mouvement.

Cette même énergie produira, selon les circonstances et sans changer de nature, de la chaleur, de la lumière, de l'électricité.

Dans le sein de l'âme est cachée aussi une énergie tantôt actuelle et tantôt potentielle, qui produit successivement, sans changer de nature et selon les circonstances, les phénomènes de la pensée, de l'activité libre et de la sensibilité. Les facultés de l'âme sont les aspects divers sous lesquels nous considérons cette énergie indestructible ; nous pouvons l'étudier dans la sensibilité, dans la volonté, dans la raison.

Nous la considérons ici dans la volonté, et nous constatons qu'elle est indispensable à l'homme pour réaliser sa destinée et atteindre sa fin.

I

La fin dernière de l'homme consiste dans l'union surnaturelle de toutes les facultés de son âme, de tout son être avec Dieu. Pendant la vie, l'homme aidé de la grâce doit marcher dans cette direction. Après la vie, à l'heure de la consommation, l'homme n'est plus dans le chemin (*in via*), il est au terme de sa course et dans l'éternel repos (*in termino*).

Mais nous ne cessons jamais, pendant cette marche persévérante et pénible vers notre fin, de rencontrer d'implacables ennemis au dedans et au dehors ; ils éprouvent notre patience, ils fatiguent notre courage, ils essayent de nous barrer le chemin et de nous détourner de notre fin. En nous, dans le mystère profond de la vie de notre âme, nous découvrons l'ardent foyer de la concupiscence qui arrachait à saint Paul des cris de douleur, au milieu des sacrifices et des combats généreux de sa foi ; nous y reconnaissons avec stupeur les traces honteuses de cette chute originelle qui a souillé dans l'humanité les sources lointaines de la vie ; nous sentons de continuelles excitations à l'orgueil, à l'égoïsme, à la jouissance matérielle, aveugle et sourde, à la révolte contre l'inexorable loi du devoir et contre Dieu ; nous éprouvons des impulsions humiliantes et redoutables pour notre faiblesse, impulsions et tentations qui expliquent cette prière d'un grand saint : « Si vous ne veillez sur moi, ô mon Dieu, ce soir peut-être je serai musulman. »

Il y a des moments dans la vie où, par la grâce de Dieu et par la puissance du recueillement, nous concentrons toute notre attention sur nous-même, sur notre âme, monde infini, fonds inépuisable et toujours vivant d'observation ; nous écoutons toutes ces voix, nous étudions ces impulsions si diverses et quelquefois si honteuses, nous cherchons à comprendre cette multitude innombrable de principes d'actions et de sollicitations qui font le siège de notre volonté, nous explorons notre âme, par l'attention et l'observation, comme un savant pourrait étudier dans son laboratoire un phénomène physique ou de nouvelles combinaisons chimiques, sous l'action puissante des réactifs, et nous avons alors sous les yeux un spectacle étrange qui nous attriste et qui doit nous humilier.

Nous voyons, dans une vision qui deviendrait troublante si elle était prolongée, tous les motifs qui sollicitent notre intelligence dans le sens de l'erreur et du mensonge, tous les mobiles qui cherchent à entraîner notre volonté dans le sens du mal, de la jouissance coupable, grossière, sensuelle, animale. Quel monde grouillant de perversité!

On reconnaît clairement, au-dessus de ces ténèbres et de ces hontes, dans les clartés sereines de la raison, la loi morale éternelle qui plane, toujours lumineuse, malgré les ténèbres des passions ; on ne cesse pas d'entendre l'éternelle parole de Dieu, qui domine tous les bruits de notre pauvre âme ébranlée, secouée, incertaine, comme elle domine aussi tous les bruits de la terre, et l'on voit aussitôt toutes les puissances inférieures de l'âme déchaînées par la chute originelle, qui provoquent notre volonté à la révolte contre cette lumière et contre cette parole, et qui rendent si pénible, si difficile et si âpre, l'interminable combat de la vie !

Et ces puissances révoltées rencontrent des complices dans le monde mauvais où s'écoule notre vie. L'esprit veut fuir la vérité qui le gêne, et le mensonge avec l'erreur coulent à pleins bords autour de nous dans les journaux, les livres, les publications innombrables que la liberté de la presse portée jusqu'à la licence répand autour de nous. C'est une continuelle conspiration contre la vérité. Sous l'influence des passions, nous portons en nous l'aversion pour les principes religieux et les devoirs d'une morale qui sont l'expression de la volonté d'un législateur souverain ; nos passions sont intéressées à croire que cette morale, ces principes, ce législateur, qui les contrarient sans cesse par la voix de la conscience et par l'aiguillon du remords, sont des chimères dont il faut délivrer son esprit et affranchir la volonté. Que de systèmes, que de mensonges, que de folles inventions au service de l'esprit qui ne veut pas croire et qui cherche à dormir le sommeil facile de l'erreur !

Notre cœur bat trop fort et trop vite dans notre poitrine échauffée, et l'amour aveugle, sourd, avide de jouissances sensibles, qui brûle en nous, menace de dévorer les germes et les semences sacrées du sacrifice que Dieu a déposées dans notre âme. Si l'homme était seul sur la terre, la lutte serait déjà pénible et douloureuse, car l'homme trouve en lui-même le principe de l'excitation au vice et de la résistance à la loi inexorable du devoir. Et voilà que les scandales se succèdent autour de lui dans notre société livrée à l'esprit impur du paganisme ; il assiste à la glorification du vice, au triomphe des méchants, à la défaite et à l'humiliation des hommes de sacrifice exposés et condamnés aux sarcasmes de la foule brutale et des esprits cultivés. Autour de lui, ce qu'il voit et ce qu'il entend l'excite au mal et semble lui assurer l'impunité des jouissances coupables. Il y a d'étranges et sataniques harmonies entre l'organisation actuelle de notre société, affranchie de l'influence élevée du christianisme, et ces instincts mauvais que l'homme sent gronder en lui, d'abord avec étonnement et douleur, et plus tard sans étonnement et sans douleur, quand il croit y reconnaître une indication des droits de la nature qui l'invite à jouir avant de mourir.

La révolte éclate encore jusque dans ces membres, dans ces muscles, dans ces nerfs, dans ce sang, qui semblent être en ce moment des membres de péché (*membra peccati*). La science implacable pénètre aujourd'hui plus sûrement qu'autrefois dans l'inextricable réseau, dans ce fourmillement d'atomes, de cellules, de fibrilles nerveuses qui, tout en appartenant à la vie physiologique, jouent un rôle si considérable dans notre vie intellectuelle et passionnelle. Or, dans notre vie telle qu'elle est organisée avec ses exigences ardentes, l'horreur de la souffrance, la passion du bien-être, le goût du luxe, les précautions infinies que nous prenons contre la maladie ou le simple malaise, n'est-il pas vrai que tout semble concourir à favoriser la révolte des sens, à rendre leurs exigences plus impérieuses, et à préparer le triomphe de la sensualité sur le devoir?

Il y a enfin le démon: les saints Livres le comparent au lion rugissant qui rôde autour de nous, cherchant une proie à dévorer. Qu'importent ici les négations des rationalistes ? Nous savons, nous chrétiens, avec l'Église, avec la tradition constante, avec tous les saints, que le démon existe, qu'il est un ange déchu doué encore d'une merveilleuse puissance au service d'une haine infinie, que Dieu lui laisse cette puissance aujourd'hui et jusqu'à la mort.

« Le démon, écrit le P. Faber, a réduit les possibilités et les probabilités de notre ruine à une science dont il fait l'application avec une énergie infatigable, une intelligence supérieure, une puissance presque irrésistible, et une variété de moyens qui effraye [1]. »

Le catéchisme du concile de Trente nous dit que « sans aucun doute, si le secours de Dieu nous faisait défaut dans cette lutte, nul de nous ne serait de force contre de tels ennemis, et que, vaincus par Satan, nous deviendrions ses esclaves [2] ». C'est l'ennemi venu sur la terre « pour tuer et pour perdre; il est homicide dès l'origine [3]. » Les démons remplissent l'air et le milieu où nous vivons : « Nous n'avons pas à lutter, dit saint Paul, contre des ennemis visibles faits de chair et de sang, mais bien contre des princes et des puissances invisibles, contre les possesseurs et les recteurs du monde des ténèbres, contre les esprits de malice répandus dans notre atmosphère [4]. »

Saint Thomas explique ainsi l'enseignement divin : « De même, écrit le saint Docteur, que les anges

---

[1] Faber, *Progrès de la vie spirituelle*, t. II, chap. xxiv.
[2] « Si deseramur divino patrocinio, vaferrimi hostis laqueis irretiti teneamur. » (*Catech. Rom.*, pars 'V, cap. xv.)
[3] Joan. viii, 44; x, 10.
[4] Ephes. vi, 12.

sont dans le ciel avec les âmes des justes, et en ce monde, où ils veillent sur nous et nous entourent de leur protection, ainsi les démons sont dans l'enfer, où ils subissent la peine de leur révolte, et en ce monde, autour de nous, dans l'air, pour nous tenter et nous séduire au mal. Il en sera ainsi jusqu'au grand jour du jugement ; alors les anges resteront éternellement au ciel, et les démons éternellement dans l'enfer [1]. »

Ces démons sont les anges déchus, il leur reste des débris de leur ancienne puissance.

Écoutons encore saint Thomas : « Ces anges déchus, qui voulaient usurper la place de Dieu, sont redoutables et supérieurs à l'homme et à tous les hommes par leur nature et par leurs facultés. Privés de la lumière surnaturelle de la grâce, affaiblis, aveuglés, ils ont conservé néanmoins la subtilité de leur nature originelle et la pénétration de leur esprit ; ils ont conservé quelques relations avec les saints anges, et ils en reçoivent encore des communications

---

[1] « Dæmonibus duplex locus pœnalis debetur, unus quidem ratione culpæ, et hic est infernus, alius autem ratione exercitationis humanæ, et sic debetur eis caliginosus aer. Procuratio autem salutis humanæ protenditur usque ad diem judicii, unde et usque tunc durat ministerium angelorum et exercitatio dæmonum ; unde et usque tunc et boni angeli ad nos huic mittuntur, et dæmones in hoc aere caliginoso sunt ad nostrum exercitium ; licet eorum aliqui etiam nunc in inferno sint ad torquendum eos quos ad malum induxerunt, sicut et aliqui angeli boni sunt cum animabus sanctis in cœlo. Sed post etiam judicii omnes mali tam homines quam angeli in inferno erunt, boni vero in cœlo. » (1, quæst. LXIV, art. 4.)

et des révélations, car s'ils sont séparés d'eux par l'opposition formelle de leur volonté attachée au mal, ils ont avec eux une même nature intellectuelle. Ajoutez à ces qualités les trésors d'une longue expérience, et vous aurez une très faible idée de l'intelligence de Satan. »

La très grande supériorité de l'intelligence de Satan sur l'intelligence de l'homme est donc une conséquence de sa nature. Bons ou mauvais, les anges sont des créatures immatérielles, placés dans la hiérarchie des êtres, au-dessus de l'homme et au-dessous de Dieu. Cette supériorité de nature leur permet de voir les effets les plus lointains des causes existantes, de prédire l'avenir par conjecture, et de posséder des connaissances variées et étendues que l'homme le plus savant ne connaît pas ; car s'ils ont perdu les dons gratuits qui entretenaient la charité dans leur âme avant leur révolte, ils ont néanmoins conservé dans leur intégrité les dons naturels qu'ils avaient reçus de Dieu. Qui pourra préciser la mesure de ces dons ?

Il n'est donc pas étonnant que ces démons, ces êtres qui ont conservé de tels vestiges de leur puissance primitive, s'approchent de l'homme et se mêlent d'une manière particulière à sa vie, comme ils le font à la vie des nations, et qu'ils remplissent un rôle important dans ce monde livré aux hasards et aux révoltes de la liberté.

« Ce n'est pas, dit encore saint Thomas, dont nous reproduisons l'enseignement, par une illumination de l'esprit que les démons entrent en communication avec l'homme et lui révèlent certaines connaissances plus étendues, c'est par une communication sensible ; il peut lui-même prendre une forme corporelle et se rendre visible à l'homme ; il peut aussi agir sur les sens et sur l'imagination, dont le rôle est si étroitement lié à notre état cérébral, l'agiter, la modifier et susciter ainsi des visions imaginaires qui troublent, sous les apparences saisissantes de la réalité [1]. »

[1] « Quod dæmones ea quæ sciunt hominibus manifestant non quidem per illuminationem intellectus, sed per aliquam imaginarium visionem, aut etiam sensibiliter colloquendo. » (2ᵃ 2ᵉ, quæst. CLXXII, art. 5.) — « Uno modo ab interiori, secundum quod dæmoni potest mutare phantasiam hominis et etiam sensus corporeas ut aliquid videatur aliter quam sit ;... alio modo ab exteriori, cum enim ipse possit formare corpus ex aere cujuscumque formæ et figuræ ut illud assumens in eo visibiliter appareat ; potest etiam circumponere cuicumque formam corpoream, ut in ejus specie videatur. » (2ᵃ 2ᵉ, quæst. CXIV, art. 9.)

« Prophetia importat cognitionem quamdam procul existentem a cognitione humana. Manifestum est autem quod intellectus superioris ordinis aliqua cognoscere potest quæ sunt remota a cognitione intellectus inferioris. Supra intellectum autem humanum est non solum intellectus divinus, sed etiam intellectus angelorum bonorum et malorum, secundum naturæ ordinem, et ideo quædam cognoscunt dæmones etiam sua naturali cognitione quæ sunt remota ab hominum cognitione quæ possunt hominibus revelare. » (2ᵃ 2ᵉ, quæst. CLXXII, art. 5.)

« Cognitio naturalis in angelis peccantibus non est ab illis ablata nec diminuta ; gratuita vero speculativa quorumdam secretorum Dei, est diminuta ; gratuita vero qua ferebantur in Dei amorem est totaliter ablata. » (1, quæst. LXIV, art. 1.)

Tertullien nous dit : « Dæmones momento ubique sunt. Totus orbis locus illis unus est, quid ubi geratur tam facile

Cette théorie, qui semble nouvelle, puérile, superstitieuse aux esprits que le rationalisme a pervertis, est très ancienne, sérieuse, raisonnable ; elle étonne sans doute, parce qu'elle nous découvre un monde nouveau si différent du monde où nous vivons ; mais elle est le commentaire exact de l'Évangile et l'expression de l'enseignement de l'Église.

Ne lisons-nous pas, dans l'Évangile, que le démon chassé d'une âme va chercher sept esprits plus pervers pour rentrer dans sa demeure ; que Jésus chassa sept démons du cœur de Madeleine ; que le possédé de Gérasa répondit à Jésus, quand il lui demandait son nom : « Je m'appelle légion, car nous sommes un grand nombre ici. » Ne voyons-nous pas, dans l'Évangile, que le Sauveur guérit des malades tourmentés par le démon, *oppressos a dæmone* ?

Il ne peut pas pénétrer dans l'enceinte de notre âme, qui est réservée aux phénomènes surnaturels de la charité, de la grâce et des communications avec Dieu ; l'intérieur des saints lui est inconnu, et son regard n'en peut jamais profaner les mystères et les beautés. Les théologiens nous disent encore que Satan ne connaît ni les pensées ni les sentiments intérieurs de l'homme. Il connaît cependant

---

sciunt quam enuntiant. » (Cité par Migne, *Curs. theol.*, *De angelis*.) — « Sed contra est quod Dionysius qui et data sunt dæmonibus aliqua dona quæ nequaquam minuta esse didicimus, sed sunt *integra et splendidissima*. Inter ista autem naturalis est cognitio veritatis. » (*Ibid.*)

en nous le foyer de la concupiscence et l'enceinte affectée aux passions. Il en fait le théâtre de son action tentatrice et de ses manœuvres les plus honteuses. Il se mêle ainsi par des moyens innombrables aux phénomènes de la vie morale, où notre avenir éternel est en jeu.

Il agit directement en nous par son action sûre et clairvoyante sur la concupiscence qui est au fond de notre nature imparfaite et déchue. Il la tient en éveil, il l'excite, il l'irrite, il accroît sa puissance en multipliant ses séductions et ses révoltes contre la conscience et la raison ; c'est dans ce soulèvement des parties inférieures contre les parties supérieures des sens, de l'imagination et de la mémoire contre l'esprit, qu'il révèle sa présence et qu'il prépare les défaites humiliantes de notre liberté.

Il rencontre un auxiliaire utile dans le monde, dans l'esprit du monde, qui donne un aliment toujours insuffisant à cette concupiscence mauvaise et qui allume nos désirs sans les rassasier jamais. Tout semble organisé dans ce milieu où nous vivons pour activer la flamme des passions mauvaises et exciter les révoltes de la concupiscence au service de Satan : concupiscence de la chair et concupiscence de l'esprit. Le monde, en effet, par ses maximes, son estime, ses louanges, son envie insatiable, considère comme un bien la satisfaction passagère des passions qui troublent le fond de notre âme, désirs des honneurs, de la fortune, des plaisirs, de la puissance, de ce qui peut faire du « moi » le centre égoïste où tout doit aboutir.

C'est ainsi que Satan trouve dans son génie, dans notre concupiscence, dans l'organisation actuelle du monde et de la vie, les moyens dont il se sert pour faire l'assaut de la liberté humaine et s'en emparer. Il est vrai que nous avons toujours la puissance de résister et qu'il faut notre consentement pour consommer notre défaite. Il est vrai aussi que les théologiens expliquent cette organisation du monde moral par le péché et par un châtiment divin [1], et cependant la raison s'étonne encore et se trouble en présence de cette activité infatigable, de cette haine persévérante, de cette puissance extraordinaire, de cette liberté redoutable accordée à Satan, au sein de cette œuvre divine, où il multiplie les ruines et les ravages. Laissons de côté les exagérations de quelques fanatiques de crédulité qui ont fait de Satan une peinture grotesque; la vérité suffit, et elle nous permet de voir dans les anges déchus et mauvais des ennemis acharnés à notre perte et à la ruine de l'œuvre surnaturelle élevée dans le sang de Jésus-Christ.

Le démon n'est donc pas un symbole ou un mythe;

[1] « Tria sunt consideranda : primum quidem ex parte hominis qui, suo peccato meruit ut in potestatem traderetur diaboli, per cujus tentationem fuerat superatus... Ex parte Dei, quem homo peccando offenderat, qui, per suam justitiam, hominem reliquerat potestati diaboli... Ex parte ipsius diaboli, qui sua nequissima voluntate hominem a consecutione salutis impediebat. » (S. Thom. 3, quæst. XLIX, art. 2.)

il n'est pas un fantôme inventé par l'imagination superstitieuse de la foule; il est, au contraire, une réalité vivante, une puissance mauvaise et redoutable dont nous connaissons la perversité et l'histoire. Il est dévoré de la haine de Dieu, des âmes et de l'Église, dont il a juré la destruction. Sa haine contre Dieu se révèle par ses blasphèmes et ses sacrilèges. Les séductions et les pièges par lesquels il essaye de s'emparer de nous, son astuce et ses violences, ses suggestions et les possessions, les sortilèges, les faux miracles, les obsessions, nous font connaître sa haine contre les âmes. Les hérésies, les fausses doctrines, les révélations par lesquelles il essaye de répandre l'erreur, les persécutions qu'il suscite, les passions qu'il fait naître dans l'âme des sectaires par des communications dont nous n'avons pas à pénétrer les mystères, nous apprennent que, ne pouvant pas attaquer Dieu en lui-même, il le poursuit dans ses œuvres, travaillant avec un acharnement qui ne s'arrête jamais, et par des moyens infâmes, à étouffer la foi, à éteindre la charité, à détruire l'Église de Jésus-Christ.

Il a ce trait commun avec les anges qu'il n'est pas prisonnier dans l'espace; sa nature immatérielle lui permet de se porter avec une étonnante rapidité sur tous les points du globe et de faire croire ainsi, par la rapidité de ses mouvements, qu'il se trouve simultanément sur plusieurs points très éloignés dans l'espace. Habile à pénétrer les effets éloignés des causes dont il connaît la nature et la fécondité dans l'ordre physique, intellectuel et moral, il donne à ses conjectures clairvoyantes les apparences de la prophétie qui fait connaître l'avenir. Doué d'une intelligence qui n'a jamais perdu ses dons naturels et son incroyable étendue, il a une connaissance particulière, vaste et profonde, des principes et des lois qui dominent le monde de la matière ou des corps, soit inorganiques, soit vivants. De là les phénomènes merveilleux qu'il produit en nous, dans nos sens, dans notre imagination, dans notre corps, et en dehors de nous dans l'économie de la nature physique livrée quelquefois et accidentellement à sa puissance.

Il est évident que nous ne connaissons ni le nombre, ni la discipline, ni l'organisation, ni la hiérarchie de ces esprits mauvais. Ils sont légion, c'est l'Évangile qui nous l'apprend. Ils veulent entrer en commerce avec nous, d'une manière sensible et par des moyens déterminés, et témoigner ainsi aux hommes leur réalité et leur perpétuelle présence autrement que par des suggestions perverses et mystérieuses. Le vieux monde païen est rempli de leur présence et de leurs manifestations ; on les reconnaît dans les mystères troublants des peuplades sauvages sagement observées par nos missionnaires; ils se laissent deviner à travers les imprudences et les révélations du spiritisme, des tables tournantes, des évocations des sectaires initiés qui mêlent le sacrilège, le blasphème et les profanations les plus odieuses aux pratiques obscènes d'un rituel caché. C'est toujours le même effort de Satan pour entrer en commerce sensible avec l'homme et parodier l'Incarnation et l'invisible présence de Dieu dans l'Eucharistie.

Satan trouve le champ libre en ce monde, pour éprouver les justes, séduire les pécheurs et multiplier les pièges devant la liberté qui est la condition du mérite et de la récompense. Comment s'exerce cette action? Je ne parle pas des prestiges qui sont l'expression sensible de cette intervention et qui éclatent dans certaines pratiques de spiritisme, de magnétisme et d'évocation. Je parle ici de l'intervention ordinaire que nous désignons sous le nom de tentation.

Le démon connaît les lois qui président aux mouvements, à l'évolution, à la vie de nos pensées, de nos sentiments, de nos affections, de nos souvenirs et de nos espérances; il connaît toutes les lois qui président dans notre corps, dans tous nos membres, à l'ensemble des phénomènes variés qui composent la trame de la vie corporelle, unie si étroitement à la vie plus haute de la pensée.

II

Quel effort il faut donc à l'homme indécis, blessé, troublé, pour renverser tous ces ennemis qui se succèdent sans cesse et se multiplient autour de lui, et pour arriver à sa fin surnaturelle, à la possession de Dieu?

Sans doute Dieu nous accorde sa grâce ; mais la grâce ne nous dispense pas de l'effort, de la résistance personnelle et du combat. Il faut lutter contre ce foyer de concupiscence qui est en nous, dans nos membres, dans nos nerfs, dans notre sang ; il faut résister au mirage et aux séductions redoutables du milieu où s'écoule notre vie ; et jusque dans le silence et la solitude de notre demeure, aux heures de recueillement et de repos, il faut triompher des assauts de cette puissance réelle, mais invisible, qui ne cesse jamais de faire le siège de notre volonté.

Telle est, il faut bien le reconnaître, l'inexorable loi de la vie. Rêver une vie tranquille et heureuse qui nous permettrait de faire le bien naturellement, sans effort, de nous livrer doucement à toutes les inclinations de notre nature, et de ne rencontrer ni obstacles ni ennemis, c'est un rêve chimérique et plein de dangers pour le salut de notre âme, l'enchantement serait trop fort. Oublier cette loi ou se révolter contre elle en murmurant tantôt contre la Providence qui met à un tel prix la récompense promise aux justes, tantôt contre la vie, où les ennemis se multiplient avec les périls qui nous menacent, ce serait perdre un temps précieux et se priver des glorieux mérites d'un combat qui ne finira d'ailleurs qu'à la mort. Il ne dépend pas de nous de changer les lois, l'organisation et la destinée de l'humanité.

Quand les saints Livres nous parlent du royaume de Dieu, ils nous apprennent qu'il sera la récompense des violents, c'est-à-dire des hommes forts : *Violenti rapiunt illud*. En effet, si nous manquons d'énergie morale, si nous reculons en présence de nos ennemis; si, vaincus et découragés, nous renonçons à la lutte persévérante et violente contre notre nature blessée et révoltée, nous passons sous le joug de la concupiscence et des passions toujours insatiables, devenues plus impérieuses que jamais, quand elles arrivent à dominer définitivement notre volonté vaincue ; nous devenons leur esclave, et nous échappons à la loi du devoir pour nous abaisser sous la tyrannie des passions.

Et cet abaissement voulu, prolongé, nous conduit à une irréparable ruine, à la perte définitive de notre âme. Une éternelle défaite est donc le partage du lâche, un bonheur sans fin est réservé aux hommes forts.

Je ne m'étonne pas de cette économie du plan divin, j'en admire plutôt la sagesse et les résultats. Les âmes faibles gémissent des nécessités de la lutte, elles reculent devant des difficultés de la victoire et des épreuves qui rendent la vie si amère. En y regardant de plus près, on voit que l'épreuve ou la tentation est la mère de grandes choses, et tout en s'inclinant, les yeux pleins de larmes, sous la main qui nous frappe avec une rigueur qui semble décourageante, en laissant gémir la nature surprise, il est bon d'observer les beautés du plan divin, qui embrasse nos douleurs comme il embrasse, d'ailleurs, tous les événements qu' forment la trame de notre vie.

A l'heure de l'épreuve et de la tentation, nous

voyons quelquefois se briser nos élans vers la vérité, le bien, la vertu ; nous sentons avec une vivacité douloureuse et quelquefois poignante une contradiction qui semble inexplicable entre les aspirations élevées de notre intelligence et de notre âme vers le vrai, le beau, le bien, et ces continuelles impulsions vers l'erreur, le mal, la fange et les ténèbres de la passion. Ce sentiment abaisse notre orgueil. Nous avions une confiance illimitée et présomptueuse dans la puissance de notre raison et de notre volonté, il nous semblait qu'aucun obstacle ne pourrait nous arrêter, notre orgueil était un défi à la Providence. Il suffit d'une épreuve, d'une tentation, pour rabattre cet orgueil et nous humilier.

Nous avons vu tomber les astres du ciel et chanceler les arbres du Liban, c'est-à-dire nous avons vu autour de nous des âmes qui semblaient voisines de Dieu, si grand était l'éclat de leur intelligence, si pur et si brillant le rayonnement de leur vertu, tomber misérablement, comme autrefois le premier ange, dans l'abîme de la réprobation, et les plus grands saints, remplis de frayeurs, ne mesuraient jamais sans prier la profondeur du précipice ouvert sous leurs pas. Nous aussi, à l'heure de l'épreuve et dans les ténèbres de la tentation, nous sentons mieux notre faiblesse infinie, nous perdons cette confiance exagérée dans notre puissance qui nous exposait à de lamentables chutes, nous frappons notre poitrine avec humilité. Honteux de notre impuissance et de nos défaites, nous invoquons le secours de Dieu.

L'épreuve nous fait connaître ce que nous sommes, et elle rend plus sensible aussi le besoin de Dieu, qui semblait endormi dans notre âme. Oui, nous avons besoin de Dieu, nous appelons de nos désirs toujours inquiets la vérité, la beauté, la justice infinie qui doit un jour nous rassasier en nous donnant le bonheur; nous sommes altérés, et nous avons la nostalgie de l'infini. Comme Platon l'avait entrevu dans ses rêves sublimes, il y a par delà les mondes et au centre de tous les mondes un Être qui attire à lui et qui appelle les âmes, comme ce point mystérieux caché dans l'espace attire l'aiguille aimantée. Nous allons à lui, nous nous sentons attirés vers lui; mais ce n'est pas seulement parce qu'il est notre fin suprême et le *souverain désirable* que nous le sentons, c'est aussi parce que, à tout moment de notre existence et dans toutes les conditions de la vie, nous avons besoin de son secours.

Nous pouvons l'oublier, nous l'avons oublié; mais quand l'heure de l'épreuve est venue, quand les difficultés qu'il fallait renverser pour rester pur, vertueux, chrétien, se sont dressées devant nous, menaçantes et redoutables, alors nous nous sommes rapprochés de Dieu, comme de la source intarissable de toute force, et nous lui avons demandé son appui.

Il faut relire ce beau chapitre de l'*Imitation* qui nous fait comprendre le rôle de l'épreuve dans la vie.

« 1. Nous ne pouvons être sans tentations et sans

tribulations pendant que nous vivons. C'est pourquoi il est écrit dans le livre de Job que la vie de l'homme sur la terre est une tentation. Chacun doit donc être sur ses gardes contre les tentations et veiller dans la prière de peur que le démon ne trouve l'occasion de nous surprendre; car il ne dort jamais et cherche toujours quelqu'un qu'il puisse dévorer.

« 2. Elles sont pourtant quelquefois très utiles à l'homme, quoique rudes et fâcheuses, parce qu'elles l'humilient, qu'elles le purifient et qu'elles l'instruisent. Tous les saints ont passé par les tentations et par les tribulations et en ont profité; et ceux qui n'ont pu leur résister ont été réprouvés et se sont perdus. On voit dans les ordres les plus saints et dans les lieux les plus retirés des tentations et des adversités.

« 3. Nous ne sommes jamais tout à fait à couvert des tentations pendant la vie, parce qu'étant nés dans la concupiscence nous avons en nous une source de tentations. Quand une tentation ou une tribulation cesse, une autre prend sa place, et nous avons toujours quelque chose à souffrir depuis que nous avons perdu notre bonheur... La seule fuite ne nous fait pas remporter la victoire, c'est par la patience et par une véritable humilité que nous nous rendons maîtres de tous nos ennemis.

« 4. ... On viendra plus aisément à bout des tentations, peu à peu avec le secours de Dieu, en souffrant avec patience, qu'en se chagrinant et en s'impatientant. Dans la tentation il faut demander conseil le plus souvent qu'on peut, et nous ne devons pas traiter durement ceux qui sont tentés, mais les consoler comme nous voudrions qu'on fît pour nous.

« 5. ... Comme un vaisseau sans gouvernail est poussé par les flots de côté et d'autre, ainsi un homme relâché et qui n'est point ferme dans ses résolutions est agité de différentes tentations. Le fer est éprouvé par le feu et l'homme juste par la tentation. Souvent nous ne connaissons pas nos forces, mais la tentation nous les découvre. Cependant il faut veiller, principalement quand la tentation commence, parce qu'alors on surmonte plus aisément l'ennemi, si on ne permet pas qu'il entre dans notre âme. D'abord qu'il s'est présenté à la porte, il faut la lui fermer. »

. . . .

« 7. Lorsque nous sommes tentés, ne cessons pas d'espérer, mais prions Dieu avec plus de ferveur afin qu'il daigne nous secourir dans toutes nos tribulations [1]. »

III

Merveilleuse économie du plan divin ! quand nous voyons ici-bas, en nous, autour de nous, dans le monde et partout, tant de choses qui tendent à nous séparer de Dieu, l'épreuve nous fait connaître notre misère et nous ramène à lui. La prospérité nous

[1] Livre I, chap. XIII.

aveugle et nous rend sourd aux inspirations élevées de la conscience, elle nous fait oublier notre destinée et les conditions sévères de notre salut, elle tarit en nous les sources du sacrifice et elle brise les élans généreux. Le calme habituel d'une vie satisfaite ou sans épreuve nous fait aimer la vie jusqu'à l'oubli de Dieu ; mais voici la tentation qui irrite et déchaîne la concupiscence et l'orgueil, voici l'épreuve avec l'appareil du déshonneur, de la misère ou de la mort qui passe au foyer : c'est assez pour rétablir l'ordre troublé dans le plan divin et réveiller dans notre âme engourdie le besoin du divin et du secours de Dieu.

Dans une page lumineuse, l'auteur de l'*Imitation* s'écrie : « Que sait-il, celui qui n'est pas tenté ? » En effet, celui qui n'a pas senti l'aiguillon de l'épreuve ne se connaît pas ; mais il ne connaît pas davantage son prochain.

Il faut avoir souffert pour comprendre la souffrance et s'incliner vers elle avec miséricorde. A l'exemple des apôtres et des saints, quand on a supporté la faim, la soif, le froid, la chaleur, la maladie, la persécution, la honte, et quand on a vu pleurer, souffrir, mourir ceux qu'on aimait, alors on sait quelque chose, on connaît vraiment la souffrance, et l'on devient miséricordieux envers ceux qui en portent le poids quelquefois accablant. L'homme heureux est exposé à l'égoïsme et à la dureté, parce qu'il ne sait pas ce que c'est que souffrir ; mais l'homme éprouvé est porté à la pitié et à la miséricorde ; il peut dire avec un ancien :

> Haud ignara mali miseris succurrere disco.

Il en est de même dans l'ordre spirituel. Quand une âme a traversé la cruelle épreuve des aridités religieuses, des délaissements et des abandons qui font souffrir jusqu'au désespoir ; quand la vertu a été pour elle la conséquence longtemps attendue d'une lutte incessante, pénible et quelquefois violente, contre l'égoïsme, la concupiscence, l'orgueil, alors elle sait quelque chose, elle comprend les souffrances de âmes qui passent par les chemins désolés qu'elle a traversés elle-même, elle s'incline avec tendresse et pitié vers ceux qui souffrent, et elle trouve dans le souvenir de ses propres épreuves l'inspiration d'une charité efficace pour relever et consoler les malheureux.

La souffrance n'est-elle pas, d'ailleurs, la condition du mérite et de la récompense ? Elle doit contribuer, dans le plan divin, à l'expiation de nos fautes et de nos faiblesses trop souvent répétées ; unie aux mérites infinis de Jésus-Christ, elle appelle et fait passer la grâce de la conversion et du repentir dans des âmes qui semblaient condamnées à une perte irréparable ; elle rend notre prière plus ardente et plus puissante en œuvres, et Dieu seul connaît son rôle et son efficacité dans les grands événements religieux et politiques du monde ; elle attire enfin sur nous le pardon qui réconcilie l'homme avec Dieu.

Sans doute, il nous est toujours facile de témoigner à Dieu ses sentiments par la prière et par l'aumône; il faut autre chose, il faut l'effort douloureux, inséparable du renoncement, du sacrifice et de l'épreuve qui nous élève au-dessus de nous-même et apaise, avec le concours de la grâce, la justice divine. Il faut triompher de nous-même, affaiblir et briser nos passions, contrarier notre volonté toujours prompte à la révolte, accepter l'épreuve avec amour et résignation, malgré la douleur quelquefois profonde qui l'accompagne, pour arriver à la vertu.

Quand l'homme est arrivé au renoncement absolu des saints; quand il a pratiqué, pendant de longues années, le chemin des sacrifices volontaires, des souffrances profondes, des expiations sanglantes, alors il devient fort, et sa force tempérée de charité et de miséricorde envers les autres lui permet de comprendre la douleur, d'aimer et de secourir ceux qui en sentent les blessures, de mesurer la profondeur de sa faiblesse originelle et d'élever, avec l'aide de Dieu, sa pénitence à la hauteur des infidélités et des révoltes de sa volonté.

Et cette force morale est indispensable au salut, car il faut choisir entre la paresse et la lâcheté d'une vie abandonnée aux caprices de la passion et l'effort, la résistance et les douleurs d'une vie morale, chrétienne, héroïque et consommée ensuite par la gloire des saints.

IV

C'est, en effet, une loi inéluctable de notre nature, il faut que nous soyons ou maîtres ou esclaves de nos passions.

Quand nous cessons de résister au foyer de concupiscence qui est en nous et de réprimer la révolte perpétuelle qui agite notre corps, notre volonté s'affaiblit avec nos condescendances coupables, et l'énergie de la liberté peut diminuer jusqu'à sa ruine. Il est vrai que nous portons un poids énorme, un long héritage de prédispositions malsaines et ancestrales qui passe des parents à leurs descendants ; mais nous pouvons soulever ce poids et combattre les conséquences de cet héritage redoutable. Et, si nous cessons le combat, si nous obéissons à la loi de la concupiscence et de la jouissance immédiate et matérielle, qui nous fascine jusqu'à l'oubli du devoir et de Dieu, qu'arrive-t-il ? Le remords perd la finesse acérée de son aiguillon, l'attrait du plaisir devient plus séduisant et plus fort, la répétition des mêmes actes engendre l'habitude et le besoin impérieux, le besoin satisfait engendre la nécessité morale et la tyrannie du plaisir, et notre corps lui-même, nos muscles, nos nerfs, notre sang soumis à la loi de solidarité qui les unit aux actes et aux sentiments de la vie de l'esprit, le corps prend une conformation particulière, avec d'irrésistibles exigences ; il devient un corps de péché (*corpus peccati*), il n'obéit plus à la volonté, c'est la volonté qui obéit à ses suggestions désordonnées, l'homme, vaincu, passe de la liberté joyeuse des enfants de Dieu à la servitude et à la dégradation des enfants de ténèbres et d'iniquité.

Si nous cessons de lutter contre la continuelle influence des milieux que nous traversons, nous pourrons constater aussi le même phénomène et la même défaite, de notre liberté. Nous subissons l'influence de nos lectures, de nos conversations, des spectacles que nous avons sous les yeux. L'homme fort résiste à ces influences et les repousse; il est toujours fidèle à d'inébranlables convictions. L'homme faible écoute avec étonnement d'abord, puis avec indifférence, et plus tard avec complaisance et sympathie, ces paroles qui flattent son orgueil secret ou ses passions impatientes; il les approuve, il leur prête une apparence trompeuse de vérité, il espère les justifier, il devient enfin le jouet des opinions factices qu'il a forgées, des nouveaux principes de convention qui ne descendent pas des régions élevées et sereines des principes éternels, lumière infaillible de la raison, mais qui naissent, au contraire, de la complicité de ses mauvais instincts avec les excitations du dehors. Des montagnes de préjugés s'élèvent entre son esprit et la vérité; il perd les joies et les lumières de la liberté pour devenir l'esclave de l'opinion, de cette opinion exigeante qu'on appelle follement la reine du monde.

Que de préjugés politiques, scientifiques, moraux et religieux dans l'esprit de la plupart des hommes qui ne veulent ni connaître la vérité, ni pratiquer la justice, ni embrasser la religion! Leur siège est fait depuis longtemps. Ils vivent dans une atmosphère d'erreurs et de mensonges, ils sont victimes de lectures mauvaises et systématiques, de conversations frivoles toujours favorables aux exigences des passions mauvaises, du parti pris d'écarter la lumière troublante de la vérité religieuse, toujours impérieuse dans l'austérité de ses commandements, d'une première éducation mauvaise et fermée obstinément à toute communication avec Dieu. Ils ont conscience quelquefois de l'état désordonné de leur esprit, de l'immoralité de leurs dispositions, de leur hostilité toujours obstinée envers la vérité qui leur apparaît et les tourmente; mais ils n'ont pas la force de se lever, de parler, d'agir, d'ouvrir leur esprit à la lumière et de briser les chaînes qui les retiennent esclaves de l'ignorance volontaire et de l'erreur.

L'esprit mauvais, qui tente l'homme, devient lui-même plus exigeant et plus puissant quand il rencontre dans sa victime une faiblesse plus grande et de plus lâches complaisances. Il multiplie les suggestions mauvaises dans cette âme ouverte. Comme dans une place démantelée, il s'y installe en maître, il y règne, et substitue son esprit, sa volonté, sa personnalité à celles de sa victime : on ne vit jamais un esclavage plus dégradé et plus profond. Quelle grâce et quel effort il faudrait à cette heure de ténèbres pour briser ces chaînes, délivrer l'âme et lui rendre enfin la lumière sereine avec la liberté !

C'est donc un devoir absolu de cultiver et de développer en nous, par une courageuse habitude, cette force morale qui est à la fois l'indispensable condition de notre salut éternel et de notre liberté.

V

Ce n'est pas seulement au point de vue surnaturel et pour atteindre notre fin suprême que la force morale nous est nécessaire, elle nous est encore indispensable pour atteindre notre fin même naturelle et pour réaliser le type d'honnêteté morale qui commande le respect.

C'est principalement la force de caractère qui fait l'homme et commande l'admiration. Quand nous entendons un homme dont la volonté demeure toujours forte, inébranlable dans sa droiture, un homme esclave de l'honneur et du bien, nous ne pouvons nous empêcher de dire : Voilà un beau caractère ! et par cette parole ou par ce cri d'admiration nous rendons hommage aux grands sentiments qui dirigent sa conduite, et à la force de cette volonté qui repousse avec courage des ennemis si puissants.

Et quand nous rencontrons un homme dont la

volonté sans direction et sans force est l'esclave des suggestions capricieuses, toujours changeantes, de l'humeur et des passions ; une volonté faible et toujours vaincue par les difficultés qu'elle n'a pas le courage d'affronter ; une volonté incapable d'effort persévérant dans la lutte si cruelle de la vie, quelle que soit son intelligence, sa fortune ou sa noblesse, nous disons : Ce n'est pas un homme, il n'a pas de caractère ; il appartient à la race des efféminés.

C'est par la volonté, en effet, par le courage et par l'énergie que nous dégageons en nous la dignité humaine, et que nous nous séparons des créatures inintelligentes, dominées par la loi inéluctable de la nécessité ou de la fatalité. En soumettant notre volonté à une discipline sévère, en la développant par l'exercice et par la lutte opiniâtre contre les difficultés qui nous pressent de toute part, en établissant paisiblement et fortement notre autorité en nous et hors de nous, contre les ennemis que nous portons en nous et contre les ennemis du dehors, alors nous relevons en nous la dignité humaine, nous sommes vraiment hommes et nous commandons le respect.

De quel dédain et de quelle pitié nous accompagnons l'homme sans énergie et sans volonté ! Les pensées, les sentiments, les désirs, les tentations intérieures qui s'élèvent dans son esprit sous l'influence des causes les plus diverses l'émeuvent, l'entraînent et en font leur esclave. Il n'oppose aucune résistance aux causes extérieures qui sollicitent le consentement de sa volonté, il flotte à tout vent, par lâcheté ou par impuissance. Incapable de tout effort, il est indigne d'être libre.

Ainsi, nous portons en nous-même, dans notre esprit, quel que soit notre rang ou notre condition, un idéal dont nous recevons la lumière sans vouloir quelquefois en reconnaître l'origine ; l'idéal de l'homme juste, honnête et digne de respect, de l'homme fort, c'est l'infaillible lumière de la raison, reflet de l'éternelle lumière de Dieu. Plus un homme se rapproche de cet idéal, plus aussi il a droit à notre estime et à notre respect, et il cesse, au contraire, d'avoir droit à cet hommage de la conscience, dans la mesure où il s'éloigne de cet idéal.

VI

Le souci de la dignité humaine nous commande aussi d'aimer et de cultiver en nous la force morale, et le souci de l'honnêteté nous impose la même obligation. Que d'hommes qui ont la prétention d'être honnêtes, même et surtout quand ils ont cessé d'être religieux! Enlevez le masque, et vous découvrirez la triste réalité.

La force morale est inséparable de l'honnêteté, elle en est le fondement. L'ordre naturel embrasse nos devoirs envers Dieu, envers nous-même, envers le prochain, nos devoirs connus par la saine raison. Je dis la saine raison, car la raison pervertie par le sophisme, par le mensonge et par la passion, n'est plus la raison.

Or il faut une grande énergie naturelle pour pratiquer ce triple devoir, il faudrait être bien étranger aux réalités de la vie pour en douter.

Le devoir envers nous-même nous commande de respecter notre âme, notre corps et notre vie, de pratiquer la tempérance et la chasteté. Où sont les hommes qui, en fait, après avoir secoué le joug et répudié tous les secours et toutes les pratiques de la religion, nous donnent ainsi l'exemple de la tempérance, de la chasteté, du respect de leur propre dignité, de la dignité humaine. Il faut être fort pour en arriver là, pour dompter ses mauvais instincts et rester encore honnêtes, quand on a cessé d'être vertueux.

Où sont les hommes qui observent rigoureusement la justice envers le prochain? Dans cette société prise de vertige et éprise jusqu'à l'ivresse d'or, de plaisirs, d'honneurs, nous rencontrons sous des noms divers, à tous les degrés de l'échelle sociale, des hommes jetés dans la lutte âpre et violente pour la vie. Briser tous les obstacles, arriver à la fortune par tous les moyens qui échappent à la vindicte des lois, braver l'opinion d'ailleurs toujours capricieuse de la foule, en adoration devant le succès, écraser et écarter les vaincus de son passage, et établir de gigantesques fortunes sur des ruines où gémissent des victimes qui n'inspirent aucune pitié, n'est-ce pas le rêve de ceux qui sont impuissants à agir, n'est-ce pas la perpétuelle tentative de ceux qui peuvent agir et qui tiennent des hasards de la vie toutes les chances du succès?

C'est qu'il nous faut une grande force morale pour pratiquer les devoirs commandés par l'honnêteté naturelle, et pour rester fidèles à la pratique du Décalogue. Ce n'est pas seulement sur les hauteurs du monde surnaturel, en face du devoir chrétien, que nous rencontrons la lutte et l'effort; la lutte est partout, elle est aussi dans l'ordre naturel, parce que les mêmes passions frémissantes qui nous sollicitent, nous troublent, nous entraînent quand nous voulons être chrétiens, nous pressent aussi et nous tourmentent quand nous voulons être honnêtes. C'est l'éternelle lutte de la passion et du devoir.

Et c'est précisément parce que l'honnêteté même naturelle exige un grand effort, que les hommes honnêtes deviennent si rares, et que toute décadence morale est si étroitement unie à la décadence religieuse. Ce n'est pas seulement la religion chrétienne qui nous défend de tuer, de voler, de profaner notre corps, de déshonorer le foyer, la raison et la loi naturelle nous imposent les mêmes obligations, elles nous disent: Tu ne tueras pas, tu ne blasphémeras pas ton Dieu, tu ne raviras pas la femme de ton prochain, et la loi morale, inflexible dans ses commandements, exige elle aussi de la volonté humaine le courage et l'effort.

Que de raisons décisives de combattre notre paresse

native et la nonchalance qui nous livrent aux passions dont nous devenons le jouet ridicule! Il faut agir, il faut combatre, il faut trouver en nous et en Dieu la force morale qui nous aidera non seulement à porter le poids des difficultés et des épreuves dont la vie humaine a toujours été faite, mais à relever et à conserver en nous cette dignité morale qui est notre honneur et qui n'appartient qu'à nous.

CHAPITRE II

DIEU ET L'ÉNERGIE

I

Il nous faut un point d'appui pour relever en nous le sentiment de notre dignité personnelle, pour développer notre énergie naturelle et devenir enfin des hommes de caractère; où trouverons-nous ce point d'appui?

Frappés des divisions qui règnent dans les camps des philosophes et des théologiens, effrayés des abaissements, des lâchetés, des crimes qui déshonorent notre siècle et qui revivent dans les pages hardies des romans contemporains; émus cependant du besoin d'honnêteté et des aspirations à la justice que rien ne peut détruire au fond de notre conscience, quelques moralistes, épris de nouveauté, ont conçu le dessein de fonder une nouvelle Église et de relever les caractères, en dehors de toute affirmation religieuse et de tout système philosophique, avec le concours dévoué des « esprits positifs ».

Quels sont ces esprits positifs? A côté des esprits négatifs, qui comprennent des groupes divers, charmants incertains, bouddhistes sombres et nihilistes, sceptiques logiques, empiristes ou mécanistes fascinés par le jeu des forces physiques et fatales, et la foule immense des hommes qui vivent dans une complète anesthésie morale, il y a les esprits positifs.

« Ils comprennent, d'abord, tous les vrais chrétiens et tous les vrais juifs attachés à l'esprit profond de leur religion; puis les philosophes, les poètes qui affirment ou chantent l'idéal moral, les nouveaux disciples de Platon et des stoïciens... J'y ajoute, étroitement unis au premier, tous ceux, célèbres ou obscurs, dont la vie seule, en dehors de toute spéculation, est une affirmation solide de la possibilité et de la suffisance du bien. Les actes de ces hommes et de ces femmes en train de se créer eux-mêmes comme êtres libres, comme êtres humains, ont une valeur de doctrine, cela ne peut être nié. Ils travaillent et peinent, çà et là, chacun dans sa ruche, chacun mettant son bien propre à réaliser ce qu'il croit absolument le bien; ils se font les serviteurs dévoués de quelque chose qui existe en dehors d'eux, cité, religion, justice, vérité même ou beauté, conçus comme mode d'adoration... Tous composent, à ce qu'il me semble, une seule et même Église, ayant les philosophes et les poètes du devoir pour docteurs, les héros du devoir pour fidèles. On peut les appeler d'un nom général, des « positifs »[1].

Mais quelle est la doctrine enseignée par ces philosophes et ces poètes du devoir? Quel est le système philosophique ou théologique unanimement accepté qui servira de lien entre ces chrétiens, ces juifs, ces adeptes de la religion nouvelle, et qui leur donnera les ressources de la cohésion? Quel est le programme qui leur servira de ralliement? Toute confession religieuse commence par l'affirmation d'un *Credo* et par l'excommunication de ceux qui refusent d'y croire. Mais si le *Credo* est facultatif, les fidèles de l'Église nouvelle se dispersent; ils ont rompu le lien qui rapproche les intelligences et les volontés. Entre les confessions théologiques et philosophiques rivales qui se partagent le domaine des consciences, quelle est celle qu'il faut embrasser, quelle est celle qui donne avec la plus haute autorité la solution des problèmes religieux qui n'ont jamais cessé de troubler l'esprit humain?

Les nouveaux moralistes ne répondent pas à ces questions pressantes, ils déclarent même qu'ils ne veulent pas y répondre, et qu'ils ouvrent les bras à tout homme qui aspire au bien, à la justice, à la charité, sans s'inquiéter de connaître ses croyances religieuses ou de lui composer un *Credo*.

« Si nous laissons répéter que la croyance préalable à cinq ou six dogmes nets est une condition nécessaire à l'accomplissement de tout notre devoir,

---

[1] Paul Desjardins, *le Devoir présent*, p. 9.

l'impossibilité réelle ou prétendue de croire aux dogmes deviendrait pour certains une décharge du devoir lui-même, et il nous échapperait sans doute par des arguments théoriques, ce qu'il ne faut pas. Chrétiens ou non chrétiens, comme il est pour nous des obligations communes, il doit être une foi commune aussi. Je ne puis m'empêcher de sourire vraiment de cette prétention d'après laquelle nous n'arriverions à nous faire un idéal, c'est-à-dire à vivre, qu'après un long stage théologique ou philosophique... On rencontrera en notre assemblée des personnes venues de toutes les origines, catholique, protestante, juive ou philosophique, et elles seront les bienvenues. » (PP. 45-46.)

Aimer d'abord, et croire ensuite ce que l'amour conseille, tel est le principe pratique et fondamental de la nouvelle Église, à laquelle des indiscrets ne manqueront pas de demander ce qu'il faut aimer, et à quel prix il faudrait estimer ces suggestions d'un amour susceptible des plus larges écarts, avec la diversité des instincts et des passions qui caractérisent les individus.

« Depuis cinq ou six ans que le malaise de nos consciences s'est révélé comme un problème à résoudre, et que ce problème est devenu pressant, aigu, on a vu les solutions antiques se relever l'une après l'autre, se proposer, puis s'évanouir : néo-catholicisme, néo-protestantime, néo-bouddhisme,... également inefficaces. Je n'en ai pas été surpris; toutes ces solutions n'atteignent le cœur et la volonté que par l'intermédiaire de l'intelligence ou du rêve, elles sont spéculatives; ce n'est pas là ce que nous attendons. Selon toute vraisemblance, *le problème ne comporte pas une solution spéculative,* mais pratique. Il ne s'agit pas de croire d'abord, mais d'abord d'aimer. Et ensuite que croira-t-on? Ce que l'amour conseille et exige qu'on croie, simplement. Et là-dessus les exigences varient selon les esprits, imaginatifs ou logiques, timorés ou libres, cultivés ou incultes, en sorte qu'il serait assez juste de dire : Autant de religions, au fond, que de personnes, et un seul devoir pour toutes ensemble. » (PP. 50-51.)

Les fondateurs de l'Église nouvelle voyagent comme des fantômes dans d'épaisses ténèbres; ils manquent de lumière et de précision; tout est vague, indécis, confus, dans les théories qu'ils voudraient nous faire accepter, après s'être déclarés les adversaires irréconciliables de toutes les théories. Pressés dans leurs derniers retranchements par la logique impitoyable de leurs adversaires, ils déclarent qu'il ne faut pas parler de religion, qu'il faut fermer au public l'accès de notre conscience et ne jamais lui révéler le secret de nos croyances religieuses, qu'il suffit de faire savoir aux esprits généreux à la recherche d'un cri de ralliement que nous avons une destinée et un devoir à remplir, que nous vivons pour quelque chose, que nous avons quelque chose à faire sur la terre. La possession d'un idéal de vie, la croyance en un devoir, voilà ce qui doit nous unir.

Que si vous insistez, si vous demandez quel est

cet idéal et quel est ce devoir, ils répondront : L'idéal, c'est d'aimer et de pratiquer le bien ; le devoir, c'est de se dévouer à son prochain et de travailler à l'amélioration morale de l'humanité.

A les entendre, il suffirait donc, pour développer l'énergie morale et former des hommes de caractère, d'écarter toutes les religions, et tous les systèmes de morale inventés par les philosophes, d'éviter les explications et les définitions scientifiques, de faire appel à tous les hommes de bonne volonté, de toutes les confessions, de toutes les écoles, de tous les partis, de créer un grand mouvement d'opinion, et d'inspirer aux âmes l'amour de l'Idéal, la passion du devoir, la passion du bien.

Il faut écouter sa conscience et recueillir les leçons de son expérience personnelle pour connaitre le devoir. C'est par la résistance aux instincts mauvais et par l'amour du bien que notre volonté réalisera sa destinée. Ces notions suffisent aux fidèles de la nouvelle Église ; il ne faut pas en demander davantage.

Que faut-il penser de ce système ?

II

Il ne nous déplait pas de reconnaitre d'abord la droiture des intentions et la générosité élevée des fondateurs de la nouvelle Église. Ils veulent arracher l'homme à la sensualité, à l'égoïsme, aux instincts mauvais ; ils sont les adversaires courtois mais implacables des sceptiques, des indifférents, des négatifs, qui ne veulent connaître ni le devoir ni la destinée humaine, ni l'orientation que la nature impose à notre vie; ils rendent hommage aux nobles sentiments et aux grandes actions inspirées par le christianisme, et s'ils ont la prétention de prêcher une nouvelle croisade à la jeunesse de notre temps et de réunir un instant tous les hommes dont le cœur bat dans la contemplation des idées les plus élevées que nous puissions concevoir, c'est pour arriver à l'amélioration morale de l'humanité.

Ces nouveaux moralistes jetés dans la mêlée confuse des opinions, des systèmes, des espérances et des déceptions, des joies et des tristesses profondes de notre temps, ont conservé les élans et les illusions de la jeunesse; ils rêvent, ils entrevoient un monde meilleur et prochain; ils ont senti l'invincible dégoût des jouissances égoïstes et charnelles, des ambitions sans fin; ils veulent devenir les ouvriers et les précurseurs de cet avenir qui marquera une étape heureuse dans l'évolution de l'humanité. Aux découragés et aux sceptiques, aux indifférents et aux négatifs, ils répondent par un *sursum corda*, devenu leur cri de ralliement. Ils ne veulent désespérer ni de l'âme humaine, qui porte en elle le germe des plus grandes choses, ni de la puissance et de l'efficacité de l'Idéal, dont ils attendent même ici-bas la réalisation et la victoire.

Ils ont vu clairement, ils ont constaté, par une longue habitude du recueillement de la pensée, la présence au fond de l'âme des germes immortels des plus grandes choses, des semences d'idées fécondes et généreuses qui se révèlent toujours à l'esprit attentif aux phénomènes les plus intéressants de notre vie morale. Ils s'appuient même sur ces germes et sur ces semences, sur ces aspirations naturelles vers la vérité, la beauté, la justice, pour tenter un rapprochement entre tous les hommes et provoquer un grand mouvement d'honnêteté et de sacrifice dans l'opinion publique.

Il leur manque, il est vrai, le courage d'être sincères avec eux-mêmes, et ils sont pusillanimes dans leurs déductions : ils constatent le fait, sans essayer d'en connaître la cause. Avec tous les grands philosophes qui, de Platon à Thomassin et à Gerdil, ont étudié le sens de Dieu dans l'âme humaine, nous compléterons leur système et nous lui rendrons ses bases. Nous répéterons cette belle parole de Thomassin, parlant au nom de la philosophie chrétienne: « Il faut donc qu'il existe une grande familiarité et une étroite parenté entre les créatures raisonnables et Dieu lui-même, puisqu'il nous est à peu près impossible de raisonner et de parler, si notre esprit n'est pas enveloppé et pénétré de la lumière des idées éternelles de Dieu, lumière qui sert de règle à tous les hommes impies ou chrétiens, pour juger et apprécier en matière d'art, de science et de morale [1]. »

Nous dirons avec saint Augustin : « Pourquoi les

---

[1] Thomassin, *De Deo*, lib. III, cap. xv.

impies eux-mêmes peuvent-ils distinguer dans les actions morales de leur prochain celles qu'il faut louer et celles qu'il faut blâmer ? N'est-ce pas qu'ils consultent les règles morales immuables de leur conscience, qui leur apprennent comment il faut vivre, même quand ils ont la faiblesse de mener une vie coupable ? Et ces règles immuables, où les voient-ils ? Ce n'est pas assurément dans leur esprit, qui est assurément changeant. Où sont ces règles de morale qui leur font un devoir de chercher ce qu'ils n'ont pas ? Elles sont écrites dans le livre de lumière de Celui qui est la Vérité éternelle. C'est lui qui imprime en nous cette loi, comme l'image de l'anneau laisse son empreinte dans la cire [1]. »

Nous relirons ensuite le merveilleux chapitre de la théodicée du grand Thomassin, où il développe cette pensée : « Au-dessus de la puissance de comprendre, il y a en nous un sens mystérieux caché, par lequel Dieu est plutôt senti que compris. » C'est le sens de Dieu qu'il faut affirmer et conserver dans la philosophie qui ne veut pas devenir empirique et positiviste, ce sens qui malheureusement est trop oublié de nos jours, là même où l'on devrait être fier de le faire connaître et de le défendre.

Les nouveaux moralistes méritent donc nos louanges, quand ils se séparent des sceptiques de belle humeur, pour qui les mots devoir, morale, vertu, sacrifice, ne sont que de vains mots, destinés

---

[1] S. Augustin, *De Trinitate,* lib. XIV.

à cacher des idées de convention, des préjugés ou des superstitions, et dont il faut débarrasser l'esprit humain avide de jouissances. Il faut leur savoir gré d'avoir reconnu la force et la vérité des grandes idées de devoir et de sacrifice, qui aident l'homme à s'affranchir de la tyrannie de l'égoïsme et de la débauche, et qui sont immortelles comme l'âme, dont elles demeurent l'infaillible lumière.

III

L'erreur fondamentale des moralistes de la nouvelle Église, c'est d'oublier ce lien étroit qui unit la raison humaine à l'intelligence divine, l'homme à Dieu. Ils ont la prétention de séparer l'homme de Dieu, ils caressent l'illusion de faire aimer le devoir, la justice, le bien, et de former des hommes de caractère en dehors de toute confession religieuse et de toute philosophie spiritualiste; et, tandis que les philosophes les plus illustres de tous les temps ont toujours travaillé à dégager en nous *le sens de Dieu*, à montrer le prolongement de nos actions dans une vie future, à rattacher l'homme et par conséquent la volonté à sa cause première, ils écartent systématiquement de leurs conceptions la cause première, la vie future et Dieu.

De là des erreurs et des contradictions que nous allons signaler.

Les nouveaux moralistes ont posé le problème

avec une rare précision : « Avons-nous une destinée, un idéal, un devoir, ou bien nous agitons-nous sans cause ou sans but, pour l'amusement de quelque démiurge malicieux, ou tout simplement pour le caprice absurde du grand Pan? Telle est la question qui divise les consciences [1]. »

Le problème ainsi posé n'est pas pour nous déplaire, et nous pouvons le traduire dans cette formule classique : Quelle est la fin de l'homme et de l'humanité, quelle est notre destinée?

Avons-nous été jetés dans le monde par le hasard, par le concours fortuit des atomes, par le caprice des forces chimiques et physiologiques, ou sommes-nous l'œuvre libre d'une cause première et universelle qui nous a imposé par l'acte créateur une loi, une direction et une fin? A l'extrémité de la vie que faut-il voir? Est-ce le néant, c'est-à-dire la nature qui reprend les molécules de notre corps pour continuer l'éternel travail de ses métamorphoses, et qui, en reprenant ces molécules, reprend notre être tout entier? Est-ce une vie nouvelle et l'aurore de notre immortalité, étroitement unie à notre survivance personnelle? Après la mort, est-ce le néant, est-ce encore la vie, mais la vie transformée? Où allons-nous? J'attends une réponse à cette question pour me décider dans le choix du chemin que je dois prendre; tant de voies différentes s'ouvrent devant ma liberté, quand je réfléchis et

[1] Paul Desjardins, *op. cit.*, p. 3.

que je cherche à connaître l'orientation nécessaire de ma vie!

Or les nouveaux moralistes nous ont déclaré qu'il fallait bannir de la morale tout ce qui touche à l'existence de Dieu, à la spiritualité de l'âme, à la vie future, tout ce qui rappelle l'idée religieuse dans la forme philosophique et dans la forme théologique; ils ont la prétention de se placer sur le terrain pratique des faits et de découvrir la morale, en dehors de tout élément religieux. Qui ne voit ici la contradiction?

Il s'agit, dites-vous, de savoir si nous avons une destinée? D'accord. Mais, si ma destinée est de remplir des devoirs envers Dieu, envers mon prochain, envers moi-même; si ma destinée est de traverser la terre pendant la durée éphémère de la vie et de survivre sans fin, après la mort, dans l'indéfectible possession du Vrai, du Bien et du Beau absolu, il faut que vous me donniez des explications touchant Dieu, l'âme et la vie future; il faut que vous me fassiez connaître les moyens que je dois prendre pour atteindre ma fin; j'attends de vous la lumière sur le problème de ma destinée.

Il est évident que, de la réponse à ces questions, dépendra la direction de ma vie.

Cette direction sera toute différente selon l'explication, ou matérialiste ou spiritualiste, qu'il vous plaira d'embrasser. Un matérialiste professe que l'homme meurt tout entier, corps et âme, à la manière des animaux; il vivra comme eux. Un spiritualiste affirme que l'âme est l'œuvre de Dieu, qu'elle est immortelle, qu'elle sera jugée, récompensée ou punie; il donnera à sa vie une autre direction.

Il n'est donc pas possible, quand on pose le problème de la destinée humaine, de nier *à priori* la réalité de Dieu, de l'âme et de la vie future; il n'est pas possible de déclarer qu'on ne s'en occupera pas; il n'est pas possible de résoudre le problème et de négliger ces vérités fondamentales; il n'est pas possible d'arriver à connaître la direction que nous devons donner à notre liberté, si nous refusons de chercher avant tout le but de la vie.

Or les nouveaux moralistes ont pris pour maxime de ne pas s'occuper de théologie et de métaphysique, de Dieu et de la vie future. Ils ne peuvent donc pas résoudre le problème de notre destinée. En principe, ils déclarent qu'ils vont partir à la recherche de cette solution, et pratiquement ils déclarent qu'ils ne veulent pas la découvrir.

Ils se retranchent derrière cette hypothèse : Si Dieu n'existait pas, si l'âme n'était pas immortelle, il serait encore vrai qu'il faut aimer la justice, pratiquer la charité envers le prochain, réaliser un idéal qui s'impose à notre admiration. Unissons-nous, organisons une croisade pour assurer le triomphe de ces nobles sentiments.

Nous ne sommes plus sur le même terrain, et nos adversaires s'éloignent volontairement de la question. Au début, ils nous promettaient de nous faire connaître la solution du problème de la destinée humaine et les devoirs que nous devons remplir pour l'atteindre. En ce moment ils écartent ce grave problème, et ils posent cette question d'un ordre purement spéculatif : Si Dieu n'existait pas; si l'âme n'était pas immortelle, quels sont les devoirs que nous serions encore obligés de remplir?

Cette question diffère absolument de la première, et même dans l'hypothèse, d'ailleurs chimérique, où les nouveaux moralistes seraient assez heureux pour dresser la liste de nos devoirs, ils nous laisseraient dans une profonde ignorance en ce qui touche à notre destinée et à la direction de la vie.

A qui s'adresseront-ils pour connaître les devoirs qu'une société, pratiquement matérialiste et athée, doit remplir? A qui demanderont-ils l'Idéal que nous devons réaliser?

Ils ne s'adresseront pas à la foule. Égarée par les préjugés, aveuglée par les passions, soumise aux fatalités humiliantes de l'instinct dont elle a accepté librement la tyrannie, elle a perdu le noble sentiment de l'Idéal, elle dort dans l'indifférence ou elle croupit dans la boue.

Ils ne s'adresseront pas aux savants, qui sont profondément divisés par des préjugés d'école et par les fausses lueurs de l'orgueil. Les nouveaux moralistes reconnaissent eux-mêmes que ces savants sont indifférents à la direction pratique et morale de la vie : quelques-uns sont pessimistes, déterministes, sceptiques; d'autres sont bouddhistes, nihilistes, des raffinés perdus dans l'ivresse des sensations délicates, les esclaves du système nerveux; d'autres, en plus grand nombre, n'appartiennent à aucune école, à aucune église, ils se laissent vivre en attendant la mort.

A qui donc demanderons-nous la nomenclature de nos devoirs? Nous-mêmes nous ferons une réponse différente, selon que nous serons ou purs ou corrompus, ou vertueux ou endurcis dans le mal. Nos réponses prendront le reflet des impressions que nous aurons reçues dans notre première éducation et dans le milieu où s'écoule notre vie, ou stérile ou féconde. Il est si facile de se faire illusion, de fausser sa conscience, et de se fabriquer des idoles qui reçoivent notre encens!

Il me semble bien difficile, il est impossible, quand on a cessé de croire à l'immortalité de l'âme et à l'existence de Dieu, de trouver une règle, un criterium pour dresser exactement la liste de nos devoirs.

IV

D'ailleurs, nos devoirs ont un triple objet: Dieu, le prochain et nous-mêmes. Or les nouveaux moralistes suppriment pratiquement nos devoirs envers Dieu et nos devoirs envers nous-mêmes; ils conservent, par une fiction philosophique, nos devoirs envers le prochain. Nous n'avons pas encore épuisé la série de leurs contradictions.

Qu'ils suppriment pratiquement, en les rendant facultatifs, nos devoirs envers Dieu, c'est de toute évidence. Ils disent volontiers avec les positivistes : Il ne faut s'occuper de Dieu, ni pour l'affirmer ni pour le nier ; on peut s'en passer. Mais, plus indifférents ou plus sceptiques que les positivistes, ils ne refusent pas le concours des hommes qui croient à l'existence de Dieu, s'ils veulent croire avec eux à la justice, au devoir, à la charité. S'ils acceptent leur concours, ce n'est donc pas parce qu'ils confessent l'existence de Dieu et l'immortalité de l'âme, ils tiennent ces vérités pour des hypothèses indémontrables, c'est parce qu'ils reconnaissent avec eux la beauté et la nécessité du devoir.

Nos devoirs envers Dieu sont ainsi supprimés. Quels devoirs aurons-nous envers nous-mêmes ? L'esprit porte avec lui la liberté, la responsabilité, la survivance. Mais si vous supprimez l'esprit, si vous contestez pratiquement l'existence de l'âme, considérée comme force libre et responsable, il ne reste plus qu'une créature matérielle, analogue aux autres animaux, obéissant comme eux à la loi de l'instinct et de la jouissance, et destinée à la même mort.

Il faut donc ou reconnaître la spiritualité de l'âme et son immortelle survivance, — et l'on oublie ainsi la neutralité métaphysique et religieuse, — ou renoncer à reconnaître l'existence de devoirs envers nous-mêmes. On n'a pas de devoirs à remplir envers les animaux.

Il nous restera peut-être des devoirs à remplir envers le prochain. Je pourrais soulever une difficulté préjudicielle. Avant de connaître ces devoirs, je veux savoir si je suis libre et responsable. En effet, si la liberté est un préjugé d'école, si toutes mes actions sont le résultat nécessaire, inéluctable de causes étrangères, du climat, de la constitution, de l'hérédité, si toutes mes actions se produisent comme la chute des corps par un mécanisme dont l'habileté est un perpétuel sujet d'étude et d'admiration, je ne vois pas pourquoi l'on m'imposerait des devoirs envers le prochain. Je n'ai qu'à me persuader, en suivant les conseils des déterministes, que je ne suis pas libre, qu'il faut obéir à toutes les impulsions qui se succèdent en nous, selon des lois inéluctables, et si vous attendez de moi un changement ou une direction différente, ce n'est pas à ma volonté qu'il faut vous adresser, c'est aux causes matérielles qui mettent ma volonté en action.

Je n'insiste pas sur cet argument. On nous dit que le devoir, la justice, le dévouement, ont ce caractère particulier qu'ils nous apparaissent comme un idéal dont la réalisation provoque nos louanges. A ce trait, à l'émotion agréable et à l'admiration que nous éprouverons, nous reconnaîtrons les actions vertueuses. A la répulsion, à la tristesse, au remords que nous feront éprouver d'autres actions, nous reconnaîtrons qu'elles sont mauvaises et que nous devons les éviter. Voici donc, si nous en croyons les nouveaux moralistes, le criterium qui nous permettra enfin de distinguer le bien du mal et de cataloguer nos devoirs envers le prochain.

Mais ce criterium nous paraît bien trompeur et

trop insuffisant : autre chose est une impression esthétique, autre chose un impératif moral, un commandement auquel je suis tenu d'obéir.

Que j'éprouve une impression agréable en présence d'une belle action, c'est possible, — et c'est précisément la thèse des positivistes qui veulent conserver les apparences d'une morale, — mais il ne suffit pas que la vue d'une action produise en moi une impression agréable pour que je me reconnaisse obligé de contrarier ma liberté, de me gêner, de souffrir et de pratiquer moi-même cette action. Je dirai avec vous : Voilà une belle action. Mais je ne dirai pas nécessairement : Donc, je suis obligé de la faire. Il y a un écart considérable entre ces deux propositions.

Si vous voulez obtenir de moi un effort douloureux qui contrarie ma liberté, une résistance aux exigences de l'instinct animal, un sacrifice qu'il faudra d'ailleurs renouveler tous les jours, car tous les jours il y a conflit entre la raison et la sensation, entre le devoir et le plaisir, il me faut autre chose qu'une émotion esthétique, il me faut une autorité supérieure à mon être, à mon âme, à mes facultés, il me faut un législateur dont je reconnais la puissance et qui me commande d'obéir, parce qu'il a le droit de me le commander.

La loi du devoir implique donc nécessairement un supérieur et un inférieur, un législateur et un sujet.

Je cherche en vain le législateur dans l'hypothèse des nouveaux moralistes, ce législateur n'existe pas.

Vous voulez que je préfère le devoir au plaisir, le dévouement à l'égoïsme, le sacrifice à la jouissance, et qu'un noble idéal guide ma vie? Fort bien. Au nom de qui parlez-vous? Quel est le législateur qui attend de moi cette obéissance à des prescriptions pénibles? Où est le maître qui prétend ainsi s'emparer de ma volonté et la diriger? Qui a rédigé ce code de morale et dressé de la sorte la liste des devoirs que je dois remplir? Vous ne voulez pas que nous parlions de Dieu, d'un législateur souverain, d'une cause première, et vous êtes jaloux de simplifier le débat, en écartant toute discussion métaphysique! A qui donnez-vous la place de Dieu?

Vous prétendez obtenir l'amélioration morale de l'humanité et gouverner le genre humain par des axiomes de ce genre : « Il faut aimer la justice, le dévouement, le sacrifice, parce que cela est beau ! » La foule immense restera insensible à votre déclaration esthétique, qui lui paraîtra naïve; et votre admiration n'empêchera pas un seul homme de chercher la jouissance dans la volupté, dans la richesse, dans des spéculations véreuses, et de rester impitoyable dans cette lutte pour l'existence où les plus faibles sont écrasés.

Telle action qui nous paraît belle et généreuse n'est plus qu'une maladresse naïve et ridicule aux yeux d'un homme pratique, positif, qui ne voit rien au delà de la vie, et qui est pressé de jouir. Affaire de goût, caprice d'esthétique. Aussi bien il se trouvera toujours des esprits curieux, philosophiques, qui vous diront : Pourquoi sommes-nous obligés de préférer ce qui est beau à ce qui est agréable ? Pourquoi faites-vous d'une telle hypothèse un axiome indiscutable ? Quelle autorité avez-vous pour transformer en obligation morale une appréciation de votre esprit que j'ai le droit de contester ?

Vous êtes-vous demandé pourquoi nous reconnaissons que certaines actions sont belles et morales et d'autres laides et immorales ? C'est sans doute parce que la conscience le veut ainsi. Mais la conscience peut s'oblitérer comme les autres facultés; ce sentiment d'admiration que nous éprouvons pour la beauté morale, pour le dévouement, pour la justice, peut s'éteindre en nous par l'habitude du vice contraire et par la pratique du mal. La conscience n'est plus la même dans l'homme vertueux et dans le criminel endurci.

L'admiration que nous accordons à la vertu ne vient pas seulement d'un jugement instinctif de la conscience encore intègre, elle vient aussi de ce que la vertu a été jugée digne de louange par les plus grands esprits de tous les siècles, par une longue tradition des peuples civilisés, par la croyance du genre humain. Et cette croyance est fondée sur la conformité que nous découvrons entre certaines actions et l'idéal de bonté, de sainteté qui éclaire notre intelligence, entre la liberté humaine et la loi naturelle gravée dans notre conscience par le Créateur.

Mais si vous renoncez à la métaphysique et à la

philosophie, comme vous le proclamez dans les préliminaires de votre religion nouvelle ; si vous ne voulez parler ni d'idéal de vertu, ni de loi naturelle, ni de finalité, l'esprit s'habituera à refuser sa louange à des actions qui, en réalité, ressemblent à toutes les autres ; il mettra au même rang le sacrifice et l'égoïsme, le dévouement et la passion, il perdra jusqu'à ce sentiment d'admiration que les âmes neuves éprouvent pour la justice, et qui n'aura plus à ses yeux aucune valeur.

La conscience, comme la raison, obéit à la loi de sa nature quand elle veut s'élever des effets aux causes, et découvrir l'explication des sentiments d'approbation ou de réprobation qu'elle sent naître instinctivement en elle en présence du vice et de la vertu ; nous n'avons pas le droit d'interdire à la conscience d'obéir à sa loi.

V

Je veux bien supposer un instant, contre toute vraisemblance, que les nouveaux moralistes ont trouvé une règle pour reconnaître la nomenclature exacte de nos devoirs, et qu'ils ont réuni des hommes de bonne volonté disposés à les pratiquer. Cela ne suffit pas : l'obligation morale appelle une sanction. Où est la sanction ?

Vous ne parlez pas à une école, à quelques rares disciples ; vous avez la prétention de vous adresser à l'humanité, de lui faire connaître les voies nouvelles où elle doit entrer, de lui enseigner la loi morale dont le respect nous donnera la paix, l'amélioration commune, le perfectionnement moral de notre volonté. C'est une loi qui doit remplacer définitivement la loi naturelle fondée sur la philosophie et la loi positive enseignée par les religions.

Si l'humanité se composait de créatures parfaites toujours disposées à se conformer à la loi du devoir par un élan spontané de la volonté, il lui suffirait en effet de voir la loi pour l'exécuter; le concours d'une sanction deviendrait superflu. Mais il n'en est pas ainsi. On ne peut pas dire qu'ici-bas la vue de la loi engendre l'amour, et que l'amour produit nécessairement l'action. Il faut tenir compte de la chute originelle et des tendances contradictoires qui sollicitent notre volonté. Nous sommes naturellement rebelles à la loi morale, et c'est toujours au prix d'un effort, par un acte méritoire, que nous portons son joug, et que nous avançons dans la vie.

Qui nous défendra contre nos propres défaillances et nos entraînements répétés ? qui nous soutiendra dans la lutte? qui nous arrêtera dans nos tentatives de révolte? qui nous punira, après nos transgressions ? La philosophie spiritualiste, qui donne à la loi morale dont notre conscience reçoit la lumière une origine divine, assure ou rend plus facile son exécution par la crainte d'un châtiment; elle nous apprend à voir en Dieu le législateur et le juge qui promulgue la loi et punit le transgresseur.

Mais ici nous ne rencontrons ni législateur ni sanction. Nous sommes en présence de formules solennelles qui retentissent dans le vide, sans jamais réveiller un écho. S'il me plait de ne pas partager votre admiration pour ces formules; s'il m'est plus agréable et s'il est plus conforme à mes intérêts de violer la loi morale dont la conception est votre œuvre, que puis-je craindre? Rien, ni en ce monde ni en l'autre.

Les lois civiles sont placées sous la protection de la force, qui en assure l'exécution. Derrière le code il y a le gendarme. Que si vous supprimiez d'un trait de plume les gendarmes, les tribunaux, la prison, si vous vous contentiez de donner des conseils empruntés à l'esthétique et de quelques appels éloquents à l'idéal, j'estime que la paix sociale et la sécurité des honnêtes gens seraient bientôt compromises, et qu'il faudrait sortir des nuages de l'utopie pour entrer dans le monde des réalités.

Pourquoi en serait-il autrement dans l'ordre moral? Pourquoi celui-ci n'aurait-il pas de sanction? Est-ce que la volonté humaine, toujours exposée à la révolte en présence de la loi civile qui la contrarie, serait toujours disposée à l'obéissance en présence de la loi morale qui gêne ses passions? N'avons-nous pas à vaincre les mêmes difficultés, à triompher des mêmes séductions? La soumission à la loi morale, dans le secret et l'intimité de la conscience, n'est-elle pas au moins aussi pénible que la soumission aux lois civiles, suprême garantie de la paix des États?

Et si vous reconnaissez qu'en supprimant la sanction vous exposeriez les lois positives civiles à tomber dans le discrédit, à devenir un objet de dérision, n'êtes-vous pas forcés de reconnaître que la loi morale est exposée à devenir elle aussi un objet de dérision et à tomber dans le discrédit, s'il est permis à chacun de nous de la violer sans encourir le châtiment d'une répression ?

Mais en négligeant l'idée de Dieu et la croyance même philosophique à la survivance de l'âme, en les écartant de votre nouvelle morale, vous vous mettez dans l'impossibilité d'attacher une sanction à cette loi qui doit, selon vous, régénérer l'humanité. Et cette impossibilité de trouver une sanction expose votre loi aux railleries et aux révoltes des volontés qu'elle devait contenir et régler.

Ce n'est pas par des paroles sonores et des périodes déclamatoires que l'on relèvera dans les consciences oblitérées le sentiment du devoir, l'amour de la justice, le dévouement au prochain : il faut un autre foyer pour alimenter ces flammes sacrées. La foule n'écoutera pas les rhéteurs, elle ne les suivra pas. Quand elle aura vu ces rhéteurs et ces sophistes travailler à cette œuvre malsaine qui consiste à déraciner dans les âmes la crainte de Dieu et l'attente d'une vie future ; quand elle aura vu les positivistes et les neutres lui enseigner qu'il ne faut s'occuper ni de Dieu ni d'une autre vie, et que l'on peut organiser son existence d'une façon correcte, en dehors de toute croyance religieuse ; quand elle aura constaté que ces sophistes ont fait perdre au devoir tout ce qui en protège la grandeur, la majesté, tout ce qui en assure le respect, la foule égarée rira de ces mêmes sophistes quand ils parleront de vertu, d'idéal, de loi morale, de sacrifice, elle se détournera des philosophes qui l'ont trompée. Cette humanité dont on parle avec tant de bruit, et que l'on prétend relever, n'entrera plus dans le temple pour y adorer les dieux d'autrefois, que le sophisme aura brisés comme de vaines idoles.

Ce n'est pas la passion du devoir que les nouveaux moralistes font naître dans les âmes, ce n'est pas la passion d'un idéal de justice et d'amour, c'est, au contraire, le scepticisme et le mépris de l'idéal, de la justice et de l'amour.

VI

Au fond, c'est une forme nouvelle du positivisme que nous avons sous les yeux ; il faudrait une grande simplicité pour ne pas le reconnaître.

« Nous ne voulons nous occuper de Dieu, disent les positivistes, ni pour l'affirmer, ni pour le nier; il échappe à nos moyens d'investigation.

« Nous ne voulons pas nous occuper de Dieu, répondent les nouveaux moralistes, parce qu'il est un perpétuel sujet de contestation entre les hommes. Nous relèverons sans lui la morale et le devoir dans la conscience et dans la raison.

« Nous ne voulons nous occuper ni de la liberté ni du mérite, disent encore les positivistes, et quelle que soit notre opinion sur ces hypothèses philosophiques, elles ne pourront pas nous empêcher d'admirer les belles actions, comme on admire une belle fleur, un beau paysage, une belle création.

« Nous écartons la question du mérite, répondent les nouveaux moralistes, nous écartons la question d'une récompense dans une vie future ; ces questions nous échappent, elles sont au-dessus de nous ; mais nous ne refuserons jamais notre admiration et notre estime à l'honnêteté et à la vertu. Leur beauté nous touche, elle nous ravit. »

« Nous n'avons pas à nous occuper du problème des religions, disent les positivistes ; l'amélioration morale de l'humanité en est indépendante, et nous atteindrons sans elle le but élevé que nous poursuivons. »

« Notre objet est distinct de celui des religions positivistes, répondent les nouveaux moralistes, il est plus large. Les religions se proposent l'édification intérieure de chacun par une explication des mystères de la vie et de la mort ; nous vous proposons la paix et l'amélioration communes par le développement de la volonté et de l'amour [1]. »

Les positivistes contestent la puissance de l'intelligence humaine en présence des problèmes qui touchent à l'existence de Dieu, à la vie future, à l'ori-

---

[1] Paul Desjardins, *op. cit.*, p. 52.

gine divine du devoir, et ils les bannissent de la science. Les nouveaux moralistes prétendent que ces problèmes divisent les esprits, qu'ils ne s'imposent pas à la raison avec l'autorité de la certitude, et ils les bannissent de la morale. Les uns et les autres entreprennent une œuvre commune, l'organisation de la vie humaine en dehors de Dieu.

C'est donc bien le positivisme sous une forme nouvelle, avec des modifications accidentelles, que l'on voudrait nous faire embrasser.

Mais si l'on arrivait jamais à persuader à l'humanité qu'elle peut se passer de Dieu et de la foi à l'immortalité personnelle; que les sociétés comme les individus peuvent trouver dans des lois et des constitutions librement acceptées tout ce qui est nécessaire à la conservation de la paix sociale et à l'amélioration morale de notre race; qu'il suffit du concours des poètes, des artistes, des philosophes, pour faire accepter, aimer, pratiquer la vertu, le devoir, et réaliser un idéal de justice, ce jour-là nous n'assisterons pas seulement aux funérailles de toutes les croyances religieuses qui ont enfanté la civilisation chrétienne, mais il faudra encore prendre le deuil des croyances spiritualistes qui sont l'honneur de la philosophie.

Je comprends que les nouveaux moralistes protestent contre ces affirmations qui leur paraissent excessives, mais la logique nous commande de reconnaître qu'elles sont vraies. La neutralité religieuse conduit fatalement à la négation irréligieuse : l'esprit humain n'échappera jamais à cette loi.

VII

En effet, le caractère principal des vérités religieuses, c'est d'être essentiellement pratiques et d'exercer une action pénétrante sur tous les mouvements de notre volonté. Si nous disons : Dieu existe, il est notre créateur, il nous impose une loi morale qui remplit la conscience de ses lumières, il jugera, après la dissolution de notre corps, notre âme immortelle, il récompensera l'observateur de sa loi, il punira le transgresseur par des peines éternelles, il est évident que j'exprime ainsi des vérités pratiques d'une importance capitale qui doivent imprimer une direction particulière à toutes nos actions.

Il n'est donc pas question ici de vérités spéculatives, d'hypothèses scientifiques qui intéressent quelques savants, et qui n'ont aucune influence sur l'orientation de la vie. Que l'on puisse pratiquer l'indifférence et la neutralité à l'égard d'une hypothèse scientifique, je le conçois, mais je ne comprends pas que l'on puisse pratiquer la neutralité touchant des vérités et des principes qui intéressent pratiquement nos destinées.

Ma vie subit nécessairement dans sa direction l'influence de mes convictions. Si mes convictions sont religieuses, ma vie doit prendre une direction religieuse; si mes convictions sont antireligieuses, ma vie prendra une direction antireligieuse; si mes convictions sont sceptiques en matière religieuse, si je refuse de croire et d'affirmer les principes religieux, il est manifeste que ma vie prendra le caractère du scepticisme, et je ne vois comment je pourrais rester sur le terrain hypothétique de la neutralité.

J'ai dit le scepticisme : c'est qu'en effet la neutralité est une forme du scepticisme, et qu'elle engendre les mêmes effets. C'est la raison qui nous fait affirmer avec les plus grands génies de tous les temps, depuis l'origine du monde, Dieu, l'âme et la vie future. C'est la raison qui nous fait voir avec une irrésistible évidence la légitimité de mes convictions et l'invincible réalité de l'objet de mes affirmations. C'est la raison qui, par des preuves empruntées à l'ordre physique, à l'ordre moral, à l'ordre métaphysique, m'oblige à croire à l'existence de Dieu, à l'autorité de la loi morale naturelle, à la survivance des âmes ; c'est la raison qui ébranle ma volonté et l'entraîne, en donnant ainsi à ma vie la direction naturelle conforme à sa destinée.

A quelle autorité les nouveaux moralistes veulent-ils recourir pour trancher le problème moral et donner une direction plus noble à l'humanité ? Évidemment c'est à la raison. C'est elle qui nous apprendra à connaître la beauté et le prix de la vertu, de la justice, de l'idéal. C'est elle qui nous enseignera à combattre l'égoïsme, l'instinct sensuel, la passion brutale, et à préférer le sacrifice et le dévouement.

C'est elle, enfin, qui doit donner à la morale nouvelle sa consécration et son fondement.

Mais si la raison me trompe, comme l'enseignent les positivistes, quand elle me fait voir avec une telle certitude la réalité de Dieu, de l'âme, de la vie future, c'est que l'instrument de cette certitude est fragile, c'est qu'il est faux, c'est qu'il peut me tromper dans tous les cas. La raison pourrait donc me tromper aussi quand elle me commande d'aimer et de pratiquer la justice, le sacrifice, et de me consacrer à la tâche méritoire de la réalisation d'un idéal.

Que je rencontre des esprits divisés en présence du problème de Dieu et de l'âme; qu'il existe des athées et des matérialistes, j'en conviens; mais je rencontre aussi des esprits divisés en présence du bien moral et du but de la vie; il y a des philosophes qui traitent de superstition naïve et de fanatisme ce culte de l'idéal et du dévouement dont vous êtes aujourd'hui les pontifes nouveaux.

Ce n'est pas le culte spéculatif de l'idéal qui servira jamais de cri de ralliement aux négatifs qui refusent de croire à l'existence de Dieu.

Mais en ébranlant comme vous le faites l'autorité de la raison, en ébranlant jusqu'au principe même de la certitude, vous donnez une prime au scepticisme, vous ne préparez pas la victoire de l'idéal!

VIII

Voici donc une étrange manière de relever les caractères, de faire des hommes, et d'imposer aux esprits la noble passion du devoir. Je n'incrimine pas les intentions, je veux les croire excellentes; mais la méthode des nouveaux moralistes est grosse des plus graves dangers pour la raison, pour la conscience, pour la volonté.

Ils recommandent une morale sans législateur, sans principes certains, dépouillée de toute sanction; une morale qui fait litière de nos devoirs envers Dieu et envers nous-même; une morale qui se confond, en ses points essentiels, avec le positivisme pratique, et qui engendre nécessairement le scepticisme en ébranlant le principe de la certitude et l'autorité de la raison.

Et quand ils ont fait implicitement ou explicitement ces ravages dans notre conscience privée de lumière et de direction, ils font l'éloge du devoir, du renoncement, du sacrifice, et ils nous convient à pratiquer des vertus qui n'auraient qu'une valeur esthétique aux yeux des penseurs.

La noblesse des sentiments qu'ils expriment, par une heureuse inconséquence, leurs appels pressants à l'union des volontés dans la guerre à l'égoïsme et dans la recherche du bien, leur sincérité quand ils se séparent des négatifs et qu'ils font le tableau douloureux de notre société malade de découragement et de scepticisme et frappée d'impuissance; toutes ces choses attirent vers les nouveaux moralistes des cœurs épris de nobles passions, et leur font oublier la fragilité de l'hypothèse qu'ils embrassent et les conséquences désolantes d'un système qu'ils ne savent pas soumettre à la critique impitoyable de la raison.

Les cœurs séduits par ce système et par cet appel à la concorde, sur le terrain du dévouement au prochain, s'habituent à considérer comme surannées et naïves ces vérités morales qui ne relevaient pas seulement de la théologie, mais qui avaient eu pour elle, dans tous les siècles, l'assentiment raisonné des plus grands génies, et qui donnent à la partie morale de la philosophie spiritualiste son élévation et sa solidité.

Pourquoi s'occuper de Dieu, de l'âme, de la vie future, puisqu'on peut s'en passer, et que l'on peut bien vivre et bien mourir sans y arrêter son attention? Ainsi raisonnent les disciples de la nouvelle école, et ils contribuent non seulement à affaiblir la foi religieuse dans les âmes, à discréditer les vérités éternelles qui sont le fondement de la philosophie, mais encore à exalter l'orgueil dédaigneux des incrédules et à saper les fondements de la morale naturelle.

Il est vrai que les positivistes de toute nature n'arriveront jamais à élever une barrière infranchissable entre l'homme et ce monde invisible dont ils contestent ou négligent la réalité. Tout être obéit fatalement à sa loi ; il est organisé en vue d'une fin, et il y tend. L'homme est fait pour l'infini et pour l'autre vie, c'est-à-dire pour ce monde que l'on prétend irrévocablement fermé. Les réalités de la vie présente, toujours éphémères et insuffisantes, ne peuvent pas rassasier l'invincible besoin de vrai, de beau, de bien, sans mesure et sans limite, qui nous tourmente ; elles excitent les ardeurs de notre soif, sans pouvoir jamais les désaltérer ; et quand nous avons vidé la coupe des jouissances que le monde peut nous donner, blessés par nos déceptions répétées et fatigués par le dégoût, nous appelons l'Infini. C'est ainsi que notre organisme spirituel, qui n'est pas encore définitivement brisé, nous ramène dans la direction de notre destinée primitive.

Il en est de même de l'autre vie : on ne pourra jamais empêcher l'âme de l'interroger et d'y voir des lendemains sans fin. Que nos forces déclinent, que nos élans s'arrêtent, que nos ardeurs s'éteignent, que la vie chassée des extrémités se recueille au centre comme en un dernier abri pour repousser la mort ; que cette mort frappe autour de nous et multiplie les vides qui font verser des larmes, toujours, malgré tout, nous lèverons la tête et nous chercherons, au delà de la tombe, une vie nouvelle pour nous et pour les disparus.

Que des contestations s'élèvent sur le sort futur de ces disparus, que les hypothèses se multiplient en présence des conditions et de l'état de la seconde vie, je n'y contredis pas; mais ni ces hypothèses confuses, ni ces contestations, d'ailleurs stériles, ne peuvent ébranler la foi intense et souveraine de la nature humaine à son lendemain.

Il faut que les tendances aboutissent. Or il y a dans notre ame une invincible tendance vers Dieu et vers l'immortalité. Si ces tendances n'aboutissaient pas, c'est que la nature pourrait se tromper; mais la nature ne se trompe pas.

IX

Au lieu de faire des efforts coupables pour créer une philosophie nouvelle, une morale nouvelle, une théorie nouvelle du devoir en dehors de Dieu et de la vie future, il serait plus sage et plus scientifique d'explorer l'âme humaine, d'observer ses facultés, de constater ses tendances, de dresser la liste de ses invincibles aspirations et de conclure à la réalité de l'objet qui correspond à ces facultés, à ces tendances, à ces aspirations.

C'est ainsi que l'on relèvera la dignité du devoir en découvrant sa base, et c'est ainsi que l'on dégagera *ce sens de Dieu* qui domine notre nature et qui nous attache invinciblement à l'Infini.

Le sens divin ou le sens de Dieu! Thomassin a écrit des pages d'une métaphysique et d'une psychologie profonde, touchant ce sens particulier qui est en nous, plus haut que la sensibilité et que la raison, au point le plus élevé de l'âme, et qui nous permet de sentir la présence de Dieu [1]. Nous ne voyons pas Dieu, nous ne le touchons pas, mais nous sentons son invisible présence, et nous sommes forcés de reconnaître que nous sommes unis à lui par une relation mystérieuse qu'il ne faut pas confondre avec l'ordre surnaturel.

Quelle est cette relation? Qu'importe. Nous savons que Dieu est notre fin, que toutes nos facultés sont organisées en vue et dans la direction de cette fin; que nous devons rester volontairement, librement, dans cette direction vers le vrai, le beau, le bien, l'infini; nous savons que cet infini, qui est à la fois notre principe et notre but, nous appelle, nous attire, nous éclaire et nous soutient.

Nous savons qu'en vertu de son immensité, Dieu est présent partout; il est à tous les points de l'espace, à tous les moments de la durée par son regard, son être et son action; cette présence est à la fois intime et profonde. Il est là, devant chaque créature animée ou inanimée, privée ou douée de raison; il est présent aux mouvements, aux vibrations, à l'évolution de chaque partie, de chaque organe, de chaque

---

[1] « Liquet etiam ante et supra vim intelligendi, esse in ipso mentis apice quemdam sensum arcanum, tactumque, quo res sentimus magis quam cognoscimus, tangimus magis quam intelligimus. Hoc est summum mentis fastigium, et unum mentis, quo ipsum incomprehensibile utcumque apprehendimus, sentimus quod sit, nec intelligimus quid sit, sentimus quid non sit, nec intelligimus quid sit. » (Thomassinus, *De Deo*, etc., cap. XIX.)

atome dans la matière ou inerte ou vivante ; il assiste à la naissance et au développement de nos pensées, de nos désirs, de nos sentiments, de nos actions dans le sanctuaire mystérieux de notre âme ; il voit dans la lumière de son regard cette perpétuelle et inconsciente circulation d'idées, de germes intellectuels, d'impulsions qui échappent encore à notre attention et à notre volonté. Il est donc, d'une certaine manière, plus présent que nous-même à nous-même, car ce qui est inconscient pour nous ne l'est pas pour lui.

Nous savons que non seulement Dieu est présent partout, mais qu'il agit partout dans chaque créature, dans chaque molécule, dans chaque atome, conformant son action à la nature de chaque être, et lui donnant à chaque instant de son existence la force qui lui permet de vivre, la force qui lui permet d'être et d'agir. Il agit dans mon corps, il agit dans mon âme, et son action créatrice et conservatrice est l'affirmation éclatante de ma perpétuelle dépendance à son égard. Si le sang frappe les parois de mes artères, c'est que Dieu le veut ; si mon cœur se contracte, ramasse ses forces et jette une ondée puissante de sang jusqu'aux dernières artérioles, c'est que Dieu le veut ; si mes muscles se contractent et si je fais un mouvement, c'est que Dieu le veut ; si je pense, si je sens, si je veux, c'est toujours parce que telle est la volonté de Dieu. Et cette volonté actuelle et permanente de Dieu ne consiste pas seulement à me permettre de vivre, elle consiste encore à me donner l'être sans lequel je ne pourrais ni penser, ni vivre, ni agir ; et pour expliquer cette action constante et pénétrante de Dieu en nous, du premier Moteur dans chacun de nous, les théologiens nous ont parlé de prémotion physique et de concours divin ; ils ont posé le problème, ils ne l'ont pas résolu.

« Il faut, disent les théologiens de Salamanque après saint Thomas, il faut que la cause seconde dépende directement de Dieu quand elle agit, et qu'elle agisse par une volonté absolue, efficace et antécédente de Dieu[1]. »

Et nous voyons alors ce que c'est que la vie dont les physiologistes et les philosophes ont essayé en vain de nous donner la définition précise. La vie n'est pas, comme l'a dit Bichat, l'ensemble des fonctions qui résistent à la mort ; la vie, c'est l'acte conservateur de Dieu, c'est l'acte par lequel, à tous les moments de notre existence, Dieu nous soutient ; car, selon l'enseignement de saint Thomas, la créature tomberait dans le néant, c'est-à-dire dans la mort, si à chaque instant elle n'était

---

[1] « Tunc ipsa causa secunda debeat pendere directe a Deo in agendo, quatenus ab ipso immediate accipit non solum ut sit operativa, sed etiam quod agat, seu quod sit principium actuale actionis : et hoc non habeat præcise per concursum simultaneum, seu præcise per voluntatem concurrendi simultanee, et conditionatam, oportet ut sit in Deo alia voluntas absoluta et efficax ac antecedens, qua Deus velit absolute et efficaciter quod causa secunda agat. » (*Theol. Salm., De voluntate Dei*, dub. III, disp. x.)

animée, soutenue par l'acte conservateur de Dieu [1].

Et il explique ce lien de la créature à l'égard de Dieu par l'exemple de la lumière ; de même que la vibration lumineuse dépend du soleil et n'existe plus sans lui, ainsi l'être, la vie de chaque créature dépend de Dieu et n'existe plus sans lui.

Voilà le grand phénomène psychologique qu'il n'est pas permis à un observateur de négliger.

Que des philosophes, jaloux d'approfondir les grands problèmes de la métaphysique chrétienne, essayent de pénétrer plus loin ; qu'ils observent et qu'ils tentent de décrire cette mystérieuse union de la raison humaine avec le reflet des idées éternelles; qu'ils nous expliquent la genèse, la nature et les effets du sens de Dieu qui marque notre âme d'un signe particulier, nous suivrons avec intérêt leurs recherches et leurs conclusions.

Il nous suffit d'avoir constaté le fait des rapports étroits, permanents, de notre conscience avec la lumière de Dieu.

---

[1] « Alio modo dicitur aliquid rem aliquam conservare per se directe : quando scilicet illud quod conservatur dependet a conservante, ut sine eo esse non possit. Et hoc modo omnes creaturæ indigent divina conservatione. Dependet enim esse cujuslibet creaturæ a Deo, ita quod nec ad momentum subsistere possent, sed in nihilum redigerentur nisi operatione divinæ virtutis conservarentur in esse, sicut Greg. dicit.

« Dicendo quod conservatio rerum a Deo non est per aliquam novam actionem, sed per continuationem actionis qua dat esse; quæ quidem actio est sine motu et tempore; sicut etiam conservatio luminis in aere est per continuatum influxum a sole. » (S. Thom., 1ᵉ part., quæst. CIV, Concl.)

Si l'on brise ce lien, il ne reste rien pour soutenir le devoir, la loi morale, et pour diriger la liberté humaine. Et si l'on veut former des hommes de caractère; si l'on veut inspirer aux âmes le respect et l'amour du devoir; si l'on veut donner un fondement solide et une autorité souveraine à ces principes de morale qui sauvent les sociétés menacées par l'égoïsme et le besoin effréné de jouissances, il ne faut pas rester neutre en face du problème de Dieu et de l'immortalité; il faut affirmer, au contraire, l'existence de Dieu, l'immortalité de l'âme et le lien qui unit l'âme à Dieu.

Mais le chrétien ne s'arrêtera pas dans les froides régions de la philosophie spéculative, il n'éprouvera pas des défiances orgueilleuses en présence du monde surnaturel; il demandera plutôt aux théologiens de l'initier à la connaissance des secrets de la charité et de la grâce sanctifiante habituelle; il voudra méditer sur les merveilles de la présence de Dieu dans les âmes renouvelées par le baptême; il essayera d'approfondir l'économie de cette vie de Dieu en nous qui étonne si profondément par sa grandeur.

Pourquoi négligerions-nous ces sources de lumière et de vie?

Écoutez un maître qui résume ici l'enseignement de la tradition :

« Dieu, qui gouverne toutes choses autour de nous, écrit Mgr Gay, est personnellement présent en nous, au fond de nos âmes, au centre de notre être, au plus intime de notre essence. Il n'y est pas seulement par sa présence d'immensité, comme il est dans l'arbuste qui nous ombrage ou dans le sol qui nous soutient, il y est par une présence de choix et de libre complaisance; il y est dans des relations avec nous que son seul titre de créateur n'implique aucunement; dans une union si étroite et si profonde, qu'elle dépasse toutes celles dont la nature nous peut donner l'expérience ou l'idée.

« Il y est, en somme, comme il n'est nulle part, excepté en lui-même, et pour une fin si supérieure, que, comme lui seul était assez bon pour nous y destiner, lui seul aussi a la puissance de nous y faire atteindre.

« Il est là, principe actif, source toujours coulante, foyer toujours ardent de notre vie surnaturelle, éclairant, sanctifiant, déifiant par sa grâce l'essence même de notre âme, et étendant à toutes nos puissances, par ces émanations de sa grâce que nous appelons les vertus, cette lumière et cette sainteté toutes divines. »

Malgré nos imperfections toujours si nombreuses; malgré les fautes vénielles si souvent répétées, sans vertus héroïques de notre part, sans vocation extraordinaire, Dieu est toujours là, au centre de notre âme, tant qu'une faute mortelle ne l'a pas chassé, en tarissant jusqu'aux sources de la vie surnaturelle, sans nous enlever cependant l'espérance d'une résurrection par le repentir; il vit dans cette âme en état de grâce; « il vit et il opère surnaturellement en elle; il nous surveille de là, comme le témoin le plus intéressé, comme le guide le plus dévoué et le plus attentif, comme la mère la plus tendre et la plus vigilante ; il considère nos moindres actes, nos moindres impressions et les moindres circonstances où la vie nous engage, et nous envoie à propos toutes les grâces actuelles nécessaires pour nous faire résister aux suggestions mauvaises, éviter le péché et sauver nos œuvres en sauvant nos personnes. »

Voilà ce que nous enseignent, après saint Thomas, les théologiens qui ont creusé les profonds mystères de la vie surnaturelle de Dieu dans les âmes ; et c'est dans cette étroite et perpétuelle union de notre âme avec Dieu qu'ils ont trouvé le point d'appui de notre résistance aux séductions du mal et le secret de notre énergie.

CHAPITRE III

INSUFFISANCE DES MOYENS NATURELS

I

L'homme d'énergie voit clairement le but de la vie, et il marche vers ce but avec une persévérance qui ne se démentit jamais. Où trouve-t-il la lumière dont il a besoin pour voir et la force nécessaire pour agir? Trouve-t-il la lumière dans sa raison naturelle, la force suffisante dans sa volonté? A-t-il besoin, au contraire, d'une lumière plus haute et d'un secours divin?

Il nous faut un moyen sûr, prompt, universel, pour connaître le but de la vie et les chemins qui doivent nous y conduire.

Il nous faut, avant tout, une lumière qui dirige nos pas. Je veux savoir d'où je viens, ce que je suis et où je vais. Une hypothèse, si brillante qu'elle soit, ne peut pas me suffire, elle n'aura jamais qu'une autorité relative; hier elle était inconnue, demain elle disparaîtra; elle n'a que la valeur éphémère de l'esprit qui l'a conçue, elle n'aura jamais l'autorité nécessaire pour s'imposer à ma volonté et la maintenir dans une direction déterminée. Si je peux me contenter provisoirement d'une hypothèse dans le domaine des sciences expérimentales pour expliquer un phénomène dont la loi est encore inconnue, il n'en est pas de même dans le domaine de la morale, de la conscience et de la religion. Je veux savoir avec certitude ce qu'il faut penser de Dieu, de l'âme, de la destinée humaine et de la direction de la vie.

Ce moyen doit être prompt et me permettre de répondre facilement aux questions si graves qui s'élèvent à tout instant dans mon esprit. Ce n'est pas seulement au déclin de la vie, après les désenchantements et les labeurs d'une longue expérience, au moment de sortir de ce monde, que j'ai besoin de connaître la vérité religieuse et les devoirs qu'elle impose ; c'est, au contraire, au début de la vie, aussitôt que la raison s'éveille et s'affirme avec la volonté et le sentiment de la responsabilité, au moment où je dois prendre une direction et choisir mon chemin.

Si donc vous me proposez un moyen qui exige de longues études, une observation comparée, savante et difficile, des connaissances intellectuelles approfondies, il ne saurait me satisfaire et je m'empresse de l'écarter. Il faudrait de rares qualités d'esprit, des loisirs, de longues années ; la vie entière s'écoulerait ainsi à chercher ce que nous devons croire et ce que nous devons pratiquer; la vie commencerait trop souvent par le scepticisme, et se terminerait par une affirmation impuissante de l'inconnu.

Il faut enfin que le moyen d'arriver à la vérité religieuse et de connaître le but de la vie soit universel, c'est-à-dire à la portée de tous les hommes, de toutes les conditions. Ce n'est pas tel homme en particulier, tel esprit fatigué par une curiosité inquiète et troublé du spectacle de la vie, qui éprouve l'impérieux besoin de connaître l'idée supérieure d'après laquelle il doit orienter sa conduite, c'est l'humanité tout entière qui est tourmentée du même besoin et qui voit se dresser devant elle les problèmes dont elle veut connaître la solution.

La voie d'examen critique et de recherche rationnelle est loin de convenir à l'universalité des hommes. Au contraire, l'immense majorité se compose d'esprits auxquels il manque les loisirs, la culture et la puissance nécessaires pour arriver jusqu'à la possession de la vérité religieuse. Les soucis et les nécessités temporelles de la vie avec leurs continuelles exigences détournent l'esprit de la recherche toujours difficile, incertaine et aride, des vérités de l'ordre métaphysique et religieux. Il faut vivre, et le combat pour la vie semble épuiser tous les efforts.

Il restera donc une élite d'esprits cultivés et désintéressés, philosophes et moralistes, qui consentira peut-être à consacrer sa vie à la recherche de la vérité religieuse ; elle arrivera, je veux bien le croire, à découvrir quelques préceptes de morale qui sont la lumière et l'honneur de la raison humaine; mais, en fait, elle ne connaîtra pas toutes les vérités nécessaires; elle pourra peut-être entrevoir quelques principes de conduite et de direction morale, après un long examen, mais elle ne les connaîtra pas sans mélange d'erreurs, et ses affirmations même deviendront la démonstration éclatante de son impuissance.

II

En effet, si l'on veut connaître avec une ferme certitude, sans mélange d'erreurs, toutes les vérités nécessaires pour mener une vie naturelle parfaite (car je n'entends pas parler encore de la vie surnaturelle des saints), la raison humaine est insuffisante: elle appelle, par son impuissance même, le secours de Dieu [1].

Ce n'est pas seulement parce que la raison humaine a été blessée dans la chute originelle que nous sommes toujours si faibles en présence de la vérité religieuse, c'est aussi parce que la raison est sous l'influence et la domination de la volonté, et que

---

[1] « Homo lapsus potest, sine speciali auxilio gratiæ, cognoscere aliquas veritates naturales, tum speculativas, tum practicas. Non potest moraliter, sine aliqua gratia, cognoscere, præsertim sine admixtione erroris, summam veritatum naturalium necessariam ad vitam recte instituendam. » (Bonal, *Instit. theol.*, t. III, pp. 170-176.)

la volonté elle-même est souvent obscurcie, quelquefois aveuglée par les passions.

Les préjugés et les passions ne permettent pas à la raison de voir la vérité, qui est toujours devant elle; et cependant ce n'est qu'après avoir purifié son regard qu'elle peut en recevoir les rayons.

Il faut donc une préparation morale pour être digne d'écouter avec docilité la parole de la vérité, pour avoir le courage de la suivre jusqu'à la fin.

Ils sont rares les esprits cultivés capables de pratiquer cette préparation morale, de se défendre des ténèbres des préjugés et des passions, de se recueillir devant Dieu avec la sincérité de la bonne foi, de n'opposer aucune résistance à des idées religieuses qui pourrait les contrarier ou les gêner, et de chercher courageusement la loi du devoir et la direction divine de la vie.

Nous ne voulons pas voir, et nous ne voyons pas.

Fénelon a décrit cet état d'esprit et cette impuissance de la raison avec une pénétration profonde :
« Il est vrai, dit-il, que les hommes, comme un auteur de notre temps l'a très bien remarqué, n'ont point assez de force pour suivre toute leur raison ; aussi suis-je très persuadé que nul homme sans la grâce n'aurait pas, par ses seules forces naturelles, toute la constance, toute la règle, toute la modération, toute la défiance de lui-même qu'il lui faudrait pour la découverte des vérités mêmes qui

n'ont pas besoin de la lumière supérieure de la foi, en un mot, cette philosophie naturelle qui irait sans préjugé, sans impatience, sans orgueil, jusqu'au bout de la raison purement humaine, est un roman de philosophie. Je ne compte que sur la grâce pour diriger la raison, même dans les bornes étroites de la raison, pour la découverte de la religion; mais je crois, avec saint Augustin, que Dieu donne à chaque homme un premier germe de grâce intime et secrète, qui se mêle imperceptiblement avec la raison, et qui prépare l'homme à passer peu à peu de la raison à la foi. C'est ce que saint Augustin nomme *inchoationes quædam fidei, conceptionibus similes* [1].

« C'est un commencement très éloigné pour parvenir de proche en proche jusqu'à la foi, comme un germe très informe est le commencement de l'enfant qui doit naître longtemps après. Dieu mêle le commencement du don surnaturel avec les restes de la bonne nature, en sorte que l'homme qui les tient réunis ensemble dans son propre fond ne les démêle point, et porte au dedans de soi un mystère de grâce qu'il ignore profondément... La plus sublime sagesse du Verbe est déjà dans l'homme, mais elle n'y est encore que comme du lait pour nourrir des enfants. Il faut que le germe de la grâce commence à éclore pour être distingué de la raison.

« Cette préparation du cœur est d'abord d'autant

[1] *De div., quæst. ad Simplic.*, lib. I, quæst. II, n. 2.

plus confuse qu'elle est générale ; c'est un sentiment confus de notre impuissance, un désir de ce qui nous manque, un penchant à trouver au-dessus de nous ce que nous cherchons au dedans de nous-mêmes, une tristesse sur le vide de notre cœur, une faim et une soif de la vérité, une disposition sincère à supposer facilement qu'on se trompe, et à croire qu'on a besoin de secours pour ne se tromper plus [1]. »

Pour découvrir les vérités religieuses nécessaires, il faut donc encore autre chose avec la raison : il faut une disposition de la volonté qui manque à la plupart des esprits cultivés. La raison suffit à la recherche des vérités scientifiques et naturelles qui sont étrangères à la morale et à la direction religieuse de la vie. Rien ne s'oppose à la droiture et à la sincérité de nos investigations dans le domaine spéculatif de la géométrie, de l'astronomie, de la physique et de la chimie. Mais quand la raison veut découvrir, reconnaître et affirmer la vérité religieuse, elle rencontre l'obstacle de l'orgueil et des préjugés et l'obstacle plus redoutable des passions.

Elle voit bien la vérité, mais elle cherche à se tromper elle-même, et, sous l'influence de la passion qui l'aveugle, elle déclare qu'elle ne la voit pas. Comme le fait observer Fénelon, il nous manque la

---

[1] Fénelon, *Lettres sur la Religion*. Lettre VI, *Sur les moyens donnés aux hommes pour arriver à la vraie religion.*

constance, la règle, la modération d'esprit, la défiance de nous-même pour triompher de l'orgueil et des préjugés et arriver courageusement jusqu'au bout de la raison. Nous ne sommes pas persuadés de l'importance capitale de la vérité religieuse et de la nécessité de la confesser; nous ne la cherchons pas avec les dispositions morales nécessaires, nous nous tenons à son égard sur la défensive; sa lumière nous trouble parce qu'elle nous gêne, et nous voulons l'empêcher d'arriver jusqu'à nous.

C'est ainsi que parmi les esprits qui auraient les loisirs et la culture nécessaires, il en est néanmoins un si petit nombre qui arrivent à découvrir la loi morale et les obligations qui en découlent. Et si quelques-uns atteignent ce but, c'est que, selon la très juste observation de Fénelon, la grâce a fermenté dans leur âme de bonne foi, elle a brisé tous les obstacles de l'orgueil et des sens et établi la raison dans les dispositions nécessaires pour recevoir la visite de Dieu.

Quelle ironie éloquente dans cette démonstration de l'impuissance de la philosophie en matière de religion !

« Tu me cries de loin, ô philosophie, dit Bossuet, que j'ai à marcher en ce monde dans un terrain glissant et plein de périls. Je l'avoue, je le reconnais, je le sens même par expérience. Tu me présentes la main pour me soutenir et pour me conduire; mais je veux savoir auparavant si ta conduite est bien assurée.

« Si un aveugle conduit un aveugle, ils tomberont tous deux dans le précipice. Et comment puis-je me fier à toi, ô pauvre philosophie! Que vois-je dans tes écoles? que des contentions inutiles, qui ne seront jamais terminées. On y forme des doutes, mais on n'y prononce point de décisions.

« Remarquez, s'il vous plaît, chrétiens, que depuis qu'on se mêle de philosophie dans le monde, la principale des questions a été des devoirs essentiels de l'homme, et quelle était la fin de la vie humaine. Ce que les uns ont posé pour certain, les autres l'ont rejeté comme faux.

« Dans une telle variété d'opinions, que l'on me mette au milieu d'une assemblée de philosophes un homme ignorant de ce qu'il aurait à faire en ce monde; qu'on ramasse, s'il se peut, en un même lieu tous ceux qui ont jamais eu la réputation de sagesse, quand est-ce que ce pauvre homme se résoudra, s'il attend que de leurs conférences il en résulte enfin quelque conclusion arrêtée? Plutôt on verra le froid et le chaud cesser de se faire la guerre, que les philosophes convenir entre eux de la vérité de leurs dogmes : « Nous nous semblons insensés « les uns aux autres, » disait autrefois saint Jérôme.

« Non, je ne le puis, chrétiens, je ne puis jamais me fier à la seule raison humaine. Elle est si variable et si chancelante, elle est tant de fois tombée dans l'erreur, que c'est se commettre à un péril manifeste que de n'avoir point d'autre guide qu'elle.

« Quand je regarde quelquefois en moi-même

cette mer si vaste et si agitée, si j'ose parler de la sorte, des raisons et opinions humaines, je ne puis découvrir dans une si vaste étendue, ni aucun lieu si calme, ni aucune retraite si assurée qui ne soit illustre par le naufrage de quelque personnage célèbre. »

Après avoir démontré les contradictions et l'impuissance de la philosophie, Bossuet emprunte le langage figuré des saints Livres, et il jette aux savants cette apostrophe d'une mélancolie saisissante :

« O vous, qui naviguez dans les mers, vous qui trafiquez dans les terres lointaines et qui nous en rapportez des marchandises si précieuses, dites-nous : n'avez-vous point reconnu dans vos longs et pénibles voyages, n'avez-vous point reconnu où réside l'intelligence, et dans quelles bienheureuses provinces la sagesse s'est retirée ?

« ... La mort et la corruption, c'est-à-dire l'âge caduc et la décrépite vieillesse qui, courbée par les ans, semble déjà regarder sa fosse, la mort donc et la corruption nous ont dit : Enfin, après de longues enquêtes et plusieurs rudes expériences, nous en avons ouï quelque bruit confus, mais nous ne pouvons vous en rapporter de nouvelles bien assurées[1]. »

Voilà donc le dernier mot de la raison humaine

---

[1] Bossuet, *Second sermon pour le dimanche de la Quinquagésime.*

livrée à sa faiblesse et à sa solitude impuissante. Voilà la raison dans les hommes qui prennent le nom de sages et de philosophes. Voilà enfin l'aveu mélancolique du scepticisme découragé en présence des problèmes si importants de notre nature, de notre origine et de notre destinée.

Des contradictions violentes, des opinions contradictoires, quelques épaves flottantes de vérité, une mer immense où les plus grands génies ont fait naufrage, un aveu d'une tristesse infinie. Et c'est tout.

Et cependant ces esprits cultivés ont la prétention d'avoir fait un noble usage de leur raison ; ils déclarent qu'ils vivent loin de la foule, dans les régions les plus élevées de la science, et ils ont la témérité orgueilleuse de croire qu'ils ont reçu la mission de diriger le genre humain.

Qu'ils découvrent quelques vérités morales par une observation attentive de leur âme et de l'univers, je veux bien le croire. La vue du monde et des lois pleines de sagesse qui président aux grands phénomènes et aux perpétuels mouvements du firmament leur permet de s'élever à la connaissance d'une Cause première et d'un Ordonnateur souverain. Mais cette connaissance engendre des devoirs de reconnaissance, de soumission et de prière qui contrariaient les passions des philosophes les plus célèbres de l'antiquité, et qui ne leur permettaient pas de confesser leur croyance religieuse.

Aussi l'Apôtre leur reprochait de retenir la vérité

captive, c'est-à-dire de manquer de sincérité et de courage pour faire connaître aux ignorants les rares vérités qu'ils avaient pu découvrir.

III

Et si la raison ne suffit pas aux esprits cultivés pour connaître toute la loi naturelle, comment pourrait-elle suffire à la grande majorité du genre humain? Comment l'humanité pourrait-elle trouver dans la raison un moyen certain, facile et prompt, de connaître pendant toute sa vie, depuis l'enfance jusqu'à la vieillesse, et sans erreur, la vérité religieuse que nous cherchons [1]?

Poser cette question, c'est déjà la résoudre. La raison, qui n'est pas assez développée et cultivée dans l'immense majorité des hommes pour s'élever à la connaissance élémentaire des sciences humaines, n'aura jamais, dans ces mêmes esprits, la puissance nécessaire pour reconnaître les vérités et les préceptes de la loi naturelle. Ces vérités qui touchent à la nature de Dieu, à l'origine et aux facultés de l'âme, au lendemain de la mort; ces préceptes qui

---

[1] Les traditionalistes ont formulé une erreur condamnée, et que nous réprouvons, quand ils ont affirmé l'impuissance absolue de la raison à connaître par ses seules forces quelques vérités morales et religieuses. Nous disons, avec saint Thomas (1ª quæst., art. 1), « qu'en réalité les hommes, en petit nombre, n'auraient connu quelques vérités religieuses que lentement, en y mêlant beaucoup d'erreurs. »

enchaînent notre volonté toujours exposée à se livrer aux tempêtes de la passion, comment un esprit vulgaire, livré à ses seules forces, pourrait-il les découvrir? Il lui manquerait la pénétration, l'élévation, l'étendue, sans lesquelles on n'embrasse jamais la vérité religieuse, même quand un instinct qui fait partie de notre nature nous appelle vers elle et excite notre curiosité.

Cette foule, cette humanité qui gagne péniblement sa vie à la sueur de son front, est absorbée par le travail de chaque jour et par les soucis sans cesse renouvelés de la vie temporelle. Où trouvera-t-elle les loisirs nécessaires pour faire l'éducation scientifique de sa raison, pour se livrer au travail aride et si longtemps insuffisant des études théologiques et philosophiques? A quel moment pourra-t-elle se prononcer entre les écoles si nombreuses qui soutiennent des opinions contraires sur les bases mêmes de la loi naturelle et de l'ordre moral [1]?

Aussi bien l'homme est obligé de se soumettre à la loi naturelle quand il prend conscience de son esprit, de sa liberté, de sa personnalité, dès qu'il a le sentiment de la responsabilité, c'est-à-dire au commencement de la vie. Il doit savoir déjà quelle direction

---

[1] Platon, le plus grand des philosophes de l'antiquité, enseignait « qu'il est impossible de faire connaître *philosophiquement, à tous,* le Créateur et le Père de l'univers », et il reconnaissait la nécessité d'une révélation. (Cf. Platon, *Timée*, édit. Didot, vol. II, Ire part., p. 204, n. 28, xxx; *Phédon*, vol. I, n. 35, p. 67; *Le second Alcibiade,* n. 13-14.)

il donnera à ses facultés et l'usage qu'il fera de sa liberté. Mais s'il ne peut arriver à la connaissance certaine de la loi naturelle qu'après un long examen critique des systèmes philosophiques et après une étude approfondie des religions, la plus grande partie de sa vie s'écoulera sans direction, et il sera bien tard quand il pourra la lui donner.

De même qu'au point de vue historique, l'humanité a connu dès le premier âge sa destinée, sa loi, la religion qui l'unissait à Dieu, ainsi l'homme peut connaître aujourd'hui, dès le premier âge, par voie d'autorité, l'usage qu'il doit faire de sa liberté.

Or, soit que nous considérions la raison dans la minorité cultivée de l'humanité, soit que nous la considérions dans la majorité des hommes, nous sommes forcés de reconnaître qu'elle ne peut pas nous donner d'une manière facile, prompte et sûre, la connaissance de tous les principes de la loi naturelle.

Il faut chercher ailleurs le fondement des convictions religieuses qui enfantent les hommes de caractère.

« Comme je l'ai observé, parmi les préceptes moraux naturels il y en a qui sont des conséquences éloignées des premiers principes; ils exigent pour être aperçus des raisonnements trop compliqués pour beaucoup d'hommes qui, d'ailleurs, ne sont pas à portée d'en être instruits par d'autres hommes à raison de leurs occupations continuellement nécessaires à leur subsistance; il est évident que pour ces hommes et sur ces préceptes la révélation, qui tranche toutes les réflexions, est nécessaire.

« Relativement aux premiers préceptes de la loi naturelle, la révélation n'est pas également nécessaire ; mais même sur ces points elle est d'une grande utilité; elle les enseigne d'une manière plus prompte et plus claire que la raison par ses réflexions; elle les fixe et empêche les erreurs où l'esprit humain livré à lui-même pourrait tomber; elle confirme les motifs d'observation que la raison présente, les éclaircit, les corrobore de son autorité, et en ajoute de nouveaux plus puissants encore [1]. »

Nous voici donc en présence de cet argument qui doit convaincre les hommes de bonne foi.

Dieu appelle tous les hommes, riches ou pauvres, savants ou ignorants, à la connaissance de la vérité, qui est l'aliment nécessaire de l'esprit. Il appelle tous les hommes à la connaissance d'une vérité claire, ferme, absolue, qu'il n'est pas permis de confondre avec les opinions et avec les probabilités ; il leur donne, en naissant, le besoin de posséder ici-bas la vérité qui apprend à vivre et pour laquelle on est prêt à mourir.

Or l'immense majorité des hommes se compose des pauvres, des artisans, des esprits même cultivés, mais absorbés par les nécessités de la vie, qui se trouvent dans l'impossibilité d'arriver à la connais-

---

[1] *Dissertation et Lettre pastorale sur la Révélation.*

sance de la vérité religieuse par le travail indépendant et persévérant de la raison.

Il faut donc que nous trouvions ici-bas un moyen plus sûr, plus facile et universel, qui permette à tous les hommes de réaliser le plan divin, de recevoir les promesses divines, de répondre à l'invincible inclination de la nature et d'arriver à la connaissance de la vérité.

Or ce moyen existe : c'est la révélation, qui nous est enseignée par une autorité infaillible, interprète de la pensée et de la volonté de Dieu.

« Les pauvres, les artisans, les esprits absorbés par leurs fonctions forment l'immense majorité des hommes, et ils ne peuvent se livrer aux études philosophiques. Ainsi donc, il n'y a pas de milieu : ou bien l'humanité presque entière sera privée de l'aliment de son esprit, de la lumière de son âme, du nerf secret de toute sa vie, de la vérité, elle restera abimée dans les ténèbres et le désespoir; ou bien une main secourable viendra rompre le pain de l'âme, la vérité aux hommes occupés à travailler pour nourrir leur corps.

« Ils sont donc tous obligés de s'en remettre à une autorité supérieure, infaillible et par conséquent divine, puisque aucune intelligence humaine ne pouvant prétendre à l'infaillibilité n'est pas, par cela même capable, de diriger l'humanité dans les plus importantes questions de la vie. Seule la révélation divine, en gagnant la confiance de l'homme, sera la lumière placée sur le chemin de l'autre vie, pour éclairer la marche du genre humain. L'homme, pour connaître la vérité sur les choses de Dieu, doit se faire le disciple de Dieu [1]. »

Nous retrouverons plus loin cet argument. Ce n'est pas pour obéir avec les jansénistes et les traditionalistes à un pessimisme désespéré que nous dévoilons cette incurable faiblesse de la raison. Ce n'est pas pour blasphémer la raison et nous venger de notre douloureuse impuissance à déchirer l'épais rideau qui nous enveloppe et nous étouffe. Il ne faut pas s'arrêter à de telles injustices envers les facultés que nous avons reçues de Dieu.

Oui, nous savons et nous affirmons que la raison peut s'élever par ses forces naturelles à la connaissance de Dieu et de quelques vérités morales, et nous nous défions des esprits exagérés qui font servir l'orgueil à abaisser l'orgueil. Mais nous affirmons que cette possibilité, — l'histoire le démontre, — n'est jamais devenue une réalité, et que « cette possibilité absolue, pour l'homme idéal, se montre absolument impossible, dans l'humanité prise à l'état

---

[1] Franz Hettinger, *Apologie du Christianisme*, t. II, p. 84. « Necessitas gratiæ non provenit ex physica et absoluta liberi arbitrii impotentia, sed ex morali, quæ est debilitas intellectus et voluntatis ad constanter operandum immediate orta ex voluntatis infirmitate, intellectus ignorantia, quia appetitus vehementer propendet ad sensibilia, quæ sensibus propinqua et proportionata fortius illum movent, et quia intellectus tarde, remisse et vix assequitur rationes superiores. Ex his simul sumptis oritur moraliter impotentia. In manu est potentia physica circumscribendi circulum, sed nunquam circumscribet sine circino. » (Suarès, *Disp. théol.*, t. I, tract. II, lib. II.)

concret et telle qu'elle nous apparaît dans l'histoire ».

Ce n'est donc pas la nécessité absolue, c'est la nécessité morale de la révélation que nous affirmons quand nous disons que l'homme ne peut pas arriver par ses forces naturelles à la réalisation complète de l'idée religieuse. Est-il donc nécessaire de tant insister?

IV

Nous avons tous les jours sous les yeux le spectacle de cette douloureuse impuissance de la raison humaine, et nous voyons les vérités morales les plus élémentaires livrées aux contestations des esprits. Ces vérités ne s'imposent pas avec une telle autorité, une telle évidence et une telle promptitude, qu'elles obtiennent immédiatement l'adhésion formelle des intelligences les plus cultivées. Nous voyons au contraire que, placé en présence des grands problèmes de l'ordre moral, décidé à les approfondir pour en connaître la solution, l'esprit humain en divorce avec la foi s'égare dans l'ignorance et dans l'erreur.

Les panthéistes ne reconnaissent pas à Dieu une nature distincte de nous, et ils l'identifient avec les créatures qui forment l'univers. Spinosa, Fichte, Schelling, Hégel, ont posé les bases d'un panthéisme idéaliste qui détruit l'idée du vrai Dieu. Au nom des sciences naturelles, de faux savants nous répètent que rien ne se crée, que rien ne se perd dans la nature, et que la matière et la force sont éternelles; ils ont la prétention de fonder ce qu'on appelle, avec plus d'emphase que de vérité, l'athéisme scientifique et le système de l'évolution universelle.

Ne voyons-nous pas aussi un matérialisme et un déterminisme scientifique dont le but est la négation de la spiritualité de l'âme, de la liberté et de la personnalité? Dans cette erreur, les barrières qui séparent les règnes tombent; les êtres organiques et inorganiques, depuis l'atome jusqu'à l'homme, forment un grand Tout, composé de parties diverses soumises à des lois inéluctables, condamnées à des mouvements éternels dans leur origine, variables dans leurs manifestations, qui nous laissent l'illusion de la liberté.

La vie future, avec les responsabilités inséparables du prolongement de la personnalité, ne serait plus qu'une légende dans la philosophie prétentieuse des matérialistes contemporains. La conversion des forces et les transformations perpétuelles de la matière indestructible dans le tourbillon vital suffiraient à leurs espérances et constitueraient à leurs yeux la seule immortalité que nous ayons le droit d'attendre; il faut renoncer à la perpétuité de la survivance personnelle, quand on ne croit plus au principe de la personnalité.

Que nous sommes loin de cette philosophie spiritualiste que l'école de Cousin nous présentait il y a cinquante ans comme la vraie religion de l'esprit moderne! Elle défendait encore avec éloquence l'idée de Dieu, la liberté et la spiritualité de l'âme, la vie future, la religion naturelle et le principe divin de la morale. On pouvait bien lui reprocher d'emprunter les nobles sentiments et les grandes pensées dont elle était si fière à la philosophie et à la théologie chrétienne ; il demeure cependant incontestable que, malgré son insuffisance, elle conservait à la morale son fondement inébranlable.

Il ne reste rien de cette philosophie dont la vogue fut éphémère, et, en dehors de la philosophie qui s'inspire du christianisme, nous ne rencontrons que des négations tranchantes parées du manteau de la science, et des hypothèses retentissantes qui ruinent la morale même naturelle en détruisant ses fondements : Dieu, l'âme et la liberté.

Le paganisme arrivé à l'apogée de la civilisation nous a donné le même spectacle par l'enseignement de ses orateurs, de ses écrivains et de ses philosophes les plus célèbres. La démonstration classique est devenue banale, et les apologistes chrétiens de tous les siècles ont multiplié les citations empruntées aux traités des philosophes qui avaient la prétention de diriger l'esprit humain dans l'antiquité, pour rajeunir et fortifier cette démonstration péremptoire [1].

« Si l'humanité, écrit un savant philosophe, était capable de découvrir par ses propres forces les véri-

---

[1] Champagny, *les Césars et les Antonins.* — Dœllinger, *Paganisme et Judaïsme*, l. V, VIII, IX.

tés de la religion et de la morale naturelle, pourquoi ne l'a-t-elle pas fait pendant les milliers de siècles de son histoire? Une faculté qui ne s'exerce jamais, une puissance qui ne passe jamais à l'acte est, au moins moralement, une impuissance. Croire que l'avenir nous réserve une religion plus épurée, due au progrès des sciences, est inadmissible pour deux raisons : premièrement, parce que la religion est nécessaire à l'homme dans tous les temps ; deuxièmement, parce que la solution du problème religieux ne dépend pas de l'avancement des sciences exactes et expérimentales. Sans doute, les sciences profanes apportent toujours une confirmation nouvelle à la vérité religieuse; mais, cette vérité même, l'existence de Dieu, sa nature, l'esprit les connaît par la création, et cela est vrai de nos jours comme au temps de l'Apôtre. De plus, la possibilité du progrès a contre elle la réalité de la rétrogradation dont tant de peuples déchus fournissent la preuve [1].

Aussi Bossuet a pu dire : « Le fait de l'impuissance de la raison et de la volonté en théorie et en pratique est certain et évident, l'impuissance de droit est donc certaine aussi, la démonstration parfaite ; elle convainc également tous les peuples de l'univers. »

Si l'impuissance morale de la raison se manifeste ainsi, à tous les moments de l'histoire, dans les esprits les plus cultivés ; si la raison vacille en fait,

[1] Franz-Hettinger, *Apologétique chrétienne*, p. 232.

quand elle se voit en présence de Dieu, de l'âme, de la vie future, de la religion naturelle ; si elle semble même se contredire pour des raisons morales qui ne constituent pas cependant une impossibilité physique ; comment la foule ignorante, occupée de ses intérêts temporels, privée de toute culture intellectuelle, pourrait-elle résoudre le problème religieux et connaître toutes les vérités morales nécessaires à la direction de sa vie [1] ? L'impossibilité est incontestable, et nous avons le droit d'en tirer ces conclusions :

C'est Dieu qui nous appelle à vivre par son acte créateur ; c'est lui qui fait naître dans nos âmes le besoin de le connaître et de diriger librement notre vie vers un but déterminé ; c'est lui qui nous intime l'ordre de nous attacher à la vérité et à la justice, d'obéir à la loi morale universelle et d'atteindre ainsi notre fin. Il a dû certainement, en vertu de sa

---

[1] « Ad ea etiam quae de Deo ratione humana investigari possunt necessarium fuit hominem instrui revelatione divina ; quia veritas de Deo per rationem investigata, a paucis, et per longum tempus et cum admixtione multorum errorum homini proveniret ; a cujus tamen veritatis cognitione dependet tota hominis salus, quae in Deo est. » (S. Thom., 1ª, quaest. I, art. 1.) — « Scientia ad quam pertinet probare Deum esse et alia hujusmodi de Deo, ultimo hominibus addiscenda proponitur, praesuppositis multis aliis scientiis ; et sic non nisi post multum tempus vitae suae homo ad Dei cognitionem perveniret... Multi in studio scientiae proficere non possunt, vel propter hebetitudinem ingenii, vel propter alias occupationes et necessitates temporalis vitae vel etiam propter torporem addiscendi qui omnino Dei cognitione fraudarentur nisi proponeretur in divina per modum fidei. Tertio propter certitudinem. Ratio enim humana in divinis est multum deficiens. » (S. Thom., 2ª 2ae, quaest. II, art. 4.)

sagesse, nous donner le moyen de connaître son existence, le but de la vie et cette loi naturelle à laquelle toute créature intelligente est soumise.

Or l'humanité, blessée par la chute originelle, arrêtée par les difficultés et l'élévation des pensées religieuses, détournée et contrariée par les passions et par les soucis de notre vie terrestre, a toujours été impuissante en fait à connaître avec certitude, sans mélange d'erreurs, par ses propres forces, les vérités de la religion et de la morale naturelle, et nous voyons qu'en réalité c'est toujours par l'enseignement, par la révélation, par l'autorité que l'homme a connu la vérité et s'est reposé dans sa possession.

Dieu n'a pas dit aux esprits cultivés : « Vous soumettrez à la critique et au contrôle de votre raison tous les préceptes de la loi naturelle et les fondements de la religion que vous devez pratiquer. Votre croyance sera la récompense de l'opiniâtre labeur de votre raison. » Il n'a pas dit aux esprits illettrés et étrangers aux spéculations philosophiques : Vous resterez dans l'ignorance invincible à l'égard des vérités religieuses, qui sont cependant nécessaires pour connaître l'origine et la destinée suprême de la vie. Il n'a pas créé des catégories parmi ses enfants.

Mais il existe sur la terre une autorité infaillible qui a reçu de Dieu le dépôt de la vérité ou de la révélation, le devoir de le garder, la mission de l'enseigner avec certitude et clarté à toute l'humanité, sans distinction de race, de sang, de culture ou de civilisation. C'est par cette autorité que Dieu parle encore à la terre et qu'il lui apprend avec certitude, clarté et promptitude, ces vérités religieuses que les plus grands génies de l'antiquité païenne, arrivée cependant à l'apogée de la civilisation, ne surent jamais découvrir.

Ce n'est donc pas à la raison toujours vacillante et toujours courte par quelque endroit, comme le fait observer saint Thomas, *in divinis est multum deficiens*, que nous demanderons la connaissance des vérités morales qui font l'objet de la religion naturelle : nous avancerons encore, et nous demanderons à la foi la certitude qui engendre les convictions pour lesquelles on n'hésite pas à mourir.

C'est à ce prix seulement que nous pourrons devenir des hommes de caractère et d'énergie : on se querelle pour les opinions filles de la raison, mais on meurt pour rendre témoignage à la foi.

V

La raison, livrée à ses propres forces, ne nous permet pas de connaître avec certitude et sans mélange d'erreurs toutes les vérités morales nécessaires pour atteindre notre fin ; elle ne suffit pas pour enfanter l'homme de caractère, au sens chrétien du mot. L'homme a besoin de Dieu.

Nous arriverons à la même conclusion si nous considérons notre volonté ; elle a été blessée elle aussi, et nous ne pouvons pas compter exclusivement sur elle pour résister victorieusement aux tentations dont nous sommes assaillis pendant la vie. Avec Dieu nous pouvons tout, sans lui que pouvons-nous ? L'orgueil nous trompe encore, malgré les leçons cruelles et répétées d'une longue expérience ; nous avons une confiance imprudente et téméraire dans notre volonté séparée de Dieu, et nous croyons, dans notre présomption, que cette volonté est assez forte pour vaincre par elle-même tous ses ennemis et nous permettre de devenir des hommes de caractère et d'énergie[1].

N'oublions pas que la volonté agit toujours sous l'influence d'un motif, et que, pour résister aux tentations graves dont la vie est faite, il faut un motif élevé, autorisé et puissant.

Où le trouverons-nous, si nous restons sur le terrain de la religion naturelle et de la philosophie? A quel motif obéirons-nous pour résister à la cupidité, à l'orgueil et à la sensualité ? Nous avons constaté que la raison vacille en présence du problème religieux ; or, si la raison ne peut pas nous présenter de motifs suffisants de résistance parce qu'elle ne possède encore qu'une connaissance insuffisante des vérités morales, des châtiments et des récompenses

---

[1] « Homo lapsus potest sine speciali auxilio gratiæ, aliquod bonum ordinis naturalis perficere. Non potest moraliter, sine aliqua gratia, cognoscere, præsertim sine admixtione erroris, summam veritatum naturalium necessariarum ad vitam recte instituendam. » (Bonal, *Instit. théolog.*, t. III, p. 176.)

de l'autre vie, la volonté manquera nécessairement de lumière, de direction et d'énergie.

« Ce n'est pas, écrit Suarez, parce que la liberté humaine serait frappée d'impuissance physique et absolue qu'elle est si faible en présence du bien que nous devons faire ; son impuissance est morale, elle provient de la faiblesse de l'intelligence, de l'infirmité de la volonté. » L'intelligence est faible parce que l'*appétit* l'entraîne violemment vers les réalités sensibles qui frappent fortement les sens, et qu'elle ne s'élève que péniblement, lentement, avec de grands efforts, vers les raisons supérieures qui peuvent l'éclairer : c'est de là que vient notre impuissance morale [1].

Et Suarez répète ici ce que saint Thomas avait dit : « L'homme rencontre ici-bas de nombreux obstacles qui l'empêchent d'atteindre sa fin. Il est arrêté par la faiblesse de la raison, qui tombe si facilement dans l'erreur, et l'erreur le détourne du chemin qui le conduirait à sa fin. Il est arrêté par les passions de la partie sensitive de son être et par les passions qui l'attirent vers les objets sensibles et inférieurs ; plus il s'attache à ces objets, plus il s'éloigne de sa fin... Il est arrêté encore trop souvent par l'infirmité de son corps, qui répugne aux actes vertueux sans lesquels on n'arrive pas à la béatitude. *L'homme a donc besoin d'un secours divin au milieu de tous ces obstacles pour ne pas s'éloigner complètement de sa fin* [2]. »

[1] Suarez, *Disp. theol.*, t. I, tract. II, II, 15.
[2] « Homini sunt impedimenta plurima perveniendi ad finem. Impeditur enim debilitate rationis, quæ de facile trahitur in

« Si l'homme, écrit un savant apologiste contemporain, même dans son état actuel est doué de la liberté morale, la nature de ses devoirs et la faiblesse de sa volonté le mettent dans une sorte d'impossibilité d'observer longtemps la loi morale dans toute son étendue ; de là la nécessité d'une révélation impliquant en même temps un secours divin, la grâce [1].

La preuve historique et expérimentale n'est-elle pas tous les jours devant nous ? Pouvons-nous ignorer l'enseignement des maîtres les plus célèbres de l'antiquité païenne touchant la nature de Dieu ou des dieux, et touchant la création. Qui ne connaît les turpitudes innommables et les obscénités autorisées, conseillées, louées chez les païens, les sacrifices humains, l'esclavage, le divorce, la communauté des femmes et des biens ? Ne savons-nous pas que la pratique répondait à la théorie et que le vieux monde s'écroulait dans les hontes de la pourriture quand l'aube du christianisme commençait à blanchir les cimes de la terre ?

Ce vieux monde, qui avait goûté à la fois toutes les émotions et toutes les jouissances de la chair,

---

errorem, per quem a recta via perveniendi ad finem excluditur. Impeditur etiam ex passionibus partis sensitivæ et ex affectionibus, quibus ad sensibilia et inferiora trahitur, quibus, quanto magis inhæret ab ultimo fine distat... Impeditur etiam plerumque corporis infirmitate ab executione virtuosorum actuum, quibus ad beatitudinem tenditur. *Indiget igitur auxilio divino homo ne per hujusmodi impedimenta totaliter ab ultimo fine deficiat.* » (S. Thom. *Contra gent.*, III, cxlvii.)

[1] Franz Hettinger, *Apologétique chrétienne*, p. 217.

et les sentiments plus délicats de la poésie, des arts, de l'éloquence et de la civilisation, s'abîmait dans la fange avec la tristesse infinie des désespérés. Il avait conscience du vide immense que rien ne pouvait combler. Avec quelle vigueur Tacite a décrit cette lassitude et ce désespoir dont il avait été témoin [1] !

Le monde moderne n'a pas échappé à cette inexorable loi de décadence et de dégradation. L'influence des idées chrétiennes et des traditions séculaires ont créé sans doute un état d'esprit qui résiste encore aux abominables exagérations du paganisme. Mais ces exagérations n'inspirent déjà plus le même sentiment d'horreur ; après avoir rencontré le mépris, elles ne rencontrent plus que l'indifférence, et elles occupent les positions abandonnées par l'esprit chrétien. Les pages que nous pouvons lire touchant la lutte implacable pour la vie, touchant le divorce et la désorganisation de la famille, le droit à la jouissance et à l'argent qui en est la condition, ces pages de nos contemporains rappellent avec quelques réticences exigées par l'opinion publique les plus tristes aberrations du monde païen.

Et de même que l'antiquité, désabusée, mais incapable de se relever, fatiguée et blasée, tombait dans le dégoût qui précède le désespoir, ne voyons-nous pas les pessimistes promettre aux âmes, avec Hartmann et Schopenhauer, l'anéantissement final et le repos suprême du Nirvana ?

[1] Tacite, *Annales*, III, XVIII.

Nous n'avons pas besoin d'interroger l'histoire, il nous suffit de nous interroger nous-même, d'examiner l'état de notre volonté, de notre âme, à l'heure des tentations graves et prolongées, et nous reconnaitrons que nous avons besoin du secours particulier que Dieu ne refuse jamais, pour résister à la concupiscence et triompher de nos passions.

Nous ne trouvons pas dans la philosophie le motif autorisé, impérieux, efficace, qui s'empare de la volonté et la maintient fortement, avec persévérance, dans la direction de sa fin même naturelle. La raison comme la philosophie, qui en est l'expression développée, a toujours manqué et manquera toujours d'autorité. C'est pourquoi, selon la très juste observation d'Hettinger, l'homme peut bien pendant quelque temps, avec l'énergie de sa liberté naturelle, surmonter les tentations plus légères ; il pourra bien encore vaincre telle passion en se livrant à telle autre, en obéissant à des motifs coupables ; mais si la lutte se prolonge, si les tentations deviennent plus fortes, il ne pourra résister sans un secours particulier de Dieu.

VI

Il faut donc regarder plus haut ; il faut purifier le regard de l'âme, demander à Dieu la lumière et la force sans lesquelles notre défaite est certaine, nous défier de nous-même et des inspirations aveugles de l'orgueil, et arriver par l'humilité aux clartés sereines de la vérité.

« Un homme, dit Fénelon, aura plus d'activité et de pénétration d'esprit que l'autre ; il paraîtra né philosophe, amateur passionné de la vérité et de la vertu, désintéressé, généreux, et uniquement occupé des plus hautes spéculations ; mais observez-le de près, vous trouverez un homme amoureux de son esprit et de sa sagesse, qui cherche la sagesse et la vertu pour enrichir son esprit, pour s'orner et s'élever au-dessus des autres : cet amour-propre l'indispose pour la découverte de la pure vérité ; il veut prévaloir, il craint de paraître dans quelque erreur, et il s'expose d'autant plus à errer qu'il est jaloux de paraître n'errer jamais en rien. Au contraire, l'autre, avec beaucoup moins d'intelligence, occupe son esprit de la vérité et non de son esprit même ; il va d'une démarche simple et directe vers la vérité, sans se replier sur soi par complaisance ; il a une secrète disposition à se défier de soi, à sentir sa faiblesse, à vouloir être redressé.

« Celui qui paraît le moins avancé l'est infiniment plus que l'autre : Dieu trouve dans l'un un fonds qui repousse son secours et qui est indigne de la vérité ; il met en l'autre cette pieuse curiosité, cette conviction de son impuissance, cette docilité salutaire qui prépare à la foi. »

Plus loin, dans cette *Sixième lettre sur la Religion*, Fénelon explique mieux encore cette opposition détestable de l'orgueil au rayonnement de la lumière divine dans nos âmes : « Rendez l'homme simple, docile, humble, détaché de lui-même, prêt à porter le joug et à se corriger, tous les doutes disparaitront, la lumière de Dieu sera éclatante, la raison sera aidée par la grâce ; mais dans l'état présent la lumière luit dans les ténèbres, et les ténèbres ne la comprennent pas. Dieu vient dans sa propre famille, et les siens ne le reçoivent pas : l'homme ose être jaloux de Dieu... L'homme ne veut raisonner sur Dieu que pour se faire juge de la divinité, que pour tirer une vaine gloire de cette recherche curieuse, que pour s'élever au-dessus de ce qui doit le rabaisser. Laissons les vices grossiers ; l'orgueil suffit pour causer l'impiété la plus dangereuse. »

Ce n'est donc pas en exaltant l'orgueil de l'homme et en prêchant une confiance exagérée dans les forces naturelles de la raison que l'on préparera l'esprit à recevoir la lumière de la vérité et à se reposer dans des convictions inébranlables : l'orgueil ferme l'esprit, rétrécit le cœur, éloigne Dieu, et nous laisse dans un état de défiance et de révolte qui éloigne le secours sans lequel nous devenons victimes du vice et de l'erreur.

Il faut donc s'incliner devant Dieu, se tenir prêt à entendre sa parole et lui demander la lumière bienfaisante qui engendre les convictions. Est-il donc si difficile de reconnaître que notre raison est imparfaite et limitée, que le mystère et l'inconnu nous pressent de toute part et nous enveloppent de ténèbres, que l'intelligence divine est infiniment supérieure à l'intelligence humaine? Est-il difficile de constater que nous avons besoin de la vérité souveraine pour éclairer nos chemins et nous révéler des vérités nécessaires qui échappent à la curiosité naturelle de notre esprit?

Nous sentons à chaque instant l'insuffisance de notre raison en présence de l'immensité des vérités naturelles et des phénomènes qui appartiennent incontestablement au domaine de la science. Plus haut, dans les régions mystérieuses des vérités morales et religieuses qui touchent à l'Être infini, cette insuffisance devient plus sensible et plus douloureuse. Au commencement, à la fin, au-dessus de toute chose, il y a l'intelligence infinie qui embrasse en un instant, d'un seul regard, toutes les vérités, et qui en livre quelques-unes rares et incomplètes à notre raison toujours inquiète et ardente dans ses élans.

En présence de cette hauteur, de cette immensité de Dieu, pouvions-nous refuser de nous incliner devant lui, de l'adorer et de lui demander la foi qui enfante les convictions?

Il ne suffit pas de demander la lumière, il faut demander aussi la force qui relève et soutient la volonté dans tous les combats, à tous les moments de la vie.

De même que l'intelligence livrée à elle-même, égarée et troublée par l'ignorance et par l'erreur, flotte à l'aventure, ainsi la volonté troublée par les passions, incapable de persévérer dans la justice, s'en va errante et toujours incertaine, livrée aux caprices de la concupiscence inassouvie et désordonnée.

C'est par la prière et par les sacrements que la force de Dieu passe dans la volonté humaine et communique une vigueur nouvelle à nos facultés morales endormies et stériles. Si nous cessons de prier, nous cessons de recevoir la force nécessaire qui passe de Dieu en nous, et les motifs humains, naturels, qui semblaient protéger notre honnêteté morale contre de graves défaillances, perdent eux-mêmes leur influence sur la direction et la formation de notre liberté.

Il y a des âmes qui vont à Dieu par les grandes envolées de l'amour, d'un élan irrésistible et joyeux ; il en est d'autres, elles sont plus nombreuses, qui vont à Dieu par le sentiment réfléchi, profond, douloureux, de l'impuissance et de l'insuffisance du cœur et de la raison en présence du redoutable problème religieux qui se dresse devant nous. Les unes et les autres éprouvent la nécessité du secours de Dieu pour connaître et pour pratiquer toutes les obligations même naturelles, pour arriver à l'énergie qui fait l'homme de caractère.

Il est follement présomptueux celui qui n'a pas éprouvé ce sentiment, et qui mesure à la petitesse de son orgueil les droits de Dieu sur les âmes qu'il a créées.

VII

Il ne faut pas oublier que l'homme a une fin surnaturelle, que c'est une vérité de foi, et que la nécessité du secours divin pour donner à la volonté la droiture et l'énergie devient ainsi manifeste. Il faut sortir des froides régions de la philosophie.

Jésus-Christ a prouvé sa divinité par ses paroles, par ses miracles, par sa vie et par l'œuvre divine qu'il a fondée. L'Église, œuvre de Jésus-Christ, nous donne elle aussi la preuve de sa divinité par l'unité, la sainteté, la catholicité, l'apostolicité, qui sont les caractères constitutifs, indestructibles de sa vie. Jésus-Christ et l'Église nous apprennent que nous sommes appelés à un état surnaturel, à une fin surnaturelle, et que, pour atteindre cette fin, nous avons besoin d'un secours spécial, gratuit, permanent, la foi et la grâce, dont la théologie nous fait connaître les merveilles et la perpétuelle efficacité.

Et quand l'homme orgueilleux refuse de se rendre aux appels miséricordieux et pressants de la grâce et de la foi ; quand il refuse d'entrer dans cet état surnaturel qui est sa destinée, quand il refuse d'y croire, quand il prétend fonder une religion et une morale, et organiser sa vie en dehors de Jésus-Christ, avec les seules ressources de sa nature, il est abandonné de Dieu. Livré à ses propres forces, il nous donne le lamentable spectacle de ces erreurs et de ces vices qui ont déshonoré la civilisation païenne.

Essayer, comme on prétend le faire aujourd'hui, de répudier le christianisme, de fonder une morale civique, d'organiser la vie d'un peuple en se passant de Dieu, c'est flatter l'orgueil qui est le fléau de la raison, c'est préparer dans un avenir prochain de sanglantes révoltes et le triste retour des désespoirs et des vices dont le paganisme nous a laissé l'exemple et le souvenir.

Il faut donc demander au christianisme et à la foi ce que la raison n'a pas pu nous donner.

―――

CHAPITRE IV

L'ÉNERGIE ET LA RELIGION

I

C'est dans la religion chrétienne que nous trouverons les éléments nécessaires pour former complètement l'homme de caractère. Nous en avons déjà fait la démonstration indirecte, quand nous avons reconnu l'insuffisance des moyens naturels et la nécessité des moyens surnaturels pour donner à l'homme son achèvement divin; nous en ferons ici la démonstration directe en reconnaissant dans le christianisme, privativement à toute institution humaine, un grand idéal à réaliser, un principe inébranlable de conviction et un foyer d'énergie.

Le christianisme nous fait connaître la dualité qui divise l'homme, et il nous en donne l'explication. Cette dualité d'impulsions et de désirs qui nous divisent n'a pas échappé, sans doute, à la pénétration des grands philosophes du paganisme : ils ont constaté l'existence d'une loi morale, d'un idéal de justice et de vertu qui se présentait à la conscience et à la raison avec un caractère obligatoire et qui devait donner une direction constante à tous les actes de notre vie; ils ont reconnu dans les facultés inférieures de notre être une tendance à la résistance et une révolte sourde, constante, contre cette loi morale, naturelle, qui demeure l'immuable expression de la volonté divine et de l'ordre naturel de l'univers; mais la raison ne pouvait pas leur donner l'explication adéquate de cette dualité et de cet antagonisme, tel qu'il existe en chacun de nous.

La philosophie moderne, malgré les progrès de la civilisation et le développement de la culture intellectuelle des peuples, est encore impuissante à rendre compte de cet antagonisme et à nous en faire connaître la cause première. En présence de cette difficulté, les philosophes de l'école de Saint-Simon et du phalanstère, comme les philosophes de l'école matérialiste et déterministe, ont supprimé l'antagonisme et divinisé les passions. Ils ont dit : « Les impulsions, les instincts qui existent en toute créature intelligente et raisonnable, si divers qu'ils puissent être, en apparence, ont un même caractère : ils sont bons, ils sont l'œuvre de la nature; il n'est plus nécessaire d'invoquer le témoignage de la métaphysique pour expliquer un conflit idéal, le conflit n'existe pas. »

Mais le christianisme éclaire ces profondeurs de la nature humaine, il nous apprend l'existence de la faute originelle qui bouleversa l'œuvre divine et frappa dans son chef tous les descendants de la race adamique ; il nous fait voir l'humanité avant la chute, affranchie de l'ignorance, de la concupiscence, des maladies et de la mort ; il nous permet d'assister à la révolte primitive, dont les funestes effets devaient atteindre jusqu'aux derniers rejetons de la souche ; il nous fait voir l'humanité troublée, bouleversée, livrée à l'ignorance, à la concupiscence, aux maladies, à la mort ; il nous découvre cette loi d'iniquité qui domine aujourd'hui dans les membres de toutes les créatures séparées de Dieu par la faute qui appelle une expiation ; il maintient l'éternelle distinction du bien et du mal, des instincts mauvais et des nobles élans.

Le christianisme nous permet de pénétrer encore plus avant dans cette distinction irréductible du bien et du mal, et de connaître d'une manière plus scientifique les caractères de l'un et de l'autre. N'est-ce pas, en effet, toute l'économie de la religion chrétienne de nous faire comprendre avec une précision théologique et une grande abondance de preuves le caractère du bien et du mal, du vice et de la vertu ? Le christianisme, appuyé sur les documents les plus certains de la révélation, nous donne l'explication de ces grandes choses, la révolte contre Dieu, la dignité de la personne offensée, la gravité de l'offense, l'ingratitude du coupable, l'incomparable grandeur de l'Incarnation et de la Rédemption, les ressources miséricordieuses qui permettent la réconciliation du fini avec l'Infini, de l'homme avec Dieu.

Toute doctrine philosophique ou théologique qui varie sur la distinction du bien et du mal et qui tend, comme la plupart des erreurs de la philosophie moderne, à justifier nos passions, en les considérant comme l'expression des besoins légitimes de notre nature, affaiblit les caractères en supprimant la lutte, la résistance et l'effort. Au contraire, toute doctrine qui maintient avec une rigueur inflexible la distinction du bien et du mal, et qui nous fait connaître avec une autorité souveraine la laideur et la gravité du vice, la beauté et la grandeur de la vertu, cette doctrine développe en nous l'amour du bien, l'horreur du mal, le besoin de résister, de développer en nous l'énergie par un exercice qui ne souffre pas de défaillance, l'invincible désir de devenir un homme de caractère, c'est-à-dire un homme fort.

Or il n'y a pas de doctrine qui maintienne, avec plus de rigueur que le christianisme, la distinction du bien et du mal, du vice et de la vertu. Par l'affirmation de notre liberté, elle établit en nous le principe de la responsabilité humaine, et par l'affirmation d'une loi naturelle et d'une loi positive, émanées l'une et l'autre de l'autorité de Dieu; elle maintient, hors de nous, la séparation objective et essentielle du bien et du mal. Le christianisme complète enfin ces enseignements, par ces idées d'expiation, d'incarnation, de rédemption, que nous tenons de la révélation et qui contribuent à rendre plus saisissante l'idée de la justice divine, et plus profond le sentiment d'aversion que le mal doit nous inspirer.

L'aversion du mal engendre la résistance courageuse aux passions et la mortification persévérante des sens. La plus grande partie de la vie chrétienne s'écoule dans cette résistance et dans ces mortifications. Les jeûnes, les veilles, les flagellations, les privations volontaires les plus douloureuses, fortifient la volonté et préparent, avec le secours de la grâce, le règne de l'âme sur le corps. La haine du mal dont elle a mesuré la malice, en méditant sur la sainteté et la justice de Dieu, soutient la volonté dans ce combat qui nous refuse toujours la consolation d'une victoire définitive, parce qu'il ne doit finir qu'à la mort, mais il nous détourne du mal.

La passion de la justice qui se développe parallèlement à la haine du mal, et qui se rattache par son origine à un idéal de perfection entrevu dans les lumières de la foi, enfante, à son tour, le dévouement, le sacrifice, l'héroïsme de la sainteté porté jusqu'au martyre; magnifiques élans qui rapprochent l'âme de l'intangible idéal qu'elle voudrait atteindre.

II

Nous trouvons donc dans le christianisme un idéal à réaliser; cet idéal, c'est l'aversion du mal et la passion du bien, malgré les orages et les soulèvements des instincts mauvais de notre nature déchue, et le christianisme nous apprend que la réalisation de cet idéal est le but nécessaire de la vie.

Cet idéal, c'est l'acceptation volontaire et courageuse de la mortification, du sacrifice et des croix qui remplissent la vie ; c'est le renoncement de tous les instants aux désirs qui naissent de la concupiscence ; c'est le déchirement du cœur, avec l'espérance d'une récompense éternelle ; c'est l'enfantement douloureux de la vie glorieuse des élus.

Ouvrez les Saints Livres, vous n'y trouverez pas une autre explication de l'homme et de la vie ; vous y verrez sans cesse, à chaque pas, l'ordre absolu de transfigurer notre nature, de l'élever jusqu'à la ressemblance du Christ, abaissé, bafoué, brisé par la douleur physique et morale. Des larmes, du sang, encore et toujours des larmes et du sang, et sur toutes ces épreuves, ces mortifications, ces sacrifices, ces larmes et ce sang, se répand la radieuse lumière du paradis.

Jésus disait à tout le monde : « Si quelqu'un veut venir avec moi, qu'il renonce à soi-même, qu'il porte sa croix tous les jours et qu'il me suive. Car celui qui voudra sauver sa vie la perdra, et celui qui aura perdu sa vie pour l'amour de moi la sauvera. Et que servirait à un homme de gagner tout l'univers, s'il vient à perdre son âme [1] ? Par quel échange l'homme pourrait-il racheter son âme,

---

[1] S. Luc, IX, 23-25.

après qu'il l'aura perdue[1]? » La grâce de Dieu, notre sauveur, nous apprend que, renonçant à l'impiété et aux passions mondaines, nous devons vivre, dans le siècle présent, avec tempérance, avec justice et avec piété, étant toujours dans l'attente du bonheur que nous espérons et de l'avènement glorieux du grand Dieu et notre Sauveur Jésus-Christ, qui s'est livré lui-même pour nous afin de nous racheter de toute iniquité et de nous purifier[2]. »

« Ainsi, entourés d'une si grande nuée de témoins, dégageons-nous de tout ce ce qui nous appesantit et des pièges du péché dont nous sommes environnés, et courons par la patience dans cette carrière qui nous est ouverte. Jetant les yeux sur Jésus comme sur l'auteur et le consommateur de la foi, qui, au lieu de la vie tranquille et heureuse dont il pouvait jouir, a souffert la croix en méprisant la honte et l'ignominie. Pensez donc en vous-mêmes à Celui qui a souffert une si grande contradiction des pécheurs contre lui, afin que vous ne vous découragiez point, car vous n'avez pas encore résisté jusqu'à répandre votre sang[3]. »

« Nous avons été ensevelis avec Jésus-Christ par le baptême pour mourir au péché, afin que, comme Jésus-Christ est ressuscité d'entre les morts pour la gloire de son Père, nour marchions aussi dans une nouvelle vie. Car, si nous sommes entés en lui

[1] S. Matth., XVI, 26.
[2] S. Paul à Tite, II, v, 11-14.
[3] S. Paul aux Hébr., XII, 2-4.

par la ressemblance de sa mort, nous y serons aussi entés par la ressemblance de sa résurrection, sachant que notre vieil homme a été crucifié avec lui, afin que le corps du péché soit détruit et que désormais nous ne soyons pas asservis au péché; que si nous sommes morts avec Jésus-Christ, nous croyons que nous vivrons aussi avec Jésus-Christ[1]. »

« Jusqu'à cette heure nous souffrons la faim et la soif, la nudité et les mauvais traitements; nous n'avons point de demeure stable, nous travaillons avec beaucoup de peine de nos propres mains; on nous maudit et nous bénissons; on nous persécute, et nous le souffrons; on nous dit des injures, et nous répondons par des prières; nous sommes comme les ordures du monde, comme les balayures qui sont rejetées de tous[2]. »

Dans cette voie douloureuse il y a eu des ancêtres dont l'Apôtre raconte ainsi les grandes vertus.

« Les uns ont été cruellement tourmentés, ne voulant point racheter leur vie présente, afin d'en trouver une meilleure dans la résurrection. Les autres ont souffert les moqueries et les fouets, les chaînes et les prisons. Ils ont été lapidés, ils ont été sciés, ils ont été éprouvés, ils sont morts par le tranchant de l'épée; ils étaient vagabonds, couverts de peaux de brebis et de peaux de chèvres, étant abandonnés, affligés, persécutés. Eux, dont le monde n'était pas

---

[1] S. Paul aux Romains, VI, 3-7.
[2] S. Paul, Ire Épître aux Corinthiens, IV, 11-3.

digne ; errants dans les déserts et dans les montagnes, se retirant dans les antres et dans les cavernes de la terre. Cependant toutes ces personnes, à qui l'Écriture rend un témoignage si avantageux à cause de leur foi, n'ont point reçu la récompense promise : Dieu ayant voulu, par une faveur particulière qu'il nous a faite, qu'ils ne reçussent qu'avec nous l'accomplissement de leur bonheur[1]. »

Tous ces héros obéissaient au grand précepte du sacrifice que nous retrouvons dans l'Évangile, complété et précisé : « En vérité, en vérité je vous le dis : Si le grain de froment ne meurt après qu'on l'a jeté en terre, il demeure seul ; mais quand il est mort, il porte beaucoup de fruit. Celui qui aime sa vie la perdra, mais celui qui hait la vie en ce monde la conserve pour la vie éternelle. Si quelqu'un me sert, qu'il me suive, et là où je serai, là aussi sera mon serviteur[2]. »

Le détachement de la vie et des créatures, le mépris de la mort, le dévouement jusqu'au sang à la cause de Dieu, et à ce prix la ressemblance de Jésus-Christ, tel est l'idéal que l'Église nous présente et nous commande de réaliser. Cet idéal n'était pas connu du vieux monde païen, qui avait horreur de la pauvreté, de la souffrance, de la mort. Cet idéal était un objet d'étonnement et de scandale pour les peuples qui gravitaient autour du Calvaire ;

[1] S. Paul aux Hébr., xi, 35-40.
[2] S. Jean, xii, 24, 25.

et aujourd'hui même il est encore un mystère, quand il n'est pas un objet de risée, pour le monde livré au besoin de jouir. Malgré cet étonnement et ce scandale, l'Église le conserve, elle rappelle sa réalisation dans Jésus-Christ et dans les saints, elle relève les lâches et elle fait passer dans leur volonté l'énergie qui doit les sauver.

Tendre à la perfection par l'accomplissement de nos devoirs envers Dieu, envers nous-mêmes, envers le prochain; détourner son cœur de ce monde, vivre par la pensée et par l'action dans ce monde invisible qui nous enveloppe sans cesse d'influences mystérieuses et qui doit être un jour notre demeure permanente; mépriser ces dignités, ces jouissances, ces richesses, dont tant d'hommes sont les esclaves; remplir son âme de la noble passion de la vérité, de la justice et du sacrifice, qui en entretient la flamme ardente, c'est le but de la vie chrétienne, c'est l'idéal que nous devons essayer de réaliser, malgré les obstacles et les distances qui nous en séparent, pendant l'épreuve de notre liberté.

Cet Idéal, que le christianisme propose à nos efforts, n'est pas seulement exprimé dans une doctrine, il est réalisé dans un fait historique, dans la personne de Jésus-Christ, qui devient ainsi l'idéal sensible, qu'il est permis de contempler, et que tout homme doit s'efforcer d'imiter. Dieu parfait et homme parfait, il nous présente en lui-même, dans sa nature et dans tous les actes de sa vie, la réalisation de cette perfection idéale qui s'éloigne et recule sans cesse devant nos efforts impuissants. Verbe incarné, il projette sa lumière vers l'Infini et le fini, le temps et l'éternité, vers le sein du Père d'où il est descendu, et vers la terre qu'il enveloppe de lumière en expliquant les graves problèmes qui ne cesseront jamais de troubler l'humanité et de faire couler ses larmes.

L'idéal dont le christianisme nous propose la réalisation n'est plus pour nous une conception difficile à comprendre, il n'est pas une idée abstraite dont l'intelligence serait réservée à quelques esprits d'élite après de longues et laborieuses spéculations; il est, au contraire, accessible à tous, réalisé et vivant dans le Verbe fait chair. Il ne s'élève pas un doute dans notre esprit que sa lumière ne le dissipe; pas une souffrance ne fait battre notre cœur qu'il ne la sanctifie; pas une action n'obéira à notre volonté, qu'elle n'ait son modèle et sa direction dans la volonté de Jésus-Christ, si nous voulons travailler sincèrement à nous rapprocher de la perfection devenue la loi de notre nature régénérée.

Plus près de nous, à des hauteurs plus accessibles à notre faiblesse, nous rencontrons les saints, dont les annales de l'Église ont conservé le souvenir et glorifié les vertus; ils ont réalisé eux aussi, quoique à un degré inférieur, cet idéal que le christianisme propose à notre imitation, et qui décourage trop souvent notre faiblesse. Avec une énergie surhumaine et une persévérance entretenue par la grâce, ils ont étouffé dans leur âme blessée la passion naturelle de tout ce que le monde admire et convoite ; ils ont arraché leur âme à l'esclavage de l'orgueil, de la luxure, de l'égoïsme ; ils ont substitué aux passions mauvaises la noble passion des humiliations volontaires, de la pauvreté, des sacrifices qui naissent et grandissent dans le sang et dans les larmes ; ils ont entrevu dans la lumière encore insuffisante de la foi Celui qui est la vérité, la beauté, la charité, la justice éternelle ; vision saisissante de l'esprit, malgré les ombres qui l'environnent! elle permet d'espérer la surnaturelle vision intuitive dans laquelle l'âme glorifiée trouvera sa perfection suprême ; et toute leur vie fut un continuel avancement vers cet Être infini, qui est à la fois le principe et l'objet des grands sentiments dont notre âme est agitée.

Auprès de ces héros chrétiens, que deviennent ces héros du paganisme dont on essaye d'évoquer le souvenir pour contester l'influence morale et sociale du christianisme? On les fait apparaître dans le lointain et dans les ténèbres favorables d'une légende trop complaisante ; on nous vante leur patriotisme, leur intégrité, c'est-à-dire le côté le plus apparent de leur vie, celui qui frappa l'attention publique ; mais on ne parle pas des motifs qui inspirèrent la conduite de ces prétendus sages, on ne dira rien de l'orgueil qui les excitait, de l'égoïsme qui les déterminait à l'action, des passions sensuelles qui les livraient à la servitude du corps, et qui trouvaient dans le milieu social et dans les principes mêmes de la religion païenne leur principe et leur explication.

Ce n'est pas sur le théâtre de l'action publique, sous les regards d'une foule dont les hommages flattent notre amour-propre, c'est dans la solitude du foyer, c'est dans le désert, dans le cloître, au milieu des sauvages et des barbares, que l'Église voit fleurir la sainteté et s'épanouir ces vertus secrètes, réservées et empourprées d'un sang divin, qui attestent la présence, dans les hauteurs de l'âme, de l'Idéal qui est le privilège du christianisme.

En réalité, les héros du paganisme, comme les sages dont le naturalisme moderne prétend se glorifier, étaient des hommes qui obéissaient encore à certaines impulsions de notre nature, tantôt bonnes, tantôt mauvaises; car la nature humaine n'est pas totalement pervertie, la légende nous vante les actions bonnes, elle laisse dans l'ombre les actions mauvaises dont le souvenir pourrait diminuer ces héros aux yeux de la postérité. Il leur manquait un idéal, il leur manquait cette énergie divine, enfantée par la grâce, qui permet d'étouffer le vieil homme avec ses concupiscences et de lui substituer l'homme nouveau avec la fécondité de sa vie transformée.

Il faut relire et méditer cette belle page de l'*Imitation*, elle résume avec une onction touchante les pensées que nous venons d'exprimer :

« 1. Regardez les grands exemples des saints pères que leur perfection et leur religion ont fait admirer, et vous reconnaîtrez que ce que nous faisons est bien peu de chose et presque rien. Hélas! qu'est-ce que notre vie si elle est comparée à la leur? Les saints et les amis de Jésus-Christ ont servi le Seigneur dans la faim et dans la soif, dans le froid et dans la nudité, dans le travail et dans la fatigue, dans les veilles et dans les jeûnes, dans les prières et les saintes méditations, dans une infinité de persécutions et d'opprobres.

« 2. Hélas! combien et que de fâcheuses tribulations ont essuyées les apôtres, les martyrs, les confesseurs, les vierges et tous ceux qui ont voulu suivre les traces de Jésus-Christ! Ils se sont haïs dans ce monde pour pouvoir s'aimer dans l'autre. Combien rude et détachée de tout était la vie des saints pères dans le désert! combien longues et fortes ont été leurs tentations! combien fréquemment l'ennemi les y a-t-il tourmentés! combien ferventes et fréquentes étaient les prières qu'ils faisaient à Dieu! combien de rigoureuses abstinences ont-ils observées!... quelle rude guerre n'ont-ils pas soutenue pour se rendre victorieux des vices! combien droite et pure était l'intention avec laquelle ils allaient à Dieu! Ils passaient le jour au travail et la nuit à la prière, vaquant même pendant le travail à l'oraison mentale.

« 3. Ils employaient utilement tout leur temps; celui qu'ils donnaient à la prière leur paraissait court, et l'excès du plaisir qu'ils trouvaient dans la contemplation leur faisait oublier la nécessité de prendre la nourriture. Ils renonçaient aux richesses, aux dignités, aux honneurs, aux amis, aux parents; ils ne souhaitaient rien du monde; à peine voulaient-ils les nécessités de la vie; ils étaient fâchés de servir leur corps, même dans ses besoins. Ils étaient pauvres des choses de la terre, mais riches en grâces et en vertus, manquant de tout au dehors et pleins au dedans de grâces et de consolations divines.

« 4. Le monde les traitait comme des étrangers, mais Dieu les regardait comme des parents et des amis. Le monde les méprisait, et ils se méprisaient eux-mêmes; mais ils étaient chers et précieux aux yeux de Dieu. Ils étaient véritablement humbles, ils obéissaient avec simplicité, ils étaient charitables et patients, et à cause de cela ils avançaient tous les jours dans la spiritualité et recevaient sans cesse de Dieu de nouvelles grâces. On les a proposés pour exemples à tous les religieux, et ils doivent plutôt exciter à s'affermir que le grand nombre de tièdes à se relâcher.

« 5. Hélas! combien grande était la ferveur de tous les religieux dans le commencement de leur sainte institution! quelle dévotion n'avaient-ils pas dans leurs prières! quelle émulation pour la vertu! combien florissait la discipline parmi eux! avec combien de révérence et d'exactitude n'observaient-ils pas les règles de leurs supérieurs! Les vestiges qui nous restent d'eux sont des témoignages certains de la vérité de leur vertu, de leur perfection, de leur sainteté et de la grandeur du courage avec lequel ils ont combattu et surmonté le monde [1]. »

III

Il ne suffit pas de se proposer la réalisation d'un noble idéal pour devenir un homme de caractère, il y faut encore d'inébranlables convictions. La volonté suit l'intelligence, elle avance à sa lumière, et si l'intelligence est livrée aux fluctuations des opinions toujours changeantes, la volonté sera toujours indécise dans ses résolutions; mais, si l'intelligence possède des convictions profonde, elle entraînera la volonté dans sa direction, et elle saura en diriger les mouvements.

Et cette constance dans une direction qui ne change jamais constitue l'élément essentiel de l'homme de caractère. Celui-ci a vu clairement le but qu'il doit atteindre, l'idéal ou la perfection qu'il veut essayer de réaliser, et il y tend sans cesse, malgré les difficultés.

Or c'est l'Église catholique seule qui peut donner à l'homme les convictions qui s'emparent de l'intelligence pour l'éclairer, de la volonté pour la diriger, et qui nous forcent à marcher courageusement dans une direction qui ne varie pas.

En effet, quand l'Église nous fait connaître l'idéal

---

[1] *Imitation de J.-C.*, l. I, chap. XVIII.

que nous devons réaliser, le but que nous devons atteindre et qui n'est autre, en réalité, que le but nécessaire de la vie, elle ne veut pas nous présenter une opinion que nous aurions le droit de repousser, elle entend nous présenter une vérité indiscutable, qu'il ne dépend pas de nous d'accepter ou de refuser. Elle nous dit : Voilà la vérité, il faut la reconnaître; voilà le devoir, il faut le pratiquer.

L'Église parle donc avec une autorité souveraine; elle parle au nom de Dieu, qui seul a le droit d'imposer sa volonté à ses créatures et de les forcer à reconnaître sa puissance, parce que, étant libre de créer des âmes et de les laisser dans le néant, il est libre aussi, en suivant les conseils de son éternelle sagesse, de leur donner des ordres et de marquer leur direction.

Elle tient encore son autorité d'une autre source : c'est qu'elle est infaillible, et, en nous faisant connaître ce que nous devons croire et ce que nous devons pratiquer, elle n'exprime pas une pensée personnelle ou une opinion philosophique dont la valeur scientifique serait d'ailleurs toujours contestable; elle exprime la pensée même de Dieu, qui ne peut ni se tromper ni nous tromper. Elle a recueilli l'enseignement divin des lèvres de Jésus-Christ; elle le conserve à travers les âges, dans une intégrité qui défie les révoltes de l'orgueil humain et les défaillances de notre nature, et son autorité vient de ce qu'elle possède la vérité intégrale et de ce qu'elle parle au nom de Dieu.

Le caractère même de cet enseignement doit produire un double effet dans notre esprit. Il y produit d'abord la lumière et le repos de la certitude. Tant que notre esprit cherche la vérité, il ne connaît ni la lumière ni le repos ; il voit des opinions, il rencontre des conjectures, il entend des systèmes dont la probabilité scientifique égale la capacité intellectuelle de ceux qui les ont conçus, il avance dans les ténèbres : de là cette inquiétude incessante et ce trouble douloureux, cette angoisse et ces doutes qui ne lui permettent pas de goûter le repos et de donner à la vie son orientation naturelle.

Mais quand l'esprit a la certitude de posséder la vérité et qu'il est affranchi de la crainte de se tromper, cette vérité l'éclaire, elle dissipe ses doutes, apaise ses inquiétudes, l'arrête dans l'angoisse de ses recherches inutiles, et elle lui donne le repos qui répond aux désirs les plus ardents de nos facultés.

Le second effet de cet enseignement de l'Église, c'est de produire en nous d'inébranlables convictions. Sans doute, l'homme conserve toujours pendant la vie la faculté de se révolter contre la vérité, comme sa volonté peut se révolter contre le bien ; cette liberté cessera quand nous aurons, après la mort, si nous sommes justes, la claire vision de la vérité éternelle ; mais la foi à l'enseignement de l'Église engendre des convictions ardentes, elle fait des martyrs, parce que nous reconnaissons dans cet enseignement l'autorité et la parole même de Dieu, qui ne peut ni se tromper ni nous tromper.

Aussi bien cet enseignement n'est pas privé de sanction, et quand l'Église propose à notre foi ces vérités indiscutables, qui forment l'immuable dépôt de la révélation, elle menace de ses châtiments en ce monde, et du châtiment de Dieu après la mort, celui qui leur refuserait l'adhésion de son esprit ; elle le retranche de son sein pendant la vie, et elle affirme que Dieu le retranchera de la société des saints dans l'autre monde. Elle ajoute ainsi à l'autorité qu'elle tient de son origine et du privilège de son infaillibilité doctrinale, l'autorité qu'elle emprunte à la crainte d'un châtiment dont les livres sacrés nous font connaître l'économie redoutable.

Tout concourt ainsi à faire plus vives et plus fortes ces convictions religieuses qui rendaient les héros du christianisme inébranlables en présence des négations de l'incrédulité et des persécutions de la force au service de l'erreur. L'autorité de Dieu qui commande à la raison, les lumières et les consolations qui animent la vérité religieuse et rayonnent avec elle dans les âmes, la crainte d'un châtiment éternel, ces souvenirs et ces pensées, qu'une longue et continuelle méditation rendait toujours plus efficaces, frappaient l'esprit des saints et des martyrs, ébranlaient leur volonté, et donnaient à la fois à leur caractère une surnaturelle beauté, et à tous les actes de leur vie une ferme et persévérante unité.

IV

Les convictions religieuses que l'Église engendre dans les âmes n'impliquent jamais l'abdication de l'intelligence.

Les rationalistes prétendent que la science divine, comme la science humaine, est fille de la raison, qu'elle est son œuvre, qu'elle vient de nous et qu'elle ne peut jamais venir du dehors; ils réclament l'indépendance absolue, l'autonomie de la raison.

Cette théorie funeste de l'autonomie de la raison nous conduit à l'illuminisme, aux rêves des fanatiques et des sectaires. Posez en principe que l'homme ne doit croire que ce qu'il comprend, vous excluez ainsi du domaine de la science un nombre infini de vérités qui sont au-dessus de la raison, parce que la puissance de la raison est limitée quand l'étendue de la vérité est infinie. Ou la raison humaine est finie et il est permis d'affirmer qu'elle ne connaît qu'un nombre fini, c'est-à-dire bien incomplet, de vérités; ou la raison humaine est infinie, égale à Dieu, Dieu lui-même, il faut ouvrir les portes au panthéisme

Or il est évident que la raison humaine est finie, imparfaite, vacillante; il n'est pas nécessaire de le démontrer, chacun de nous, et les savants mieux que les autres, en fait tous les jours la douloureuse expérience : nous savons peu, nous savons mal, nous apprenons péniblement. Il faut donc reconnaître que la vérité peut nous arriver d'une autre source que de notre raison, que ce n'est pas nous qui lui donnons l'être, qu'elle vient en nous du dehors, d'une source plus haute et divine, et que notre rôle consiste à la reconnaître et à l'affirmer.

Si vous posez en principe que la raison de l'homme est tout, qu'elle ne doit pas être soumise à une raison supérieure, que ses jugements et ses affirmations ne doivent pas être conformes aux affirmations et aux jugements de la cause première de l'univers, que répondrez-vous au sectaire nihiliste qui fera ce raisonnement ? Il est entendu que j'ai le droit et le devoir d'obéir à ma raison, à l'exclusion de toute autre autorité. Or la raison m'apprend que l'organisation sociale actuelle du monde est mauvaise, injuste, odieuse ; elle m'apprend que le principe de la propriété est profondément immoral et qu'il voue à la misère et à de cruelles souffrances des milliers d'existences humaines ; elle m'apprend enfin, par voie de conclusions logiques, que j'ai le droit de travailler de toutes mes forces à briser l'obstacle, à détruire cette organisation criminelle, à faire disparaître le principe immoral de la propriété.

Or les moyens légaux, pacifiques, ordinaires, ne suffisent pas pour arriver à un résultat aussi considérable, il y faut des moyens violents ; c'est donc par la violence, sous toutes ses formes, et avec les ressources de destruction que la science moderne tient à ma disposition, que je travaillerai à faire prévaloir mes idées et à faire disparaître jusqu'aux derniers vestiges de l'ancien ordre social.

Le nihiliste tiendra ce langage, il réunira des disciples qui partageront ses convictions, il formera un bataillon de sectaires hardis, résolus, qui feront trembler le pays.

En réalité, ce nihiliste est donc un libre penseur, soumis à l'inflexible logique des idées ; il affirme l'indépendance absolue, l'autonomie de la raison, et il agit en conséquence.

La conviction du sectaire est aveugle, brutale; elle ne repose pas sur la conformité de la pensée de l'homme avec la pensée de Dieu. La conviction chrétienne échappe à ces périls, elle est intelligente et lumineuse, parce qu'elle implique au contraire la conformité de notre raison et de notre volonté avec la raison et la volonté de Dieu manifestées par l'enseignement de l'Église, infaillible dépositaire de la révélation.

Elle n'est pas seulement intelligente la conviction du chrétien, elle est encore active, et toutes les facultés obéissent à son influence salutaire; elle vivifie la conscience, la sensibilité, la volonté; elle entraîne l'homme tout entier, avec une force qui ne se ralentit jamais, dans une direction déterminée. Si l'indifférence et la torpeur nous envahissent, paralysent nos actions et étouffent dans leur germe nos efforts trop souvent impuissants, c'est que nos convictions sont faibles, elles ont perdu leur efficacité et leur pointe, et elles vont bientôt disparaître, vaincues par de vagues et fugitives opinions qui prendront leur place dans notre âme livrée au scepticisme et à ses ravages.

La conviction chrétienne est donc active, et le cercle de son activité est illimité ; elle embrasse nos devoirs envers Dieu, envers le prochain, envers nous-mêmes ; elle nous fait tendre sans cesse par des excitations mystérieuses à nous rapprocher de la perfection. Sortir de soi, s'élever à Dieu, et se dévouer avec lui au prochain sous l'impulsion des plus nobles sentiments qui puissent agiter l'âme humaine, c'est l'œuvre principale de l'homme dont le cœur est rempli de convictions intelligentes et profondes. Le sectaire obstiné se constitue le centre du monde, et s'il tend à la destruction de tout obstacle, c'est pour assurer le bien-être, la jouissance, le triomphe de sa personnalité égoïste. Il en est autrement du chrétien convaincu : il s'oublie, il s'efface, et tous les efforts de son activité surnaturelle, animés, soutenus, fortifiés par la grâce, tendent à assurer l'amélioration morale et à préparer l'élévation des âmes vers Dieu.

V

C'est encore dans l'Église que nous trouvons la force morale nécessaire pour résister, combattre et tremper enfin la volonté, en lui donnant l'énergie persévérante qui fait les grands caractères. Avant tout, elle nous fait connaître, sans nous décourager, notre faiblesse naturelle et notre impuissance ; elle abaisse l'homme avant de l'élever. Elle lui fait voir l'inaccessible sainteté de Dieu et ses attributs, le prix, les difficultés, l'incomparable élévation de la vertu, le bouleversement que la chute originelle a causé dans notre âme et dans toutes nos facultés, condamnées à une impuissance relative ; elle nous fait sentir les difficultés redoutables de l'entreprise et l'insuffisance des moyens que nous trouvons en nous-mêmes pour la mener à fin.

Mais, en réveillant l'humble sentiment de notre faiblesse, l'Église ne fait pas naître le découragement pessimiste et paresseux des volontés qui reculent devant le combat. L'humilité n'est pas le désespoir. Elle nous fait du relèvement, de l'effort, un devoir absolu ; elle flétrit la lâcheté des pusillanimes, le pessimisme des désespérés. Elle veut abattre l'orgueil et la présomption des âmes qui prétendent se passer de Dieu dans l'œuvre difficile de la formation du caractère, mais elle n'entend pas soumettre la volonté aux fatalités de la nature et livrer nos forces à l'impulsion aveugle de l'instinct.

Ces ordres précis, ces exhortations réitérées à une résistance qui doit nous élever en nous rapprochant de Dieu et commencer la formation courageuse du caractère, indiquent bien que nous devons trouver en nous la force nécessaire à l'action, et que le découragement paresseux est une lâcheté. De là cette persistance avec laquelle l'Église affirme et maintient même dans l'ordre philosophique le sentiment de notre liberté et de notre responsabilité. Là où les philosophies et les fausses religions hésitent, l'Église affirme avec une certitude inébranlable.

Avec les déterministes et les positivistes la liberté disparaît, vaincue par les fatalités de la nature. Avec les jansénistes et les luthériens elle est dominée et détruite par l'efficacité souveraine de la grâce. Mais l'Église, tout en reconnaissant la puissance des causes extérieures qui sont la condition de la lutte et l'efficacité de la grâce qui vient au secours de notre faiblesse, sauve encore la liberté humaine qui est le principe de la responsabilité, du mérite ou du démérite, de la récompense ou du châtiment.

Ces pensées relèvent le courage, et elles pourront entretenir la persévérance de l'effort indispensable à l'homme de caractère. Si nous ne sommes ni libres ni responsables, pourquoi essayerons-nous de résister à nos instincts, à nos passions, au choc des causes physiques extérieures qui font partie du mécanisme de l'ordre universel? Croisons-nous les bras et laissons-nous aller à la dérive, c'est la mort du caractère.

Mais une doctrine qui m'excite et m'exhorte à lutter sans cesse contre ces obstacles difficiles que nous rencontrons en nous et hors de nous, une doctrine qui fait de cette résistance énergique et persévérante un devoir absolu, une doctrine qui affirme en même temps, avec une certitude qui défie toutes les négations, la liberté humaine et la responsabilité, c'est-à-dire une doctrine qui nous rend la conscience de nos forces et de notre puissance au milieu des phénomènes matériels qui nous pressent de toute part; cette doctrine nous relève, nous donne confiance et nous rend forts.

Et c'est là un des caractères de l'enseignement de l'Église catholique ; il nous donne le sentiment de notre force morale, la connaissance des devoirs difficiles que nous avons à remplir, la confiance dans les moyens qui sont à notre disposition pour triompher de nos ennemis.

Sans doute l'Église nous apprend l'humilité en dévoilant les plaies de notre nature blessée, mais elle nous apprend aussi à connaître la merveilleuse efficacité de la grâce et à mettre notre confiance dans son secours. Nous voyons à toutes les pages de notre histoire religieuse, où se révèle la beauté de l'âme des saints, l'action souveraine de la grâce. Que nous ayons devant les yeux un pécheur abîmé dans le vice et subitement transformé, un saint dont la vie entière fut remplie des sacrifices qui ouvrent l'âme aux merveilles de la mystique surnaturelle, le spectacle est toujours fortifiant. Que la grâce renverse un pécheur, qu'elle brise les liens qui l'attachaient au crime, qu'elle bouleverse toutes ses facultés pour les renouveler, qu'elle transforme totalement ses désirs, ses pensées, ses volitions, sa vie ; qu'elle l'arrache à la cupidité, à l'orgueil, au vice, pour lui donner la noble passion des plus grands sacrifices, elle nous apprend ce qu'elle peut faire en nous et de nous, elle nous dévoile les énergies qu'elle peut communiquer à notre volonté, les élans et les passions nouvelles dont elle peut remplir notre âme et l'invincible confiance qu'elle doit nous inspirer.

Cette force morale, Dieu ne la refuse à personne, car Jésus-Christ est mort pour tous les hommes, et tous les hommes portent devant lui la responsabilité de leur vie. Par les sacrements et par d'autres voies mystérieuses qui constituent l'économie du monde surnaturel, cette force nouvelle pénètre en nous, quand elle ne rencontre pas d'obstacle. Dieu répond à son heure à l'appel de l'homme, et si notre énergie semble s'épuiser, si le courage nous abandonne, si la tentation devient victorieuse, ce n'est pas la force de Dieu qui nous a manqué, c'est nous qui avons manqué à la force de Dieu, en oubliant ou en refusant de l'appeler.

L'Église nous offre ainsi, par le canal des sacrements divinement institués la force dont nous avons besoin pour réaliser l'idéal de perfection qu'elle présente à notre activité, l'idéal dont elle fait le but de la vie. Aucun système de philosophie ne propose à l'homme et ne peut lui donner ce secours gratuit. Sous l'inspiration de l'orgueil, quelques philosophes rationalistes nous diront peut-être que ce secours est superflu, que la raison et la volonté suffisent à tout; mais l'expérience, fondée sur la connaissance de l'histoire et sur la connaissance des ressorts qui donnent le branle à tout l'homme, nous apprend que ces affirmations manquent de base, que l'homme est déchu, qu'il a perdu ainsi l'intégrité de ses forces primitives : il a besoin du secours que l'on a l'imprudence de repousser.

« Deux obstacles presque invincibles, dit Bossuet,

nous empêchent d'être les maîtres de nos volontés : l'inclination et l'habitude. L'inclination rend le vice aimable, l'habitude le rend nécessaire. Nous n'avons pas en notre pouvoir ni le commencement de l'inclination ni la fin de l'habitude. L'inclination nous enchaîne et nous jette dans une prison ; l'habitude nous y enferme et mure la porte sur nous pour ne nous laisser plus aucune sortie. De sorte que le misérable pécheur, qui ne fait que de vains efforts et retombe toujours dans l'abîme, désespérant d'en sortir, s'abandonne enfin à ses passions et ne prend plus aucun soin de les retenir.

« Ce que peut désirer un homme que son naturel tyrannise, c'est qu'on le change, qu'on le renouvelle, qu'on fasse de lui un autre homme. C'est ce que nous dit tous les jours cet ami colère, lorsque nous le reprenons de ses promptitudes, de ses emportements, de ses violences. Il répond qu'il n'est pas possible de se délivrer de la tyrannie de l'humeur qui le domine ; qu'il y résiste quelquefois, mais qu'à la longue ce penchant l'entraîne ; que, si l'on exige de lui d'autres mouvements, il faut donc nécessairement le faire un autre homme. Or ce que demande la nature faible et impuissante, c'est ce que la grâce lui offre pour se réformer. Car la conversion du pécheur est une nouvelle naissance. On renouvelle l'homme jusqu'à son principe, c'est-à-dire jusqu'à son cœur. On brise le cœur ancien, et on lui donne un cœur nouveau. Pour créer un cœur pur, il faut, dit saint Augustin, briser le cœur impur. La source étant détournée, il faut bien que le ruisseau prenne un autre cours[1]. »

Toute l'économie de l'Église catholique, ses dogmes, sa morale, son culte, sa discipline, concourent à nous donner le sentiment de notre impuissance naturelle, la confiance dans l'efficacité de la force divine cachée dans la grâce, le désir de tendre à la perfection et de réaliser ainsi cet idéal dont la grandeur décourage notre faiblesse et semble défier notre bonne volonté. Après nous avoir enseigné que Jésus-Christ est le principe de la grâce, elle nous découvre les canaux innombrables par lesquels cette grâce passe ou peut passer dans les âmes qui n'opposent pas d'obstacle à son cours, et elle nous fait admirer les prodiges de transformation et d'énergie qu'elle produit dans notre volonté.

Ces prodiges s'accomplissent sous nos yeux depuis les origines du christianisme, et c'est par l'enfantement des saints dont l'héroïsme fait sa gloire, que l'Église, dépositaire de la vérité révélée, a conservé dans le monde la race immortelle des hommes de grand caractère.

VI

Ce qui frappe encore, quand on considère l'enseignement de l'Église catholique au point de vue de la

---

[1] Bossuet, *Quatrième sermon pour le premier dimanche de Carême. Sur la Pénitence.*

formation du caractère, c'est qu'il projette une vive lumière sur l'autre vie. L'Église nous fait connaître le lendemain de la mort, le jugement, la récompense, le châtiment qui nous attend ou nous menace, sa nature, son caractère et sa durée. En présence de l'éphémère fragilité de la vie présente, de l'intervalle si court qui sépare le berceau de la tombe, nous regardons au delà avec l'anxiété de la crainte ou de l'espérance, et c'est dans la conception que nous avons de la vie future que nous trouvons, que nous devons trouver l'explication de la vie présente et de sa direction.

Quand l'Église veut nous aider à pratiquer le sacrifice, à combattre nos mauvais penchants, à devenir des hommes forts et vaillants, elle nous rappelle avec soin la brièveté de la vie et la grandeur des récompenses qui nous sont réservées. Elle nous dit que rien n'est plus incertain que l'heure et la nature de notre mort, qu'il est sage de nous détacher des créatures qu'il faudra bientôt abandonner, que nous devons considérer la beauté, l'étendue, l'éternelle durée des biens que Dieu nous réserve, et c'est par ce sentiment très vif d'espérance qu'elle tempère l'amertume de nos épreuves, qu'elle nous apprend à les aimer, qu'elle soutient notre volonté contre les entraînements qui pourraient la perdre.

Cette attente des biens éternels, si fréquemment rappelée et conseillée par l'Église, est bien propre, en effet, à nous détourner du vice et à donner à nos désirs un caractère élevé. Que des stoïciens d'une conviction douteuse se croient obligés de conseiller le devoir pour le devoir, je le veux bien, et je cherche en vain dans les écoles de philosophie les disciples austères qui ont pratiqué cette morale. Et si des faux mystiques, trompés par des intentions que je crois très pures, voulaient supprimer toute espérance et conduire les hommes à la vertu par le chemin escarpé de la vertu sans le paradis, je douterais de leur sincérité et de l'efficacité de leurs conseils.

L'attente des récompenses éternelles, que l'on voudrait nous reprocher comme une lâcheté qui ferait perdre à la vertu son caractère désintéressé, est conforme à notre nature, elle a sa place dans l'ordre divin. Trop souvent ces mystiques austères qui se sont éloignés de l'Église, et qui, en méconnaissant les lois fondamentales de notre nature, refusent de penser aux récompenses de l'autre vie, nous ont offert le plus triste spectacle : on ne viole jamais impunément les lois de la nature ; ils ont sombré dans les abîmes de l'orgueil et de la sensualité.

L'observation même philosophique nous fait découvrir au fond de toute créature un besoin invincible, un instinct primitif qui la pousse à sa fin ; nous découvrons encore une organisation qui répond à cet instinct primitif et à ce besoin invincible, puis une force qui est à sa disposition et qui lui permet d'agir sous la direction du besoin, et enfin un effort de la volonté, ou le passage de la puissance à l'acte pour obéir à la loi de son être et atteindre sa fin.

On a pu dire avec raison que les tendances primordiales des espèces vivantes conduisent infailliblement les êtres à la réalisation de leur fin : « Comme l'univers est un ensemble harmonique d'un grand nombre de créatures qui se meuvent individuellement, chacune d'entre elles possède un principe interne qui la porte à sa fin particulière, en la subordonnant à la fin universelle. Toute créature agit, puisqu'elle se meut par une impulsion interne, en se dirigeant vers la fin que le Créateur lui a assignée ; et, si elle ne dévie pas, elle doit y arriver [1]. »

Cette impulsion première et spontanée est infaillible, et, quand elle entraine la créature dans une direction déterminée, elle ne se trompe jamais. Si l'on observe les mœurs, les instincts, la vie des animaux, à tous les degrés de l'échelle organique, on est frappé de la sûreté impeccable de l'instinct qui préside à l'évolution de leur vie et à tous leurs mouvements. Le but vers lequel l'instinct dirige l'animal n'est jamais une chimère, c'est une réalité, un terme existant qui correspond dans l'ordre et le plan général de l'univers à l'impulsion et à l'instinct primordial, infaillible, de la nature de l'animal.

En étudiant l'homme dans sa partie la plus élevée, nous y retrouvons l'application rigoureuse de cette loi universelle qui est le fondement de l'harmonie des mondes. Au centre de tout homme existe un besoin spontané, primordial, invincible, de bonheur. Que les métaphysiciens donnent à ce besoin le nom

[1] Taparelli, *Cours élémentaire de droit naturel*, chap. 1.

scientifique d'aspiration vers l'accroissement de l'être ou tout autre nom, la formule importe peu. Les philosophes et les théologiens s'accordent avec l'humanité pour reconnaître cet ardent et invincible besoin de bonheur qui tourmente jusqu'à la mort notre nature incomplète et altérée d'infini.

Sous l'influence des passions, de l'ignorance, de l'erreur, nous pouvons détourner ce besoin de sa direction primitive et chercher le bonheur là où il n'est pas, c'est-à-dire dans les plaisirs ou dans les objets contingents et finis. Les désenchantements et les déceptions douloureuses qui sont le premier châtiment de notre erreur volontaire nous éclairent et nous ramènent dans l'orientation naturelle de notre vie, la douleur nous presse d'échapper à la fascination des objets sensibles et de demander à l'infini l'apaisement qui se confond avec le bonheur.

Après avoir constaté ce besoin invincible et universel, nous découvrons en nous des facultés ou des puissances diverses, toujours dans l'inquiétude, toujours actives, qui cherchent leur objet et qui donnent au besoin vague et primitif un caractère déterminé : l'intelligence cherche la vérité totale, absolue ; la volonté tend au bien ; l'imagination poursuit le beau. Ces facultés ne rencontrent jamais ici-bas la réalité qu'elles poursuivent et qui pourrait les rassasier ; elles découvrent la vérité incomplète ou des fragments de vérité, la beauté imparfaite ou l'image et le rayonnement partiel de la beauté absolue, le bien mêlé d'imperfections et de défaillances, et elles devinent, sans le voir jamais, pendant la vie, l'Être mystérieux dont la voix trouble notre âme de ses appels répétés.

Nous sommes donc en possession d'un organisme qui indique notre destinée terrestre et future ; nous devons nous orienter vers le vrai, le beau, le bien, et le posséder au delà de la vie, dans la paix d'une union qui ne finira pas. Et, en même temps qu'il nous fait connaître l'invincible loi de notre destinée, cet organisme nous apprend que nous avons en nous, dans nos facultés, la puissance effective de l'observer et de nous rapprocher sans cesse de notre fin, par les actes méritoires de notre liberté.

Mais cette union définitive de nos facultés avec leur objet est dans l'ordre, elle est la réalisation du plan divin et éternel, et elle doit être accompagnée nécessairement de l'apaisement, de la paix, de la joie, puisque notre âme est organisée pour arriver à cette union bienheureuse, qu'elle la désire et qu'elle la poursuit invinciblement, parce que cette union est enfin la loi de sa nature, et que toute créature doit obéir à sa loi.

En fait, il est donc impossible de séparer ces deux termes, l'accomplissement de sa destinée et la possession du bonheur. Cette séparation réelle est impossible, d'abord parce que la destinée de l'homme, manifestée par un besoin invincible, consiste à être heureux ; l'homme est fait pour le bonheur et l'accroissement de son être, dans toutes les directions ; puis parce que la possession de l'Être infini, qui est essentiellement le vrai, le beau, le bien, assure le rassasiement de tous les désirs de la créature, et enfin parce que si la souffrance consiste dans la séparation entre une faculté et son objet, la paix et la joie doivent consister au contraire dans l'union avec cet objet.

C'est donc avec raison que nous cherchons dans l'espérance des biens de la vie future un point d'appui pour réaliser les efforts qui nous sont commandés, si nous voulons vaincre et développer notre énergie. Cette espérance est légitime, non seulement parce que notre faiblesse en a besoin, mais encore parce que aucune créature ne peut changer la loi de sa nature, et que la loi de notre nature, établie par Dieu, confirmée par nos tendances invincibles, par toutes nos facultés, par notre organisation spirituelle, nous fait voir que nous sommes créés pour être heureux.

Que l'accomplissement du devoir soit le motif principal de nos actions vertueuses, je le veux bien ; mais qu'on ne conteste pas notre droit de considérer le bonheur qui en sera la récompense comme le motif secondaire et puissant de nos actions.

Or c'est dans l'Église que nous trouvons le fondement et l'explication de cette espérance. La raison reste incertaine en présence du lendemain de la mort; elle parcourt, hésitante et troublée, les étapes du matérialisme, de la métempsycose, de la pluralité des réincarnations et des existences, sans entendre la réponse qui doit calmer son anxiété. Mais l'Église parle avec une certitude infaillible, avec une autorité souveraine, et, après avoir affranchi notre intelligence du faux mirage des brillantes utopies, elle nous enseigne sur la vie future et la béatitude des élus la doctrine qui ne peut pas nous tromper.

Si vous voulez travailler efficacement à devenir des hommes de caractère, ce n'est pas dans les écoles incertaines de la philosophie qu'il faut entrer, c'est dans l'Église catholique, toujours inébranlable et toujours la même quand elle communique aux âmes la vérité : c'est là que nous trouverons les convictions profondes, les énergies victorieuses, l'idéal, les espérances toujours sûres, dont nous avons besoin pour être forts dans les luttes de la vie.

CHAPITRE V

L'ÉNERGIE ET LA SINCÉRITÉ

Nous pouvons donc demander à la religion l'idéal et la force dont nous avons besoin, si nous voulons devenir des hommes de caractère et conserver notre dignité naturelle. Trop souvent nous avons peur de la religion qui pourrait nous relever, nous cherchons des faux-fuyants et des excuses, nous manquons de sincérité avec nous-même, avec notre prochain et avec Dieu.

I

Nous manquons de sincérité envers nous-même, et nous ne parlons ni selon notre conscience, ni selon notre raison.

Il y a des hommes en qui la foi chrétienne existe encore; elle a perdu sa flamme, sa chaleur et ses clartés. Sous l'influence mauvaise et persévérante de l'indifférence, des passions, des distractions coupables, de la préoccupation excessive et absorbante des intérêts temporels, ces hommes ont cessé depuis longtemps de pratiquer les devoirs religieux imposés par l'Église et de fréquenter la maison de Dieu ; la foi n'a plus été l'idée directrice de leur vie, elle a paru s'éteindre, et cependant, encore qu'elle ait perdu sa vigueur et son éclat, elle n'est pas entièrement éteinte dans leur conscience, elle y demeure à l'état latent, elle jette des lueurs troublantes qui font naître le remords et des regrets.

Du bout des lèvres, et pour excuser leur indifférence, ces hommes disent qu'ils ne croient plus, et cependant ils sont inquiets quand ils n'ont pas le courage de pratiquer les devoirs religieux, dont la foi vacillante leur rappelle encore l'absolue nécessité. Cet état d'âme se révèle de plusieurs manières ; c'est, d'abord, par l'estime, le respect et la louange que ces incrédules de convention ne refusent jamais à ceux qui affirment tranquillement et courageusement leur foi ; ils admirent leur sincérité, et ils reconnaissent que leur vie honnête et religieuse est en parfaite harmonie avec leurs convictions. Ils déclarent qu'ils ont raison ; ils ne craignent pas de dire qu'ils sont dans la vérité et dans la justice, ils les admirent avec une secrète envie, et, encore qu'ils n'aient pas le courage de les imiter, ils auront la loyauté de les louer.

Or d'où vient cet état d'âme ? Pourquoi voyons-nous ces incrédules accorder leur approbation et leur estime aux chrétiens honnêtes, sincères, qui ont conservé la foi ? C'est que, sans le savoir peut-être, sans oser le reconnaître et l'avouer, et malgré leur révolte apparente, ces incrédules n'ont pas perdu encore entièrement la foi de leurs jeunes années; ils n'y pensent pas, ils ne veulent pas y penser; mais Dieu, qui ne se lasse pas d'attendre et dont la miséricorde défie encore leurs longues résistances, entretient en eux, malgré eux, cette lumière vacillante de la foi primitive qui éclaire le chemin du retour.

Nous avons tous connu dans la vie des heures pénibles, et peut-être aussi salutaires, où des événements imprévus nous arrachaient violemment aux préoccupations terrestres et aux soucis de la vie matérielle: c'était le départ d'un ami, un revers de fortune, une immense catastrophe ou le déshonneur entré au foyer; c'était peut-être le spectacle des dernières onctions faites à un mourant qui nous était cher, la pompe austère et saisissante de l'église aux funérailles d'un parent ou d'un ami; peut-être encore ces moments de recueillement involontaire et mystérieux, quand la mort approche et que nous voyons mieux le néant et la fragilité de la vie.

Nous avons senti enfin les atteintes profondes de l'âge et des premières infirmités quand les exigences impitoyables de la nature nous ont séparé sans pitié, peut-être même sans transition, de ces plaisirs, de ces succès, de ces fêtes enivrantes qui exerçaient sur nos cœurs de vingt ans une séduction souveraine, et, pour remplir dans notre âme le vide immense de ces séparations fatales, nous avons remonté dans le passé jusqu'aux années lointaines de notre enfance, et nous avons entendu, nous entendons encore les reproches de ces croyances chrétiennes, de cette foi que nous déclarons éteinte et qui nous trouble encore de ses clartés.

Ce n'est donc pas la foi qui nous manque, c'est le courage d'agir selon la foi que nous avons encore afin d'obtenir une foi plus vive et féconde; ce qui nous manque aussi, c'est la sincérité envers nous-même, qui nous aurait permis de démêler, sous les artifices de notre faiblesse et de nos résistances, la cause réelle de notre oubli de Dieu.

II

Nous résistons à ce travail d'investigation nécessaire; il nous semble inutile de penser aux réalités éternelles qui sollicitent notre attention; insouciants du lendemain de la mort et de la destinée humaine, aucun effort ne nous coûte pour acquérir la fortune, et tout effort nous décourage quand il a pour objet nos intérêts religieux.

Pascal a décrit et stigmatisé cet état d'âme avec une rare pénétration : « L'immortalité de l'âme est une chose qui nous importe si fort, et qui nous touche si profondément, qu'il faut avoir perdu tout sentiment pour être dans l'indifférence de savoir ce qui en est. Toutes nos actions et toutes nos pensées doivent prendre des routes si différentes, selon qu'il y aura des biens éternels à espérer ou non, qu'il est impossible de faire une démarche avec sens et jugement, qu'en la réglant par la vue de ce point qui doit être notre dernier objet.

« Aussi notre premier intérêt et notre premier devoir est de nous éclairer sur ce sujet d'où dépend toute notre conduite. Et c'est pourquoi, parmi ceux qui n'en sont pas persuadés, je fais une extrême différence entre ceux qui travaillent de toutes leurs forces à s'en instruire, et ceux qui vivent sans s'en mettre en peine et sans y penser.

« Je ne peux avoir que de la compassion pour ceux qui gémissent sincèrement dans ce doute, qui le regardent comme le dernier des malheurs, et qui, n'épargnant rien pour en sortir, font de cette recherche leur principale et leur plus sérieuse occupation. Mais, pour ceux qui passent la vie sans songer à cette dernière fin de la vie, et qui, par cette seule raison qu'ils ne trouvent pas en eux-mêmes des lumières qui les persuadent, négligent d'en chercher ailleurs et d'examiner à fond si cette opinion est de celles que le peuple reçoit par une simplicité crédule, ou de celles qui, quoique obscures d'elles-mêmes, ont néanmoins un fondement très solide, je les considère d'une manière toute différente. Cette négligence en une affaire où il s'agit d'eux-mêmes, de leur éternité, de leur tout, m'irrite plus qu'elle ne m'attendrit; elle m'étonne et m'épouvante; c'est un monstre pour moi.

« Je ne dis pas ceci par le zèle pieux d'une dévotion spirituelle; je prétends au contraire que l'amour-propre, que l'intérêt humain, que la plus simple lumière de la raison nous doit donner ces sentiments. Ils ne faut voir pour cela que ce que voient les personnes les moins éclairées. »

Pascal justifie longuement et fortement son opinion, et il presse ainsi son contradicteur :

« Il ne faut pas avoir l'âme fort élevée pour comprendre qu'il n'y a point ici de satisfaction véritable et solide; que tous nos plaisirs ne sont que vanité, que nos maux sont infinis, et qu'enfin la mort, qui nous menace à chaque instant, nous doit mettre en peu d'années, et peut-être en peu de jours, dans un état éternel de bonheur, ou de malheur, ou d'anéantissement. Entre nous et le ciel, l'enfer ou le néant, il n'y a donc que la vie, qui est la chose du monde la plus fragile; et le ciel n'étant pas certainement pour ceux qui doutent si leur âme est immortelle, ils n'ont à attendre que l'enfer ou le néant.

« Il n'y a rien de plus réel que cela ni de plus terrible. Faisons tant que nous voudrons les braves, voilà la fin qui attend la plus belle vie du monde.

« C'est en vain qu'ils détournent leur pensée de cette éternité qui les attend, comme s'ils la pouvaient anéantir en n'y pensant point. Elle subsiste malgré eux, elle s'avance, et la mort qui la doit ouvrir les mettra infailliblement dans peu de temps dans l'horrible nécessité d'être éternellement ou anéantis ou malheureux.

« Voilà un doute d'une terrible conséquence, et c'est déjà assurément un très grand mal que d'être dans ce doute ; mais c'est au moins un devoir indispensable de chercher quand on y est. »

Ceux qui ne cherchent pas, qui sont indifférents, qui ont même la vanité ridicule d'être fiers de leur indifférence et de leur scepticisme, font le raisonnement suivant :

« Je ne sais qui m'a mis au monde, ni ce que c'est que le monde, ni que moi-même. Je suis dans une ignorance terrible de toutes choses. Je ne sais ce que c'est que mon corps, que mes sens, que mon âme ; et cette partie même de moi qui pense ce que je dis, et qui fait réflexion sur tout et sur elle-même, ne se connaît non plus que le reste. Je vois ces effroyables espaces de l'univers qui m'enferment, et je me trouve attaché à un coin de cette vaste étendue, sans savoir pourquoi je suis plutôt placé en ce lieu qu'en un autre de toute l'éternité qui m'a précédé, et de toute celle qui me suit. Je ne vois que des infinités de toutes parts, qui m'engloutissent comme un atome, et comme une ombre qui ne dure qu'un instant et sans retour. Tout ce que je connais, c'est que je dois bientôt mourir ; mais, ce que j'ignore le plus, c'est cette mort même que je ne saurais éviter.

« Comme je ne sais d'où je viens, aussi ne sais-je où je vais ; et je sais seulement qu'en sortant de ce monde je tombe pour jamais, ou dans le néant, ou dans les mains d'un Dieu irrité, sans savoir à laquelle de ces deux conditions je dois être éternellement en partage.

« Et de tout cela je conclus que je dois donc passer

tous les jours de ma vie sans songer à ce qui me doit arriver, et que je n'ai qu'à suivre mes inclinations sans réflexion et sans inquiétude, en faisant tout ce qu'il faut pour tomber dans le malheur éternel, au cas que ce qu'on dit soit véritable. Peut-être que je pourrais trouver quelque éclaircissement dans mes doutes, mais je n'en veux pas prendre la peine, ni faire un pas pour le chercher; et, en traitant avec mépris ceux qui se travaillent de ce soin, je veux aller sans prévoyance et sans crainte tenter un si grand événement; et me laisser mollement conduire à la mort, dans l'incertitude de l'éternité de ma condition future. »

C'est un état d'esprit monstrueux qui échappe à toute explication :

« Rien n'est si important à l'homme, ajoute Pascal, que son état; rien ne lui est si redoutable que l'éternité. Et ainsi, qu'il se trouve des hommes indifférents à la perte de leur être et au péril d'une éternité de misère, cela n'est point naturel. Ils sont tout autres à l'égard de toutes les autres choses; ils craignent jusqu'aux plus petites; ils les prévoient, ils les sentent, et ce même homme qui passe les jours et les nuits dans la rage et dans le désespoir, pour la perte d'une charge ou pour quelque offense imaginaire à son honneur, est celui-là même qui va tout perdre par la mort, et qui demeure néanmoins sans inquiétude, sans trouble et sans émotion. Cette étrange insensibilité pour les choses les plus terribles, dans un cœur si sensible aux plus légères, est une chose monstrueuse; c'est un enchantement incompréhensible et un assoupissement surnaturel [1]. »

C'est ainsi que trop souvent nous essayons de nous faire illusion, de nous tromper nous-mêmes quand nous prétendons que nous n'avons pas la foi et que nous serions heureux de la posséder. Nous ne sommes pas sincères envers notre conscience et notre raison. Nous avons la foi latente des années lointaines de notre enfance; ou, si nous en sommes privés, nous ne faisons rien pour l'acquérir : la conscience nous rappelle cette foi vacillante mais réelle, la raison nous en fait connaître la nécessité; mais nous sommes aveugles, nous tombons volontairement dans l'abîme de l'indifférence si bien décrit par Pascal; nous consacrons tous nos efforts à jouir de la vie présente avec l'insouciance coupable du lendemain de la mort, et nous parlons du doute du bout des lèvres, sans douter dans notre cœur.

III

Ce n'est pas seulement dans notre conscience que nous résistons à la foi, dont la lumière nous trouble et nous importune, c'est encore extérieurement; et après avoir manqué de sincérité envers nous-même,

---

[1] Pascal, *Pensées*, IIe partie, art. II, *Nécessité d'étudier la religion*.

nous manquons de sincérité envers le prochain, et nous cherchons à le tromper sur les sentiments qui semblent encore vivre en nous malgré nous.

Que d'hommes, en effet, qui ont dans leur âme une lumière assez vive pour connaître clairement la vérité religieuse et qui n'ont pas le courage de l'embrasser et de la confesser sans respect humain! Ils voient la vérité, mais cette vue les gêne, les contrarie et les irrite; ils voudraient l'étouffer pour échapper aux remords qu'elle fait naître, aux excitations religieuses qui l'accompagnent, aux obligations morales dont elle découvre la rigueur et l'autorité.

Toute objection présentée avec art et avec audace par un adversaire de la religion sourit à ces esprits malades; une réponse claire et péremptoire les affecte et les contrarie; ils apprécient les sophismes de l'incrédule, ils repoussent le souvenir d'une parole éloquente ou d'une page émue en faveur de la religion. Que si l'on vante en leur présence les progrès de la religion, la fécondité de son influence sociale, son absolue nécessité, le retour aux idées morales des âmes déçues, désenchantées et mieux éclairées sous l'action salutaire et mystérieuse de la grâce, ils forgent des objections, ils nient ce qui les gêne, ils cherchent, pour l'applaudir, l'incrédule présomptueux qui veut contester l'utilité sociale de la religion et les preuves traditionnelles de sa divinité.

Et si ce malade ne commet pas le crime étrange d'arracher la foi de son cœur, pour échapper à ses reproches, ou de se réjouir de ses défauts, pour paraître plus incrédule et tromper son prochain sur l'état réel de son âme, il la trahira d'une autre manière en rougissant d'elle. Il a honte d'affirmer la divinité de cette religion qui a triomphé du paganisme et de la barbarie, affranchi les esclaves, sanctifié et relevé la famille, élevé et proclamé la dignité de la personnalité dans l'homme, renouvelé la face du monde civilisé, enfanté des penseurs de génie et couvert le globe de héros, de vierges, de confesseurs et de martyrs. Il rougit d'une doctrine qui a créé la civilisation chrétienne du moyen âge au lendemain de la barbarie et qui retient encore aujourd'hui l'humanité sur les bords de l'abîme de cruauté et de luxure où le vieux monde païen était à la veille de s'engloutir.

« Ce que Bossuet, Fénelon, Pascal, Descartes, Newton, Leibnitz, Euler, ont cru, après l'examen le plus attentif; ce qui fut le continuel objet de leurs méditations, on ne le juge pas même digne d'occuper un moment la pensée. En méprisant le christianisme sans le connaître, on s'imagine s'élever au-dessus de ce qui a paru sur la terre de plus grand par le génie et la vertu, pendant dix-huit siècles [1]. »

Si nous voulons être sincères, nous reconnaîtrons que l'incrédulité n'a pas fait encore assez de ravages pour nous ravir la foi. Nous voyons clairement, malgré nos infidélités répétées et notre indifférence,

[1] Lamennais, *Essai sur l'indifférence*, t. I, IIe partie, ch. I.

que le christianisme est la vraie religion et la grande école où se forment et se trempent les caractères, que Dieu a le droit d'exiger de nous l'obéissance et la prière, que notre faiblesse a besoin du secours divin caché dans les sacrements, que les commandements de Dieu et de l'Église doivent être observés, que la vraie sagesse consiste à se préparer à bien mourir; mais nous n'avons pas le courage de prier publiquement, de fréquenter les sacrements, d'être sincères devant les hommes et d'avoir quelque chose de l'intrépidité généreuse des premiers chrétiens.

Nous avons peur d'un sourire dédaigneux, d'une allusion blessante, de l'ironie de l'incrédule, et nous laissons croire sans inquiétude et sans remords que nous avons perdu la foi; nous aimons à paraître ainsi aux yeux du prochain, nous en sommes fiers par faiblesse et par lâcheté.

« Ce repos brutal, écrit Pascal, entre la cruauté de l'enfer et du néant, semble si beau, que non seulement ceux qui sont véritablement dans ce doute malheureux s'en glorifient, mais que ceux mêmes qui n'y sont pas croient qu'il est glorieux de feindre d'y être. Car l'expérience nous fait voir que la plupart de ceux qui s'en mêlent sont de ce genre, que ce sont des gens qui se contrefont, et qui ne sont pas tels qu'ils veulent paraître. Ce sont des personnes qui ont ouï dire que les belles manières du monde consistent à faire ainsi l'emporté. C'est ce qu'ils appellent avoir secoué le joug, et la plupart ne le font que pour imiter les autres;... et si on leur fait rendre compte de leurs sentiments et des raisons qu'ils ont de douter de la religion, ils diront des choses si faibles et si basses, qu'ils persuaderont plutôt du contraire [1]. »

Mais l'on ne se livre pas impunément à ce travail ingrat de dissimulation envers soi-même et envers le prochain, et l'indifférent finit par prendre la nature et l'état d'esprit du héros de théâtre dont il n'avait, d'abord, que le masque et les apparences. En répétant sans cesse et malgré les avertissements de sa conscience qu'il ne croit pas, en cachant au prochain, sous des paroles trompeuses, les sentiments que la grâce entretient encore dans son âme, l'indifférent finit par ne plus croire ; il descend dans les ténèbres où ne pénètrent plus les lueurs de la foi ; il se persuade que les choses sont telles que les passions l'exigent pour arriver à l'illusion de l'impunité, il s'endort dans l'effrayante sécurité d'un endurcissement devenu incurable.

Aussi bien la foi, comme toutes les autres vertus, vit de son affirmation réitérée. Il en est des facultés de l'âme comme des organes de notre corps, que l'exercice conserve et fortifie. Si nous avons le courage de mépriser les objections et les doutes, vains fantômes qui s'élèvent entre nous et la vérité ; si nous affirmons notre foi tous les jours, plusieurs fois, dans la solitude et en public, avec une conviction sincère ; si nous consentons à répéter haute-

---

[1] Pascal, *Pensées*, IIe partie, art. II.

ment ces actes de foi, notre conviction deviendra plus profonde avec la grâce de Dieu, notre foi prendra une vigueur nouvelle, elle défiera la contradiction.

Dieu lui-même, après avoir été si souvent repoussé par les prétentions de l'orgueil et par les lâchetés du respect humain, lassé de nos ingratitudes et de nos résistances, semble retirer sa lumière et nous abandonner aux obscurités de notre amour-propre exalté. Dans la foi, comme le fait observer saint Thomas, il y a toujours un acte de l'intelligence qui adhère à la vérité divine, sous l'impulsion miséricordieuse de la grâce [1]. La grâce émeut et commence d'ébranler la volonté, qui, depuis la chute et sous l'influence des passions, conserve la puissance de résister et de suivre l'impulsion mauvaise des sens. Au contraire, la volonté droite, exercée, éclairée et dirigée par la grâce, commande à la raison d'adhérer à la vérité divine et de s'incliner devant son autorité. Mais si la volonté est exposée à subir la fascination du mal et à résister à la grâce, la raison, elle aussi, peut résister à la vérité, et subir le charme trompeur de l'orgueil et de l'erreur. L'acte de foi est donc le résultat de la raison, de la volonté et de la grâce de Dieu.

Mais si la raison et la volonté s'accordent pour opposer une résistance persévérante aux appels miséricordieux de la grâce, l'âme s'expose à éloigner

---

[1] « Ipsum credere est actus intellectus assentientis veritati divinæ ex imperio voluntatis, a Deo motæ per gratiam. » (S. Thom. *Summ. theol.* 2ª 2ᵉ, quæst. XX, art. V.

Dieu et à perdre enfin le secours nécessaire de ses invitations surnaturelles. La raison, la volonté, la conscience, tout l'être de l'homme s'engage insensiblement dans un état permanent de révolte ouverte qui assure le triomphe quelquefois définitif de l'incrédulité et de l'irréparable naufrage de la foi.

Que d'hommes qui sont arrivés ainsi à la dernière étape de l'incrédulité, après avoir repoussé avec une obstination coupable les appels de la grâce et les excitations de la foi ! Pendant de longues années ils ont vécu dans l'indifférence, ils ont rougi de la foi, ils en ont repoussé les clartés importunes ; leur scepticisme affecté n'est pas le résultat d'une étude approfondie ; il est né de l'indifférence et de la résistance de l'orgueil et des passions à la voix de Dieu.

Par une logique inéluctable de l'erreur, ces incrédules qui ont refusé de reconnaître extérieurement la foi chrétienne et les devoirs qu'elle impose, n'ont plus même le courage de conserver les principes philosophiques qui sont le fondement de la religion naturelle et de l'ordre moral. Ils éprouvent une égale contrariété à parler de Dieu, de l'immortalité de l'âme, de l'Église et de la destinée surnaturelle de l'humanité. Ils ont d'égales faiblesses pour pratiquer les vertus surnaturelles qui requièrent la grâce et les vertus naturelles qui sont la condition de la dignité du citoyen. Ils ne savent aller ni jusqu'au bout de leur raison ni jusqu'au bout de leur énergie native. Privés de force morale et de convictions religieuses, ils flottent au gré des instincts qui éveillent ou leur concupiscence ou leur cupidité; ils passent de l'indifférence au scepticisme, vaincus par le respect humain.

IV

Souvent aussi nous manquons enfin de sincérité envers Dieu. Pour excuser nos résistances à l'attrait du devoir, à l'attrait de la grâce, aux remords de la conscience, nous aimons à répéter : Je voudrais croire, j'envie le sort de ceux qui ont le bonheur d'avoir la foi ; mais cette soumission est au-dessus des forces de ma raison.

C'est ainsi que, par un acte dont nous ne comprenons pas l'étendue, nous accusons Dieu de nos propres résistances, de nos faiblesses et de notre ignorance, comme si Dieu, dont le regard *sonde les cœurs et les reins,* et voit naître nos pensées les plus cachées au fond de notre âme, pouvait être trompé par nos subterfuges intéressés!

Si nous voulions être sincères, il nous serait facile de confesser que nous n'avons pas encore cet ardent désir de la foi que Dieu ne laisse jamais sans récompense, désir qui appelle des clartés plus vives et fait naître un amour toujours plus ardent. Tout désir sincère qui n'est pas satisfait laisse dans l'âme une inquiétude douloureuse et profonde qui naît de la privation, et un mouvement constant vers l'objet de son amour. Mais nous n'éprouvons ni cette anxiété, ni cette souffrance morale, ni cet élan vers un objet qui échapperait à nos étreintes. L'incrédule a le souci d'agrandir sa fortune et de multiplier ses jouissances en reculant la limite toujours trop rapprochée de la vie; mais il ne pense ni aux obligations religieuses, ni à la fragilité de l'existence, ni à l'éternité. Et si un jour, après une fête chrétienne ou un grand deuil, il entend dans sa conscience une voix inconnue, à laquelle il répond : Je voudrais croire, cette parole trompeuse tombe des lèvres et ne vient pas du cœur.

L'incrédule ne souffre plus de l'absence de la foi, d'autres objets retiennent son attention. Cette foi est morte dans son âme sous le coup violent de la passion, ou peut-être étouffée dans le sommeil léthargique de l'indifférence, et il ne sent plus le besoin de tomber à genoux, d'entrevoir les effrayants mystères de l'autre vie, de les méditer et demander à Dieu la lumière devant laquelle on s'écrie : Je crois.

Cependant, si notre désir de croire était sincère, avec quelle ardeur et quelle conviction nous demanderions à Dieu de venir au secours de notre faiblesse, d'avoir pitié de notre souffrance, de nous arracher à la fascination des choses humaines, de dissiper ces ténèbres où notre âme se débat, toujours impuissante et sans issue vers les hauteurs !

Nous consentons à des efforts bien autrement pénibles pour combattre une maladie, détourner un malheur qui menace notre fortune, obtenir une faveur signalée, éclatant témoignage de notre vanité. Aucun sacrifice ne nous semble difficile pour arriver à nos fins temporelles, aucune fatigue ne nous coûte, et notre âme comme notre vie appartient tout entière aux efforts que nous faisons pour obtenir par tous les moyens la réalisation de nos espérances terrestres ou une misérable satisfaction de quelques instants.

Je ne parle pas de la foule ignorante, qui n'a pas l'intelligence, le goût et les loisirs nécessaires pour faire une enquête sur les religions et l'objet de la foi. Dans cette foule qui travaille de ses mains et qui porte le poids du jour et de la chaleur, les croyances religieuses peuvent sombrer un instant sous les ténèbres des passions et de l'indifférence, mais elles survivent encore, et leur disparition n'est jamais définitive : cette foule n'a pas connu la plaie de l'orgueil. Mais je parle des incrédules dont l'intelligence est cultivée. Ils s'arrêtent aux négations qu'ils rencontrent dans un livre, dans un pamphlet, sous la plume d'un autre incrédule plus audacieux ; ils se plaisent à en exagérer l'importance, ils exaltent l'habileté, la logique de l'écrivain qui les charme, et ils croiraient faire un usage maladroit de leurs loisirs et de leur esprit, s'ils cherchaient dans le commerce des théologiens, des apologistes les plus estimés, la réponse à l'objection qui les trouble et l'affirmation décisive de la vérité.

Et quand ils refusent ainsi de demander sincèrement à Dieu la foi qui ne permet pas de s'égarer, quand ils écoutent avec les complaisances d'une complicité coupable les dangereux adversaires de toute croyance religieuse, quand ils persistent à éviter les hommes et les livres qui pourraient dissiper leurs préjugés, quand ils ne font rien pour arriver à croire, ils disent encore, en essayant de tromper Dieu, qu'ils seraient heureux d'avoir la foi, et que la bonne volonté excuse leur incrédulité.

Que de fois, en réalité, la grâce de Dieu est venue, sous les formes les plus diverses, dans les circonstances les plus touchantes, les inviter miséricordieusement à dépouiller l'orgueil et à suivre la lumière vacillante encore qui devait les conduire à de plus vives clartés ! Que de fois, à des heures de paix, quand les passions nous accordent une trêve toujours trop courte, notre conscience s'est réveillée ! elle nous a rappelé les prières, les espérances, les joies de notre enfance lointaine, et nous avons résisté, par lâcheté, par indifférence ou par respect humain, à cette voix qui portait mystérieusement la grâce de Dieu !

Il est donc vrai que nous manquons de sincérité envers nous-même, envers le prochain et envers Dieu. Nous cherchons à nous tromper, à étouffer la foi dans notre âme, quand nous disons du bout des lèvres que nous serions heureux de la posséder. Nous cherchons à tromper le prochain et à paraître incrédule en rougissant de notre foi par respect humain. Nous croyons tromper Dieu en exprimant le désir de croire, vain désir qui ne dissimule pas notre orgueil, et nous résistons aux invitations de notre conscience.

Quand la vérité vient à nous, elle rencontre trop souvent l'invincible résistance de l'orgueil !

Comment serions-nous des hommes de caractère si nous manquons de convictions religieuses, si nous étouffons en nous les derniers restes de ces convictions, si nous doutons de tout, si nous sommes toujours préoccupés d'échapper à la souffrance et à l'effort méritoire du devoir chrétien ? Comment serions-nous des hommes de caractère si nous manquons de sincérité, si nous repoussons le secours de Dieu, si nous écartons l'idéal chrétien de l'Église, qui élève, éclaire et fortifie ?

Cette absence de sincérité indignait Pascal: « Ceux qui ne font que feindre ces sentiments d'incrédulité sont bien malheureux de contraindre leur naturel pour se rendre les plus impertinents des hommes. S'ils sont fâchés dans le fond de leur cœur de ne pas avoir plus de lumière, qu'ils ne le dissimulent point. Cette déclaration ne sera pas honteuse. Il n'y a de honte qu'à ne point en avoir. Rien ne découvre davantage une étrange faiblesse d'esprit que de ne pas connaître quel est le malheur d'un homme sans Dieu; rien ne marque davantage une extrême bassesse de cœur que de ne pas souhaiter la vérité des promesses éternelles ; rien n'est plus lâche que de faire le brave contre Dieu. Qu'ils laissent donc ces impiétés à ceux qui sont assez mal nés pour en être véritablement capables ; qu'ils soient au moins honnêtes gens s'ils ne peuvent encore être chrétiens, et qu'ils reconnaissent enfin qu'il n'y a que deux sortes de personnes qu'on puisse appeler raisonnables : ou ceux qui servent Dieu de tout leur cœur, parce qu'ils le connaissent ; ou ceux qui cherchent Dieu de tout leur cœur, parce qu'ils ne le connaissent pas encore [1]. »

[1] Pascal, *Pensées,* IIe partie, art. II, *Nécessité d'étudier la religion.*

CHAPITRE VI

L'ART D'ARRIVER A L'ÉNERGIE

I

Il est utile avant tout, quelles que soient d'ailleurs notre faiblesse originelle et nos défaillances, d'entretenir dans notre âme une résolution persévérante et un ardent désir d'arriver à l'énergie. Il faut vouloir. Tout homme peut dire : Je veux ; tout homme peut vouloir.

Quand nous aurons vu clairement par la raison et par la foi ce que nous devons faire et ce que nous devons éviter, c'est-à-dire le bien et le mal ; quand nous sentirons en nous l'amour au moins spéculatif de l'ordre moral, expression de la volonté de Dieu à l'égard de toute créature ; quand nous aurons pris enfin, à la suite d'une considération approfondie sur le bien, le mal, le but de la vie, la résolution de pratiquer la soumission à la volonté de Dieu, nous sentirons aussitôt en nous un ardent courage pour résister aux séductions des sens, aux fantômes de l'imagination, aux provocations dangereuses de la passion.

Il nous arrivera sans doute plus d'une fois d'oublier, dans l'entraînement aveuglant du mal, la résolution que nous aurons prise à l'heure du recueillement devant Dieu et de la paix de l'âme. Nous sommes fragiles : nos chutes rapides, fréquentes, nous le rappellent sans cesse; mais il ne faut pas que ces défaillances irréfléchies et de surface détournent notre attention de la vue du devoir; il ne faut pas qu'elles ébranlent la résolution persévérante, quoique endormie en apparence, qui se cache au fond de notre âme, et qui est encore une suprême espérance. Dans la tristesse des regrets qui suivent nos chutes et dans la paix joyeuse de nos victoires, ne cessons jamais de dire: Je veux arriver à l'énergie. Nous le dirons mentalement, nous le répéterons fermement, avec conviction, à voix haute, plusieurs fois dans la journée.

Si la résolution semble devenir vacillante et s'éteindre dans le tourbillon des distractions qui nous éloignent de nous-même et des choses sérieuses de la vie, rappelons les considérations et les motifs qui nous ont frappé quand nous avons pris pour la première fois la résolution de devenir forts. La même cause produira toujours les mêmes effets. Ces pensées ou morales ou religieuses dont nous avons reçu l'action salutaire, cette vue saisissante de la beauté du devoir, de la laideur du vice, de la brièveté de la vie, de l'inflexible sévérité des jugements de Dieu, de la peine éternelle réservée aux méchants endurcis; ce souvenir de l'émotion que nous avons sentie après une déception cruelle, au lendemain d'un deuil et de la disparition d'un ami, en présence de l'affaiblissement de la vie en nous, présage d'une fin prochaine, ces pensées et ces souvenirs évoqués avec la puissance de la réflexion nous rendront encore le courage des résolutions viriles et nous permettront de nous relever.

Le soir, avant de vous endormir, renouvelez encore cette résolution : Je veux être un homme d'énergie, et vous regarderez en face, attentivement, pendant quelques minutes, les tristes conséquences de la passion mauvaise dont vous voulez triompher, les conséquences physiques, intellectuelles, morales et religieuses, de la défaillance dont vous gémissez. Cette courte observation éveillera dans votre âme un sentiment d'aversion et de honte; elle fera naître en même temps une résolution plus courageuse d'accepter le combat qu'il est impossible d'éviter, et de persévérer dans la résolution que nous avons prise de résister à la tentation qui nous poursuit.

Si nous savons nous endormir en pénétrant notre esprit de ces résolutions, en répétant plusieurs fois l'acte de volonté qui peut nous sauver, le sommeil deviendra lui-même l'auxiliaire important de notre relèvement moral ; il contribuera d'une manière efficace à fortifier notre volonté en assurant la persévérance de nos résolutions. C'est un fait qu'il est plus facile de constater que d'expliquer, mais c'est un fait certain que la vie intellectuelle et même volontaire ne se trouve pas totalement suspendue pendant le sommeil, et qu'elle continue d'une manière latente, profonde et mystérieuse, quand la vie extérieure de relation a cessé. Il nous est arrivé de trouver sans effort, le matin, en nous éveillant, la solution du problème que nous avons cherchée en vain, pendant les longues heures de la veille : il semble ainsi que nos facultés obéissent encore pendant la nuit à l'impulsion que nous leur avons donnée avant de nous endormir.

L'état de veille se prête aussi quelquefois à cette dualité de phénomènes que nous venons de constater. Un nom propre nous échappe, et nous faisons d'inutiles efforts pour le retrouver : c'est le nom d'un ami, d'un auteur, d'une ville, d'un fait historique important ; nous continuons la conversation sur un sujet différent, en disant peut-être : Ce nom me reviendra. Après quelques instants, sans que nous ayons fait de nouveaux efforts d'attention, le nom propre oublié se présente à nous. Tandis que nous suivions extérieurement la conversation, une autre faculté, une faculté intérieure, continuait en nous et sans nous le travail de recherche qu'elle avait commencé avec nous.

La résolution sérieuse que nous prendrons avant de nous endormir, et que nous répéterons plusieurs fois, déterminera dans notre esprit et dans notre cerveau un état physiologique et psychologique d'une nature particulière qui, prenant une consistance plus solide au réveil du matin, nous rendra plus faciles les victoires de la journée.

II

Il ne suffit pas de dire: Je veux, il faut dire aussi: Je peux, et ne jamais perdre confiance dans la puissance de la volonté que la grâce vient fortifier. Si nous doutons de la valeur de notre volonté et des ressources que la bonté de Dieu nous a données, nous tomberons dans le découragement qui précède une défaite certaine, et nous n'aurons jamais le courage de résister aux ennemis qui nous pressent de toute part. Comment, en effet, essayerons-nous d'engager le combat et de nous préparer à la résistance, si nous sommes persuadés d'avance que nous n'avons à notre disposition que des armes insuffisantes et inoffensives? Ne serons-nous pas tentés de nous abandonner à ce que l'on pourrait appeler les fatalités de la vie et l'irrésistible courant de la passion?

Si au contraire nous avons une confiance légitime dans la puissance de notre volonté que Dieu n'abandonne jamais seule à sa faiblesse originelle, si nous sommes certains qu'avec elle nous pouvons remporter la victoire et triompher des ennemis qui se renouvellent sans cesse avec des ardeurs toujours plus vives, nous affronterons joyeusement le combat. Les nécessités douloureuses et méritoires de la vie ne nous effrayeront pas, et nous défierons les orages de la passion.

« Si parfois il nous semble que la volonté supérieure ne peut rien contre l'inférieure et ses autres ennemis, et cela parce que vous ne sentez pas en vous un vouloir efficace qui leur résiste, tenez bon quand même et n'abandonnez jamais le combat, car vous devez toujours vous tenir pour victorieux tant que vous n'aurez pas la conviction d'avoir succombé.

« Comme, en effet, la volonté supérieure n'a pas besoin de la volonté inférieure pour produire les actes qui lui sont propres, de même, si elle refuse son consentement, elle ne peut jamais être contrainte à se rendre, vaincue par les appétits sensuels, quelque rudes que soient leurs assauts.

« Cela provient de ce que Dieu a doué notre volonté d'une liberté et d'une énergie tellement grandes, que si tous nos sens, et les démons, et le monde, s'armaient et se liguaient ensemble contre elle pour l'attaquer et la violenter de toutes leurs forces, elle pourrait, en dépit de tous leurs efforts et avec une indépendance absolue, vouloir tout ce qu'elle veut et ne pas vouloir ce qu'elle ne veut pas, et autant de fois, et autant de temps, et de telle manière, et à telle fin qui lui est plus agréable.

« Et si un jour les ennemis vous assaillaient et vous violentaient au point que votre volonté, comme suffoquée, n'eût plus, pour ainsi dire, assez de souffle pour protester contre leurs violences, gardez-vous de perdre courage et de jeter à terre vos armes ; mais appelez à votre aide la parole, et défendez-vous en disant : Je ne vous cède pas ; je ne veux pas. Faites comme un homme sous l'étreinte d'un ennemi qui pèse sur ses épaules : ne pouvant plus diriger contre lui la pointe de son glaive, il le frappe avec le pommeau [1]. »

Cette confiance absolue que nous devons avoir dans la puissance de notre volonté n'est pas sans doute une confiance présomptueuse ; elle n'exclut ni la défiance de nous-même ni le sentiment de notre faiblesse native et de notre incurable fragilité. L'orgueilleux compte sur lui-même, affronte les dangers, se persuade qu'il peut tout en vertu même de ses facultés naturelles et sans le secours de la force supérieure qui vient de Dieu. Ce sentiment coupable d'orgueil sépare l'homme de Dieu et l'expose à ces chutes profondes qui déshonorent le coupable et étonnent douloureusement ceux qui en sont témoins.

C'est encore ce sentiment ridicule et exagéré de sa valeur personnelle, dont les rationalistes voudraient faire la base d'un système nouveau d'éducation nationale pour relever l'homme à ses propres yeux, qui enfante les esprits superbes et les révoltés dont la vie s'écoule entre l'ambition et la luxure.

A tout moment et dans toutes les situations, nous pouvons acquérir la douloureuse expérience de notre faiblesse. Il semble même que Dieu se plaise

---

[1] *Combat spirituel,* chap. XIV.

à nous en donner le sentiment très vif quand il se retire de nous. C'est alors que nous éprouvons les angoisses d'une grande solitude et que notre âme est affligée par les répugnances, les aridités, les dégoûts, les frayeurs et les découragements pleins de larmes: un rien nous bouleverse, la plus légère tentation nous abat, notre vertu n'est plus qu'un roseau fragile que le plus léger frôlement peut briser, et le bien nous apparaît à des hauteurs escarpées, si escarpées, que n'aurons jamais le courage d'essayer de les gravir.

C'est Dieu qui fait la puissance de notre volonté.

« Quand, après bien des coups, bien des chutes, bien des misères, l'âme est enfin réduite à ne plus compter sur elle-même pour la plus petite chose, Dieu la revêt peu à peu de sa force, lui faisant toujours sentir que cette force ne lui vient pas d'elle, mais d'en haut. Et avec cette force elle entreprend tout, elle porte tout, souffrances, humiliations de toute espèce, travaux, fatigues...; elle vient à bout de tout ; nulle difficulté ne l'arrête, nul obstacle ne lui résiste, nul danger ne l'étonne, parce que ce n'est plus elle, mais Dieu qui souffre et qui agit en elle. Non seulement elle rapporte à Dieu la gloire de tout, mais elle reconnaît, elle éprouve que c'est lui seul qui peut et fait tout, et qu'elle n'est entre ses mains qu'un faible instrument qu'il meut à sa volonté, ou plutôt qu'un néant qu'il emploie à l'exécution de ses desseins [1]. »

---

[1] Grou, *Manuel des âmes intérieures*, VII

Si notre volonté, ainsi fortifiée par Dieu, qui ne refuse jamais son concours, possède une si grande puissance, nous pouvons, nous devons avoir confiance en elle, et nous pouvons affronter aussi sans découragement les difficultés dont la vie est remplie. Si nous considérons ces difficultés, ces tentations, notre volonté est exposée trop souvent à s'en effrayer. Nous avons été vaincus tant de fois, nous voyons autour de nous tant d'hommes succomber, nous sommes si profondément obsédés, troublés et bouleversés par les tentations, que nous sommes exposés à exagérer leur puissance et à renoncer au combat.

Que de fois nous sommes tentés de dire, à ces heures de découragement : Je ne peux pas ! pour avoir une excuse quand nous dirons : je ne veux pas. Dieu nous demande sans doute d'éviter la présomption, de nous défier de nous-mêmes, de ne pas nous exposer volontairement au danger par des démarches téméraires ; mais il nous ordonne aussi de compter sur son concours, de nous rappeler qu'ici-bas l'homme n'est jamais tenté au-dessus de ses forces, et que sa bonté autant que sa justice sont intéressés à proportionner la tentation à la force de résistance qu'il nous a donnée.

Écoutez saint Paul, c'est à vous qu'il parle : « Dieu est fidèle, il ne permettra pas que vous soyez tenté au delà de vos forces ; mais il augmentera le secours avec la tentation, afin que vous puissiez la soutenir [1]. » Pesez ces paroles, qui sont capables de vous

---

[1] S. Paul, *I Cor.*, x, 13.

remplir de consolation et de confiance au milieu des plus rudes épreuves. *Dieu est fidèle ;* il se doit à lui-même, il doit à ses promesses, il doit à son amour pour vous de vous secourir dans un danger qui menace votre âme. Sa gloire y est intéressée, puisque le péché est son offense. Il sait que vous ne pouvez rien sans lui, et que vous tomberez s'il vous abandonne...

« Il modère l'action du tentateur, action dont il est toujours le maître suprême, et il ne souffrira pas qu'il ait plus de force pour attaquer que nous pour résister. La grandeur du secours croît à proportion de la violence de la tentation. Il est de foi que ce n'est jamais par le défaut du secours divin, mais par notre propre faute, que nous serons vaincus[1]. »

Nous devons dire à haute voix et répéter souvent dans la journée : Je peux, et, confiant dans la puissance de Dieu qui soutient notre volonté, affronter les difficultés et marcher vers le bien. Comment pourrons-nous atteindre ce but ?

III

Il faut modérer et discipliner les facultés fondamentales de notre nature, la raison, la volonté et la sensibilité.

---

[1] Grou, *Manuel des âmes intérieures*, XLI. — « Omnia possum in eo qui me confortat. » (S. Paul, *Philip.*, IV, 13.)

Nous pourrons, si nous voulons sincèrement notre perfectionnement moral, contracter l'habitude de nous recueillir un instant avant d'agir, et d'obéir ainsi à la raison. Cette habitude nous rendra forts.

Trop souvent, presque toujours, dans la pratique de la vie, nous oublions, avant d'agir, de faire un acte d'attention, de suspendre notre résolution, d'écouter à travers la raison le Maître intérieur qui nous fera connaître la valeur morale et les conséquences inévitables de nos actions. Nous obéissons avec une rapidité irréfléchie à une impression, à une image, à une cause externe, et nous produisons des actes réflexes, quand on aurait le droit d'attendre de nous des actes réfléchis.

C'est la maladie d'un grand nombre d'esprits et l'une des principales causes de notre affaiblissement moral.

« Qu'un homme, écrit Malebranche, passe seulement un an dans le commerce du monde, entendant tout ce qu'on dit et n'en croyant rien, rentrant en soi-même à tous moments pour écouter si la vérité intérieure tient le même langage, et suspendant toujours son consentement jusqu'à ce que la lumière paraisse, je le tiens plus savant qu'Aristote, plus sage que Socrate, plus éclairé que le divin Platon. Mais j'estime encore plus la facilité qu'il aura de méditer et de suspendre son consentement que toutes les vertus des plus grands hommes de l'antiquité païenne, parce que, s'il cultive un fonds qui ne soit pas ingrat, il aura acquis par son travail plus de force et de liberté d'esprit qu'on ne peut se l'imaginer. Qu'il y a de différence entre la raison et l'opinion ; entre le maître intérieur qui convainc par l'évidence, et les hommes qui persuadent par l'instinct, par le geste, par le ton, par l'air et les manières ; entre les hommes et trompés et trompeurs et la Sagesse éternelle, la vérité même ! Que ceux qui n'ont point fait de réflexion sur ces choses me condamnent et commencent par renoncer à la raison. »

Il faut donc nous habituer à consulter un instant, par un acte de foi et d'attention, le Maître intérieur, avant d'agir, et résister à l'impulsion quelquefois très vive que nous recevons de l'imagination, de la sensibilité, des objets extérieurs. Réprimez ce premier élan. Nous pouvons nous exercer d'abord dans des choses indifférentes en apparence, dans ces actes ordinaires où la passion n'a pas de part, quand la sensibilité n'est pas émue, quand l'imagination n'est pas encore troublée et entraînante, quand une décision rapide ne s'impose pas à nous.

A ce moment, dans la pleine et sereine possession de nous-même, nous pouvons faire l'acte d'attention et de foi à la présence du Maître intérieur qui donnera un caractère élevé aux motifs de la décision que nous allons prendre. Nous pourrons facilement, et dans les mêmes circonstances, le renouveler souvent, en contracter l'habitude, et nous arriverons ainsi à nous recueillir encore, et plus tard dans les occurrences plus difficiles, quand nous éprouverons un trouble profond dans les parties inférieures de l'âme, dans l'imagination, la sensibilité et l'instinct.

Toutes les natures ne rencontrent pas les mêmes difficultés pour arriver à cette bienheureuse possession de soi-même, à cet instant de silence avant l'action, à ce recueillement de la raison. Il faut tenir compte de l'âge, du tempérament, des habitudes, de l'hérédité. Telle nature irritable, impétueuse et nerveuse à l'excès, toujours prompte aux actes réflexes qui ne retentissent pas au cerveau, rencontrera de sérieuses difficultés quand elle voudra se recueillir et régner dans son monde intérieur : la sensibilité et l'imagination, excitées par des objets extérieurs, entraînent violemment la volonté encore étourdie, et lui laissent à peine la conscience d'un mouvement spontané.

Mais, si la réflexion nous semble si difficile avant l'action, dans le trouble contagieux des facultés inférieures, elle devient facile après l'action, quand les ressorts sont détendus, quand la force nerveuse semble épuisée et que la fatigue physiologique correspond à un état passager de repos dans l'âme et dans toutes ses facultés.

Nous pouvons alors considérer la faute que nous avons commise dans l'emportement de la colère, de la haine, de la sensualité ou de l'instinct animal; nous pouvons en suivre les traces et les ravages dans notre âme encore émue et honteuse, augmenter même notre confusion par un regard rapide sur Dieu, présent partout par son immensité, et par son concours à la conservation de la vie universelle, sur la beauté de l'ordre moral troublé par nos révoltes irréfléchies, sur le châtiment redoutable qui nous est réservé.

Quand nous verrons ces conséquences découler de la rapidité avec laquelle nous avons agi à l'heure de la tentation, de l'impétuosité irréfléchie de notre volonté, nous comprendrons mieux la nécessité d'y remédier. Quel que soit notre tempérament et notre âge, nous prendrons la résolution de faire l'effort nécessaire et de nous arrêter un instant avant d'agir.

Aussi bien l'âge et la longue expérience de la vie apaisent ces ardeurs violentes des facultés inférieures qui ne laissent pas à la raison le temps d'intervenir ; la sensibilité s'émousse et ne répond plus avec le même empressement aux provocations du monde extérieur. L'imagination se refroidit et ne reproduit plus avec la même intensité troublante les images dont le charme redoutable allume les désirs impétueux et provoque à l'action. Plus libre du côté des facultés sensibles et des appels du système nerveux, l'âme se recueille, elle peut se disposer sans effort à écouter, avant d'agir, le Maître intérieur qui ne s'éloigne jamais de nous.

IV

Si nous voulons fortifier directement la volonté et lui rendre la victoire plus facile dans les graves tentations, il faut nous habituer à la contrarier, à lui résister, à l'exercer dans les circonstances où un grand effort n'est pas nécessaire. Ainsi, dans notre manière de nous lever le matin, de nous asseoir, de marcher, de paraître au dehors, dans notre maintien chez nous ou chez les autres, dans les actions les plus ordinaires, qu'il nous serait facile d'exercer notre volonté, de faire le contraire de ce que demande la sensualité ou l'instinct, de nous imposer un effort ou un sacrifice, de nous habituer à tenir le commandement en nous sur toutes nos facultés!

Il ne s'agit encore, il est vrai, dans ces circonstances, que d'un léger effort dont tout le monde est capable, et qui n'aurait aucune importance appréciable; mais cet effort, renouvelé souvent, nous habitue à la résistance à l'instinct, il développe en nous la force morale, il nous rappelle la nécessité d'agrandir nos actions par le motif qui les fait naître, et il nous prépare aux résistances plus difficiles dans les graves tentations.

Les saints du christianisme ont une haute valeur morale et une incomparable beauté, même quand on les considère au point de vue philosophique et naturel, car ils nous rappellent le triomphe de la volonté sur le monde, de l'âme sur le corps, de l'esprit sur la chair. Ils ont porté à un degré héroïque le courage d'exercer ainsi leur volonté et de la préparer aux résistances les plus méritoires. Il ne leur a pas suffi de contrarier leur volonté dans les actes les plus faciles et les plus ordinaires de la vie; mais, touchés de la grâce, éclairés par des exemples divins, entraînés par des méditations prolongées sur la loi divine et la fécondité du sacrifice, ils s'imposaient volontairement des peines douloureuses des plus violentes, des jeûnes, des flagellations sanglantes, de continuelles privations de sommeil, des humiliations volontaires qui effrayent notre lâcheté indifférente. Ils touchaient ainsi aux sommets de l'énergie, et ils offraient en même temps un spectacle incomparable, non seulement aux chrétiens qui travaillent à réaliser dans leurs membres fragiles un idéal divin, mais encore à tout homme qui veut former son caractère et le voir grandir.

Sans doute, il faut un secours surnaturel, il faut la main de Dieu pour atteindre ces sommets inaccessibles à la nature; mais Dieu ne refuse jamais son secours à celui qui le demande avec persévérance, et qui reste d'ailleurs convaincu de son impuissance originelle. En vain essayons-nous de justifier notre faiblesse et de prendre en défaut la sagesse de Dieu; en vain invoquons-nous la fatalité des circonstances, les lois générales de la nature ou la séduction des choses créées pour expliquer nos continuelles défaillances. Ces explications sont trop intéressées pour être sincères. Nous sommes bien forcés de reconnaître que nous ne voulons ni exercer notre volonté, ni contrarier nos désirs, ni recourir à Dieu en nous pénétrant du sentiment de sa présence. Et si nous gémissons de la facilité avec laquelle nous suivons l'impulsion de la passion, que faisons-nous pour apprendre à lui résister?

Il faut donc nous contrarier nous-même, combattre

volontairement, librement, nos inclinations même légitimes, quand elles ont pour objet exclusif notre satisfaction personnelle, nous tenir en haleine et devenir fort. L'exercice physique assouplit et fortifie nos muscles; il fait pénétrer la force vitale jusqu'aux dernières extrémités de notre corps; il en est de même de l'exercice moral et des contrariétés volontairement choisies; cet exercice assouplit et fortifie aussi nos facultés, il facilite en nous le rayonnement de la lumière supérieure de la raison, qui doit imposer son autorité à tous nos penchants.

Aussi bien la vie elle-même avec les épreuves de tous les instants qu'elle fait naître, la vie semble multiplier les occasions dont nous avons besoin pour développer la puissance de notre volonté. Tandis que nous subissons sans trêve, en nous, l'assaut des passions les plus mauvaises, nous recevons aussi le coup violent des événements extérieurs et douloureux qui constituent le fond de la vie : revers subits de fortune, ingratitude et trahison des amis, calomnies et déceptions, maladies et infirmités, séparations violentes et terreurs de la dernière heure; encore un coup, la vie est-elle faite d'autre chose que de ces douleurs, et, pour la supporter, ne sommes-nous pas obligés de nous raidir et d'être forts?

Que d'âmes qui manquent de courage en présence de ces douleurs, et qui oublient d'en profiter pour faire l'éducation de leur volonté languissante! Elles s'abandonnent aux murmures, aux récriminations violentes, quelquefois même elles ne reculent pas devant le blasphème contre Dieu : elles ont perdu l'intelligence de la vie, elles ne connaissent pas le sens de la douleur ; elles oublient les conditions du mérite et le prix de l'effort, le caractère de l'épreuve et la grandeur de la récompense promise au courage ; elles rêvent d'un paradis terrestre, vestibule d'un autre paradis qui n'aura pas de fin. Comment, avec de telles pensées, pourraient-elles devenir fortes ? que peuvent-elles faire pour exercer leur volonté ?

V

Nous n'attachons pas assez d'importance au rôle que joue l'imagination et à l'influence du corps dans notre vie morale. Nous ne sommes ni ange ni bête, mais nous avons quelque chose de l'un et de l'autre, et nos actes appartiennent au composé humain, c'est-à-dire à une personne faite d'une âme et d'un corps.

Si nous voulons protéger et fortifier notre volonté, il faudra nous habituer à repousser dès le début l'image qui cherche à s'établir dans notre cerveau, et qui accompagne invariablement le plaisir défendu ; cette image pourrait devenir le point de départ d'une obsession et d'un grave danger pour notre liberté.

Il nous faut observer ce mécanisme de l'imagination, pour couvrir de plus solides défenses la citadelle de notre liberté.

« Je suppose, dit Malebranche, qu'on sache que la partie principale du cerveau n'est jamais touchée ou ébranlée d'une manière agréable ou désagréable, qu'il ne s'excite dans les esprits animaux quelque mouvement propre à transporter le corps vers l'objet qui agit en elle, ou à s'en séparer par la suite, et qu'ainsi l'ébranlement des fibres du cerveau, qui ont rapport au bien et au mal, sont toujours suivis du cours des esprits qui disposent du corps comme il le doit être par rapport à l'objet présent, et que même les sentiments de l'âme qui répondent à ces ébranlements sont suivis des mouvements de la même âme, qui répondent au cours de ces esprits. Car les traces ou les ébranlements du cerveau sont au cours des esprits animaux ce que les sentiments de l'âme sont aux passions, et les traces du cerveau sont aux sentiments de l'âme ce que le mouvement des esprits animaux est aux mouvements des passions.

« Je suppose aussi que les objets ne frappent jamais le cerveau sans y laisser de marques de leur action, ni les esprits mauvais des traces de leur cours; que ces traces et ces blessures ne se referment ni ne s'effacent pas facilement lorsque le cerveau a été souvent ou rudement frappé, et que le cours des esprits a été rapide ou a recommencé souvent de la même manière; que la mémoire et les habitudes corporelles ne consistent que dans les mêmes traces qui donnent au cerveau et aux autres parties du corps une facilité particulière à obéir au cours des esprits, et qu'ainsi le cerveau est blessé et l'imagination salie lorsqu'on a joui des plaisirs et qu'on n'a pas craint de se familiariser avec les objets sensibles. »

Les philosophes de l'école cartésienne, si justement critiqués sur d'autres points, avaient donc reconnu aussi et tenté d'expliquer le rôle du cerveau dans les phénomènes si divers de l'imagination, de la sensibilité et de la mémoire; ils n'avaient pas méconnu son importance dans la vie des passions et son influence sur l'affaiblissement de la liberté. Il leur était difficile, dans l'état où se trouvait la science à cette époque, d'aller plus loin et de se dégager de l'hypothèse inexacte de ces esprits animaux, si difficiles à définir, qui agissent par leur mouvement dans la substance de la partie principale du cerveau.

Au point de vue philosophique, les cartésiens, oubliant l'axiome scolastique : L'âme est la forme du corps, avaient trop négligé l'action directe de l'âme sur le corps. Présente à tous les points de l'organisme, elle adapte son action à la structure des organes et des appareils, elle préside à la sécrétion des liquides et des humeurs, aux contractions musculaires, en même temps qu'elle produit dans une région plus élevé la pensée, le sentiment, l'amour. Les cartésiens ont cru voir un parallélisme entre les phénomènes psychologiques et physiologiques, et ils ont oublié d'observer l'action réelle et pénétrante de l'âme sur le corps.

Aujourd'hui encore la science nous présente des

faits certains et des hypothèses condamnées peut-être à disparaître en présence de découvertes nouvelles. Quand une impression physique se produit, au contact d'un corps étranger, dans les organes périphériques des cinq sens, cette impression frappe les nerfs sensitifs des racines postérieures de la moelle qui plongent dans la substance grise du centre médullaire, elle arrive par un mouvement centripète jusqu'à la cellule centrale : là elle provoque une excitation dans les nerfs moteurs des racines antérieures, et un mouvement centrifuge qui longe ces nerfs jusque dans le membre correspondant, où elle provoque une contraction musculaire et une action.

Voilà le fait acquis[1] ; mais si nous voulons expliquer le cours de l'impression sensible de l'extrémité du corps jusqu'au centre, et l'excitation motrice qui, partie du centre, arrive aux extrémités, nous nous trouverons en présence des hypothèses les plus diverses : ceux-ci ont défendu la théorie des esprits animaux ; ceux-là ont préconisé l'hypothèse d'un fluide électrique, parce que l'excitation nerveuse était toujours accompagnée de variations thermiques, électriques et chimiques, dans le tissu des nerfs ;

[1] Il n'existe pas un centre cérébral sensitif ou volitif unique, il existe des centres divers et multiples qui sont sous la dépendance de l'âme, et la multiplicité des centres moteurs opposée à l'unité de l'âme qui dit : Je veux, multiplicité qui est aujourd'hui scientifiquement constatée, est une preuve de la spiritualité de l'âme toujours distincte et différente du corps et de la matière.

d'autres, enfin, donnent encore aujourd'hui leur préférence à la théorie des ondes de mouvements moléculaires qui rappelleraient les mouvements vibratoires des tiges solides. L'hypothèse et la vérité ne se séparent donc jamais.

Nous possédons encore d'autres faits certains : la méthode d'excitations électriques et l'anatomie pathologique nous ont révélé l'existence de centres moteurs dans le lobe pariétal et dans la moitié postérieure du lobe frontal, et des centres sensitifs dans la partie postérieure des hémisphères, dans les lobes occipital et temporal : on entrevoit le mécanisme de la sensibilité et de la volonté, on connait mieux l'action de l'âme et du corps dans des phénomènes qu'il n'est plus permis d'attribuer exclusivement soit à l'âme, soit au corps.

Mais il n'est pas nécessaire de s'arrêter longtemps à ces considérations techniques, nous savons tous que l'image attachée à la jouissance sensible naît dans le cerveau, que son intensité augmente avec trouble du cerveau, qu'elle peut acquérir une puissance extraordinaire, qu'arrivée à cette puissance elle nous obsède et devient à son tour l'occasion des tentations les plus violentes, et que la force de résistance de la volonté diminue trop souvent dans la mesure où grandit celle de l'image troublante. Ici, l'attention du souvenir et l'habitude peuvent modifier profondément le cerveau, les centres nerveux sensitifs, par une de ces blessures dont nous parlaient les philosophes de l'école de Malebranche.

Il importe donc de chasser l'image troublante au début de la tentation; car, si nous nous arrêtons à la considérer, à recevoir l'influence de ses séductions, à goûter le plaisir sensible dont elle est la condition, nous en éprouverons un trouble profond et un affaiblissement moral qui rendra trop difficile ensuite la résistance nécessaire de la volonté, quand nous serons sollicités à l'action. Que cette image soit l'effet d'une vision accidentelle, ou d'un souvenir, ou d'une habitude, il faut toujours la repousser et détourner d'elle notre attention, par un effort tranquille, par le travail et la distraction.

VI

Avec tous ces moyens intrinsèques qui embrassent la raison, la volonté et les facultés sensibles de notre âme, nous pourrons employer encore d'autres moyens extrinsèques, d'une efficacité certaine, pour faire notre éducation morale et fortifier notre volonté.

Ces moyens sont nombreux, et les maîtres de la vie spirituelle, qui étaient aussi des maîtres consommés dans la connaissance des ressorts de la volonté humaine, nous les ont fait connaître avec une pénétration savante. Ils ont exploré, mieux que les philosophes les plus célèbres, l'intérieur de notre âme, et ils ont appris l'art, si difficile, de le gouverner. C'est faire une œuvre vaine que d'essayer de se passer de leur concours, de leur lumière et de leur expérience pour former des hommes et pour discipliner la volonté.

Prenez l'habitude de vous recueillir et de pratiquer d'une manière simple et naturelle la présence de Dieu. « Il y a six manières, écrit le P. Faber, de pratiquer la présence de Dieu, parmi lesquelles il faut choisir celle qui convient le mieux à notre caractère particulier ; mais il n'est pas bon d'en suivre plus d'une à la fois. La première consiste à tâcher de nous représenter Dieu tel qu'il est dans le ciel ; la seconde, à nous considérer enveloppés dans lui comme dans son immensité ; la troisième, à voir dans chaque créature une sorte de sacrement sous le voile duquel Dieu demeure caché ; la quatrième, à penser à lui et à le voir sans cesse avec les yeux de la foi ; la cinquième, à le considérer au dedans de nous plutôt qu'en dehors, bien qu'il soit à la fois en dehors et en dedans ; la sixième enfin, à graviter vers lui, en vertu d'une loi constante d'amour qui sollicite le cœur. C'est une espèce d'instinct qui indique un progrès signalé, dans la voie de la prière, et qui se fait sentir plus tôt qu'on n'osait s'y attendre, quand on s'efforce de servir Dieu sans autre motif qu'un pur et saint amour. »

La raison seule apprend déjà au philosophe que Dieu existe, que par son immensité il est présent à tous les points de l'espace, et par son éternité à tous les points de la durée ; que, par sa science infinie, il voit tout et embrasse tout : le présent, le passé, l'avenir ; que par sa parole il soutient toute créature au-dessus de la mort et lui conserve la vie; que Dieu nous enveloppe de toute part et nous pénètre, comme il enveloppe et pénètre à la fois chaque créature en particulier et les mondes qu'il a créés.

Recueillez-vous de temps en temps, quand la bagatelle de la vie et les orages de la passion ne troublent pas encore la sérénité de votre âme, réfléchissez à cette immensité de l'Être qui nous donne à chaque instant et nous conserve la vie en nous enveloppant de sa présence et de son action permanente; essayez de vous voir et de vous sentir sous l'influence de ce regard et de cette action de l'Être, dont la sainteté a horreur du mal, sans avoir horreur de la liberté qui l'enfante, parce qu'elle peut encore engendrer, elle aussi, des prodiges d'héroïsme et de bien, et vous sentirez déjà naître dans votre âme, avec le respect pour la majesté de Celui qui remplit tout de sa présence, les résolutions viriles qui honorent l'homme et la vie.

« Dieu est en tout agent cause essentielle de l'action, il est en toute action agent premier et principal, il opère donc en chaque action particulière de la créature; et s'il est vrai que la cause première de l'action soit plus que l'agent secondaire dans l'acte produit, il faut dire que *Dieu agit plus efficacement, plus profondément que la créature elle-même dans chaque action particulière* [1]. »

---

[1] S. Thomas, *Contra gentes*, cap. LXVII-LXVIII.

Cette présence naturelle, si intime et si pénétrante de Dieu dans tous les actes et dans tous les mouvements de la créature, étonne peut-être, et effraye la raison humaine; elle devient plus saisissante encore quand on l'étudie à travers la lumière des savants commentaires de la philosophie catholique et dans les vastes travaux des théologiens les plus écoutés.

La Providence, la prédestination, le concours divin, la grâce actuelle et la grâce habituelle, la charité, tous ces mots fermés et obscurs pour un trop grand nombre d'esprits que l'indifférence et la légèreté rendent indifférents à l'enseignement religieux, sont des mots ouverts et resplendissants de lumière dans les commentaires de la foi. Ils nous apprennent à voir dans le monde surnaturel, et aux demi-clartés de la foi, cette présence toujours saisissante de Dieu à travers le rideau fragile des réalités matérielles qui frappent nos sens : le spectacle du monde en est transformé; toute la terre est ainsi consacrée par la majesté de la présence de Dieu.

Nous trouverons dans cette pensée habituelle un secours contre notre faiblesse et un moyen efficace pour régler notre volonté.

« Rien, dit Bourdaloue, n'est plus propre à me contenir dans l'ordre, que de penser : Je suis devant Dieu. Rien de plus efficace pour réprimer les mouvements de mes passions, pour me faire triompher des plus violentes tentations, pour m'empêcher de succomber dans les plus dangereuses occasions, que de me dire : Je suis en présence de mon juge, en présence de celui qui va me condamner, et qui est tout prêt à prononcer contre moi l'arrêt, si je suis assez téméraire pour commettre ce péché. Il n'y a point, dis-je, de tentation que cette réflexion ne surmonte, point d'emportement qu'elle n'arrête, point de fragilité ni de chute dont elle ne préserve. Nous ne péchons communément que parce que nous perdons la vue de Dieu, et à peine pécherions-nous jamais si nous avions toujours Dieu présent [1]. »

VII

L'imagination exerce une double action, sur la sensibilité qu'elle excite et sur la raison dont elle arrête et retient l'attention. Par là elle peut avoir une grande importance sur la formation morale de notre volonté, elle doit elle aussi devenir l'auxiliaire de l'éducation de nos facultés.

Il ne faut pas nous contenter de considérer les préceptes de la religion et de la morale sous leur forme abstraite et métaphysique, car il est rare que nous soyons émus, ébranlés par des conceptions idéales, ou, si nous le sommes, c'est d'une manière faible, fugitive, insuffisante, après un long et laborieux effort d'attention. Il en est ainsi, parce que nous ne sommes pas de purs esprits. Nous avons

[1] Bourdaloue, *Retraite*, V⁰ jour.

une âme et un corps, nous vivons dans le monde des réalités matérielles et contingentes, et le rôle de l'élément sensible dans la vie intellectuelle et morale du composé humain est d'une importance capitale.

Il nous paraît utile de considérer les préceptes de la morale religieuse, les commandements de Dieu et de l'Église, dans leurs effets pratiques, sous une forme concrète, accessible à l'imagination. Un philosophe qui médite sur cette pensée générale et abstraite, celui qui commet une faute grave trouble l'ordre divin et sera puni dans un autre monde, éprouvera une légère émotion et un faible ébranlement dans sa volonté. Mais que ce même philosophe chrétien s'arrête à cette pensée : Un enfer éternel sera le châtiment des fautes graves commises contre Dieu ; qu'il se représente la douleur atroce des damnés, leur désespoir d'être privés de la vision béatifique et livrés à des flammes dévorantes qui ne s'éteignent jamais ; qu'il arrête longtemps son attention à ce spectacle effroyable, au moment de la tentation, son imagination s'effraye, sa sensibilité se réveille, sa volonté elle-même est émue ; il oppose une impression sensible morale à une impression sensible immorale, il se sent plus fort en face de l'attrait redoutable de la passion.

Les maîtres de la vie spirituelle ont vu l'importance du rôle de l'imagination dans notre vie morale, et dans leurs élévations et leurs considérations, dans leurs méditations comme dans leurs prières, ils nous présentent toujours les vérités de la religion sous une forme sensible et dans des tableaux qui rendent plus facile un acte d'attention.

Nous pourrons aussi nous habituer à considérer la pratique et la réalisation vivante des commandements religieux, même les plus difficiles, dans la vie des saints. La contagion de l'exemple est incontestable, et l'on a vu de grands criminels reproduire avec une âpre satisfaction les forfaits des héros du vice, dont ils avaient admiré les exploits. Si nous vivons par la pensée, la lecture et le souvenir avec les grandes âmes, avec les saints, dont Jésus-Christ ouvre dans l'Église le magnifique cortège; si nous les suivons par l'imagination attentive et recueillie dans toutes les phases de leur vie militante, douloureuse et triomphante; si nous conservons ces tableaux, ces spectacles fortifiants dans notre esprit dégagé des influences malsaines des mauvaises lectures, nous entendrons intérieurement une exhortation constante à reproduire en nous ces exemples, qui ne sont pas au-dessus de notre faiblesse fortifiée par la grâce, et que nous devons imiter.

> Segnius irritant animos demissa per aurem
> Quam quæ sunt oculis subjecta fidelibus et quæ
> Ipse sibi tradit spectator [1].

A la vue de ces hommes, de ces femmes, de ces vieillards, de ces jeunes âmes, dont l'histoire de l'Église nous conserve la mémoire pieuse et nous

---

[1] Horace, *Art poét.*

rappelle les nobles exemples de vertu, nous reconnaîtrons que le culte du bien n'est pas au-dessus de nos forces, si insuffisantes qu'elles nous semblent être; nous remplirons notre imagination de souvenirs qui exerceront une salutaire influence sur notre sensibilité et sur notre intelligence, et nous répéterons la parole encourageante de saint Augustin dans les orages de sa jeunesse : « Ne puis-je pas imiter ceux qui sont vertueux? N'avons-nous pas la même nature, les mêmes forces et les mêmes passions? »

VIII

La pensée de la mort, unie à l'espérance du ciel, est encore un moyen efficace pour nous détourner de la séduction des plaisirs et rendre notre volonté plus courageuse.

Les pessimistes n'ont rien écrit de plus désespérant et de plus concis que cette pensée de Pascal : « Qu'on s'imagine un nombre d'hommes dans les chaînes, et tous condamnés à la mort, dont les uns étant chaque jour égorgés à la vue des autres, ceux qui restent voient leur propre condition dans celle de leurs semblables, et, se regardant les uns les autres avec douleur et sans espérance, attendent leur tour; c'est l'image de la condition des hommes [1]. »

Cependant ce n'est pas la pensée de la dissolution

---

[1] Pascal, *Pensées*, Ire partie, art. VII.

de notre corps, de la séparation de tout ce que nous avons aimé sur la terre, qui rend la mort effrayante et qui peut animer notre volonté à l'effort, à la résistance, au combat. La loi de décomposition et de transformation est une loi universelle de la nature, elle s'applique aux animaux, aux végétaux, à toute créature, et une sage philosophie nous permettrait de nous résigner sans trop de résistance, après la décrépitude et les ennuis de la vieillesse, au repos suprême du dernier sommeil.

Ainsi envisagée, la mort serait pour beaucoup un soulagement envié et une délivrance : les désespérés du suicide n'ont pas une autre conception de la mort; elle leur apparaît comme la fin d'une existence que la souffrance, les chagrins, les revers de fortune, les accidents douloureux de la vie leur rendent insupportable, et, loin de la maudire, ils l'appellent de tous leurs vœux.

La sagesse épicurienne et matérialiste nous invite aussi à jouir de tout ce que la vie peut nous donner de plaisirs sensibles et d'ivresse, à vivre vite et à vivre heureux, avant l'heure toujours prochaine de la mort : vidons les coupes et couronnons-nous de roses, car demain nous mourrons.

Ce n'est donc pas la pensée de la mort qui peut nous troubler et contribuer à notre perfectionnement moral, c'est la pensée du lendemain de la mort, de la survivance de notre personnalité, des actions de notre vie et de la responsabilité dont nous portons le poids.

« La mort en elle-même, dit Bourdaloue, est une séparation entière de toutes les choses du monde, des biens, des honneurs, des plaisirs, des emplois, des charges, des parents, des amis, des affaires, des négociations, des entretiens, de tout ce qui fait la vie temporelle de l'homme. C'est, par rapport à la société humaine, une espèce d'anéantissement. Un mort n'a plus de part à rien sur la terre, n'entre plus en rien : on ne le voit plus, on ne l'entend plus, et bientôt on n'y pense plus... Mais tout cela néanmoins, pris en soi et indépendamment des suites de la mort, n'est point si affreux que la nature et les sens se le représentent.

« Cette séparation, de quelque douleur qu'elle soit précédée ou accompagnée, se termine en un très petit espace de temps; et, d'un moment à l'autre, tout ce qu'elle a pu causer de peines et de souffrances au mourant s'évanouit sans qu'il en ressente désormais la moindre impression.

« Mais ce qu'il y a de formidable dans les suites de la mort, c'est qu'elles sont éternelles : si bien que le moment qui sera pour moi la fin de cette vie présente sera en même temps pour moi le commencement d'une éternité ou bienheureuse ou malheureuse. *Du côté où l'arbre tombera, il y restera;* et dans l'instant qu'on pourra dire de moi avec vérité : Il est mort, on pourra ajouter avec la même certitude : Voilà son sort décidé devant Dieu; le voilà pour jamais ou prédestiné ou réprouvé. Car on ne meurt qu'une fois, et après la mort il n'y a plus de grâce, ni de bonnes œuvres. Par conséquent, l'état où l'on se trouve alors est invariable; et si c'est un état de damnation, il est irréparable [1]. »

Ce n'est donc pas seulement au point de vue philosophique, c'est encore au point de vue chrétien des responsabilités éternelles, qu'il est utile de considérer la mort quand on veut fortifier son âme contre les séductions du mal. La philosophie est insuffisante; elle affirme cependant, avec la survivance de la personnalité humaine, un Dieu, des châtiments et des récompenses. Mais la foi nous permet de pénétrer plus avant; elle nous fait connaître avec une infaillible autorité le jugement, les châtiments et les récompenses qui succèdent à la vie présente; elle nous donne de puissants mobiles pour orienter notre volonté dans le sens de la vertu.

Aux heures de recueillement intellectuel, quand l'âme n'est encore ni distraite par le tourbillon des affaires ni aveuglée par la tempête des passions, il est sage d'envisager paisiblement la mort, de recevoir ses lumières fortifiantes, de se séparer et du monde, et des sens, et des passions, pour se rapprocher du foyer de la vérité. Se recueillir ainsi, c'est apprendre à bien mourir, selon le conseil des anciens; mais c'est apprendre aussi la vraie science de la philosophie.

Ayez confiance dans votre volonté; affirmez devant Dieu la résolution de devenir un homme;

---

[1] Bourdaloue, *Retraite spirituelle*, IV° jour.

recueillez-vous avant d'agir; contrariez votre volonté dans les petites choses; acceptez joyeusement celles que la vie vous fait subir; chassez de votre esprit l'image troublante qui est le principe de la tentation; pratiquez le sentiment de la présence de Dieu; considérez les préceptes de la loi divine et le devoir sous leur forme concrète et particulière, et, par dessus tout, habituez-vous à la pensée consolante de la mort. Alors, votre volonté fortifiée vous permettra de devenir un homme de caractère, toujours debout, malgré les orages de la vie, toujours indifférent à ces honneurs et à ces richesses que tant d'hommes poursuivent et achètent par l'abandon de tout ce qui fait la droiture, la beauté et la dignité de notre liberté.

Nous sommes les coopérateurs de Dieu dans l'œuvre de notre formation morale, et cette œuvre est plus belle et plus grande que la création d'un monde. Après une longue et quelquefois douloureuse expérience de la vie, je comprends mieux l'incomparable beauté de ce travail fécond où l'homme et Dieu, la créature et le Créateur, le fini et l'Infini se donnent la main. Avec ce divin compagnon de route, on oublie que les chemins sont difficiles, que le soleil est brûlant, et que le rocher ne laisse plus passer le filet d'eau qui pourrait rafraîchir encore les lèvres desséchées du voyageur!

TABLE DES MATIÈRES

INTRODUCTION

DE L'ABAISSEMENT DES CARACTÈRES AU TEMPS PRÉSENT

Abaissement des caractères dans l'ordre religieux, politique et social. — Causes de cet abaissement. — I. L'affaiblissement de la raison et l'absence de convictions. — On doute de l'autorité de la raison en philosophie, en politique, en morale, en religion. Scepticisme, lâcheté, indifférence dans les hautes classes de la société. — Même état dans les classes inférieures causé par la licence de la presse et par l'exemple des classes dirigeantes. — Même disposition parmi les chrétiens. — Bossuet et Lamennais. — II. L'affaiblissement des volontés. — Les déterministes et les négations de la liberté. — Propagation et applications pratiques du déterminisme. — Irritation de la classe ouvrière et des malheureux. — Antagonisme de ceux qui possèdent et de ceux qui ne possèdent pas. — III. La négation de l'idéal. — L'idéal, l'amour et l'action. — Disparition des sentiments chevaleresques. — Les peuples opprimés. — L'idéal du Vrai, du Beau, du Bien. — IV. L'organisation politique et sociale sans Dieu. — L'instruction. — La loi civile. — L'homme substitué à Dieu. — Nos craintes et la crise du siècle 1

TABLE DES MATIÈRES

PREMIÈRE PARTIE

NATURE DE LA LIBERTÉ

CHAPITRE I

LA LIBERTÉ HUMAINE

La liberté est le tout de l'homme. — I. L'idée de la liberté; d'où vient cette idée. — J'agis avec la certitude que je suis libre. — J'ai conscience du devoir et de la possibilité de le réaliser si je veux. — Joie et remords. — Raison, volonté, conscience, témoins qui affirment la liberté. — La liberté et l'ordre social. — La liberté est un fait. — Explication de Bossuet. — En disant moi, j'affirme ma liberté. — II. Objections : la cellule et l'hérédité physique. — L'organisme et les prédispositions ou les tentations. — L'âme et la force morale. — L'âme et l'action des influences. — Objections de Schopenhauer et d'Herbert Spencer. — Autres objections. — La liberté est-elle une conquête ? — Impossibilité et contradictions de cette opinion. — III. La liberté et la finalité du corps et de l'esprit. — Antagonisme des forces. — La liberté et les motifs. — La liberté et l'habitude 37

CHAPITRE II

LES RESSORTS DE LA LIBERTÉ

Saint Thomas d'Aquin et la liberté humaine. — La volonté n'est pas déterminée. — Rapports de la volonté avec les motifs et la raison. — Liberté, amour et souverain bien. — Les motifs, l'amour, le Bien absolu, ressorts de la volonté. — Le choix de la raison et les biens particuliers. — La raison, l'atten-

tion, le jugement de préférence et l'action. — Rôle de
éléments dans tout acte moral. — La racine de la liber
est dans la raison. — Objections de quelques moralistes
réponses des théologiens de Salamanque. — Apparences d'o
position entre l'acte et la volonté dans le péché. — Exam
de cette difficulté dans saint Thomas. — Confirmation expér
mentale de cette thèse. — Importance du rôle de la raiso
dans la liberté. 7

CHAPITRE III

LA LIBERTÉ ET LA PASSION

Caractères généraux de la passion, opposée à la liberté. — L
passion est un état particulier de l'âme et du corps. — Physio
logie de la passion. — Action des passions sur le corps.
Rapports étroits de l'âme et du corps. — Influence du corp
sur l'âme et de l'âme sur le corps. — Explication philoso
phique de cette influence réciproque. — Les faits. — Obser
vations des physiologistes : Émile Gintrac, Barth, Peter,
Brochin. — Le trouble physique et les émotions. — L'alcoolisme au point de vue physique, moral et social. — Hérédité
et dégénérescence. — La leçon des statistiques. — Descuret
et la médecine des passions. — Le libertinage et les tueurs
d'enfants. — La dépopulation en France. — Les physiologistes
et le siège des passions. — Les influences qui troublent notre
corps. — Thérapeutique des passions fondée sur la connaissance du corps et de l'âme. — Réveil et puissance de la liberté. — Réveillé-Parise et l'hygiène de l'esprit. . . . 110

CHAPITRE IV

LA LIBERTÉ ET LE SACRIFICE

Les passions tuent la liberté, le sacrifice lui donne la vie. —
Passions de l'esprit et passions des sens. — Témoignage de
Bossuet. — Le sacrifice au point de vue théologique. — Ses

caractères, sa perpétuité, son efficacité. — Le sacrifice sur la croix, sur l'autel, dans le ciel. — Saint Thomas et le sacrifice. — Citation du P. Franzelin. — Le sacrifice au point de vue philosophique et moral. — La foi et le sacrifice dans la raison. — Le détachement et le sacrifice du cœur. — La loi et le sacrifice de la volonté. — La mortification et le sacrifice des sens. — Le sacrifice et le développement du caractère. — Sacrifice et passion. — Le fini et l'Infini 152

CHAPITRE V

LA LIBERTÉ ET L'HOMME DE CARACTÈRE

La grandeur du caractère est indépendante de la science, de la fortune, des honneurs. — Elle est accessible à tout homme et devinée par un instinct. — Elle se compose de trois éléments. — I. Courage et énergie dans les résolutions. — État passif et premier en présence des difficultés du bien à réaliser, des obstacles à détruire, des souffrances à accepter. — La force en nous et hors de nous. — Influence de cette force sur la raison. — Observation de Malebranche. — Influence sur la sensibilité. — II. Grandeur du but que l'on veut atteindre. — Ce but doit être hors de nous. — Sortir de soi, fuir l'égoïsme. — Pour sortir de soi, il faut souffrir. — Témoignage de Pascal. — Ce but doit nous rendre conformes à Dieu. — III. Persévérance dans le mouvement vers le but que nous devons atteindre. — Opinion et conviction. — La constance des convictions produit la persévérance dans le mouvement. — Différence de l'entêtement et de la conviction. — Où trouverons-nous ces hommes de caractère. — Malebranche et le mépris de la vie 174

DEUXIÈME PARTIE

MOYENS POUR FORTIFIER ET DIRIGER LA LIBER

CHAPITRE I

NÉCESSITÉ DE L'ÉNERGIE DANS LA VOLONTÉ

1. La fin surnaturelle de l'homme; nécessité de l'atteindre obstacles à surmonter. — Retour sur nous-même. — Tenta tions qui viennent de nous; tentations qui viennent du monde tentations qui viennent du démon. — La puissance des démon et la doctrine catholique. — Saint Jean. — Saint Paul. Saint Thomas. — Le catéchisme romain. — Étendue et réa lité redoutable de cette puissance auxiliaire de Satan; so génie, notre concupiscence, l'organisation du monde, la li berté de l'homme. — Les esprits mauvais sont innombrables — Il faut à l'homme une grande énergie pour vaincre ses en nemis. — Sagesse du plan divin et utilité de l'épreuve au poin de vue de l'humilité, de l'union à Dieu, de la compassion envers le prochain, du mérite et de la récompense. — II. Il faut que nous soyons ou maîtres ou esclaves de nos passions. — La neutralité est impossible, nouvelle raison de la nécessité de l'énergie. — Nos chutes augmentent la violence et la force des tentations. — L'énergie est indispensable même dans l'ordre naturel : 1º pour conserver notre dignité personnelle; 2º pour pratiquer les vertus naturelles; 3º pour remplir nos devoirs naturels envers Dieu, envers nous-même et envers le prochain. 196

CHAPITRE II

DIEU ET L'ÉNERGIE

Théorie de la morale fondée sur l'amour. — Système de M. Paul Desjardins. — Les esprits positifs et les esprits négatifs. —

— Le système nouveau est vague et sans fondement. — Élévation dans les intentions. — Erreurs et contradictions dans le système. — Impossibilité de séparer le problème de la morale du problème de la destinée. — Impossibilité de trouver en dehors de Dieu la règle du devoir et la formule de l'Idéal. — Impossibilité de fonder la morale sur une impression esthétique. — Contradictions du système : ni législateur ni sanction. — L'impuissance et le scepticisme. — Une forme nouvelle de positivisme. — Pour fortifier la volonté, il faut réveiller dans les âmes le sens de Dieu. — Thomassin. — Le point de vue surnaturel. 230

CHAPITRE III

INSUFFISANCE DES MOYENS NATURELS

La voie d'examen critique et la voie d'autorité pour former la conviction religieuse. — Lacunes et imperfections de la voie d'examen. — La volonté, les préjugés, les passions influent sur la croyance. — Témoignage de Fénelon. — Les loisirs et l'aptitude intellectuelle nécessaires pour découvrir la vérité religieuse sont rares dans les esprits cultivés. — Ces conditions de méthode manquent principalement à la grande majorité des esprits. — La raison ne donne pas le moyen prompt, facile, autorisé, de connaître sans erreur la vérité religieuse. — Démonstration expérimentale. — Panthéistes, matérialistes, déterministes. — Incertitudes actuelles de la pensée. — La civilisation païenne et la vérité religieuse. — Argument de Franz Hettinger. — Argument de saint Thomas. — L'observation de la volonté complète l'observation de la raison. — La volonté blessée ne peut pas, en fait, pratiquer toutes les vertus naturelles. — Doctrine de saint Thomas et de Suarez. — Autre démonstration expérimentale. — Le monde païen et le monde moderne. — Dispositions morales nécessaires pour connaître et pratiquer les vertus même naturelles. — Explications de Fénelon. — L'homme est appelé à un état surnaturel et à une fin surnaturelle. — La grâce et la foi. . 271

CHAPITRE IV

L'ÉNERGIE ET LA RELIGION

Le Christianisme explique la contradiction des tendances qui existent en nous. — Il explique et maintient avec autorité la distinction du bien et du mal, du vice et de la vertu. — Il entretient ainsi la passion du bien et la haine du mal. — Le Christianisme nous présente un idéal de justice réalisé dans Jésus-Christ, dans les martyrs, dans les saints. — Le Christianisme engendre des convictions. — Autorité de l'Église enseignante. — Convictions légitimes, intelligentes, actives, opposées à l'obstination du sectaire. — Le Christianisme donne la force nécessaire pour réaliser cet idéal. — Le Christianisme et le lendemain de la mort. — Les espérances chrétiennes concourent à la formation des hommes de caractère. . 306

CHAPITRE V

L'ÉNERGIE ET LA SINCÉRITÉ

I. Nous manquons de sincérité envers nous-mêmes. — Nous croyons et nous disons que nous ne croyons pas. — Analyse de cet état. — Confusion de l'incrédulité et de l'indifférence. — L'indifférence religieuse exposée et réfutée par Pascal. — II. Nous manquons de sincérité envers le prochain. — Nous rougissons extérieurement de notre foi. — Nous affirmons une incrédulité en opposition avec nos croyances intimes. — Lamennais et Pascal. — Effets lamentables de cette absence de sincérité. — Affaiblissement et disparition de la foi. — III. Nous manquons de sincérité envers Dieu. — Nous ne gémissons pas de l'affaiblissement de la foi. — Nous ne demandons pas sincèrement à Dieu de nous la donner. — Nous craignons la lumière de la foi. — Effets de cet état d'esprit sur l'affaiblissement du caractère. — Les braves contre Dieu; fanfarons d'incrédulité stigmatisés par Pascal. 342

CHAPITRE VI

L'ART D'ARRIVER A L'ÉNERGIE

I. Il faut prendre une résolution sérieuse ; il faut y penser souvent, mentalement et à haute voix ; il faut la formuler et la répéter, avant de s'endormir. — Faire travailler le sommeil. — II. Avoir confiance dans la puissance de la volonté unie à Dieu ; confiance humble et absolue ; témoignages de quelques auteurs spirituels. — III. Il faut nous habituer à discipliner notre raison, notre volonté et notre sensibilité. — L'acte d'attention avant et après l'action. — Observation de Malebranche. — L'âge et l'expérience de la vie. — IV. Exercer la volonté dans les actes ordinaires et faciles ; utiliser les épreuves de la vie. — V. Il faut s'habituer à repousser l'image et la pensée mauvaise. — L'influence de l'imagination et les données de la physiologie. — Le mouvement centrifuge et centripète de l'impression sensible. — VI. Le sentiment de la présence de Dieu. — Saint Thomas d'Aquin, Bourdaloue. — VII. Il faut considérer le devoir sous sa forme sensible et faire concourir l'imagination aux actes de vertu. — IX. Penser souvent à la mort. — Observation de Bourdaloue. — Prier 363

EN VENTE A LA MÊME LIBRAIRIE

ŒUVRES DE Mgr MÉRIC

La vie dans l'esprit et dans la matière. 4ᵉ édition	3 50
La Morale et l'Athéisme contemporain. 3ᵉ édition	3 50
Du Droit et du Devoir. 3ᵉ édition	3 50
L'autre Vie. 2 volumes in-8º	6 »
— Le même. 2 volumes in-12. 4ᵉ édition	6 »
La chute originelle et la responsabilité humaine. 7ᵉ édition	2 »
Les Erreurs sociales du temps présent. 3ᵉ édition	3 50
Les Élus se reconnaîtront au ciel. 28ᵉ édit.	2 »
Le Merveilleux et la Science. 10ᵉ édition	3 50
— Le même. Un volume in-8º	7 »
Histoire de M. Émery et de l'Église de France pendant la Révolution. (*Ouvrage couronné par l'Académie française.*) 2 volumes in-8º	10 »
— Le même. 2 vol. in-12. 4ᵉ édition	6 »
Le Clergé sous l'ancien régime	3 50
Le Clergé et les temps nouveaux	3 50
Le Livre des Espérances	2 50
Énergie et Liberté	3 50

www.ingramcontent.com/pod-product-compliance
Lightning Source LLC
Chambersburg PA
CBHW071853230426
43671CB00010B/1330